21世纪会计系列规划教材 **应用型**

财务成本管理理论与案例

给未来商务精英的12堂财务课

蔡昭映 方小慧 主编

高丹秋 程美英 谢芫芬 副主编

Caiwu Chengben Guanli Lilun

Yu Anli

东北财经大学出版社 | 大连
Dongbei University of Finance & Economics Press

图书在版编目（CIP）数据

财务成本管理理论与案例：给未来商务精英的12堂财务课 / 蔡昭映，方小慧主编. —大连：东北财经大学出版社，2022.1

（21世纪会计系列规划教材·应用型）

ISBN 978-7-5654-4346-6

Ⅰ. 财… Ⅱ. ①蔡… ②方… Ⅲ. 企业管理-成本管理-高等学校-教材 Ⅳ. F275.3

中国版本图书馆CIP数据核字（2021）第189557号

东北财经大学出版社出版

（大连市黑石礁尖山街217号 邮政编码 116025）

网 址：http://www.dufep.cn

读者信箱：dufep@dufe.edu.cn

大连雪莲彩印有限公司印刷 东北财经大学出版社发行

幅面尺寸：185mm×260mm 字数：353千字 印张：16.5 插页：1

2022年1月第1版 2022年1月第1次印刷

责任编辑：李 栋 孔利利 责任校对：茄 众

封面设计：冀贵收 版式设计：原 皓

定价：46.00元

前言

近年来，新商科研究日益兴起，与以往经济管理类学科有所不同，新商科要求学习者能够学会从不同的层面与维度分析问题，灵活地运用各个学科的知识来解决实际问题，提升学习者的总体统筹布局思维，并学会对各种资源进行分配整合，以达到最优配置，从而实现资源效益最大化。

针对如何编写出有创新理念的新商科丛书，项目组教师在2020年新冠肺炎疫情期间多次开展网络学术讨论，大家各自分享了自己的行业工作经验，对新商科教材的编写提出了很多宝贵的意见：第一，结合粤港澳大湾区高等教育资源融合的现状，寻找一系列趣味性强的案例，案例要与一般教材的经典案例有所区别，具有一定的创造性，要具有强烈的时代气息，并通过案例细节引出知识点，再对知识点进行简明扼要的解释，以“案例是树，知识是枝”的理念设计本书框架；第二，教材设计的总体理念是融合整个大商科的基础理论，包括企业管理、财务管理、营销、人力资源管理、电子商务等方面的知识，把知识组合成一个有机整体，内容通俗易懂，图文并茂，目的在于让初学者先对商科有个全面的认知，为日后深入研究某个领域奠定基础；第三，把教材写成具有专著特点的书籍，能够站在企业战略的层面剖析问题，能够把经济话题与政治、文化、历史等话题联系起来，建立起人文学科的概念，从而跳出往常用某个成熟的数学模型分析问题的定式思维。

在编写过程中，蔡昭映老师负责全书的规划布局和文字校对工作。专题一及专题二中的话题1由余扬帆老师编写，专题三、专题四由蔡昭映老师编写，专题五、专题六由高丹秋老师编写，专题七、专题八由谢芫芬老师编写，专题九、专题十由程美英老师编写，专题二中的话题2～4，及专题十一、专题十二由方小慧老师编写。另外，方小慧老师参与了全书文字和数字的校对工作。此外，编者还参考和引用了国内外许多书籍和网站的相关内容，在此一并予以感谢！书中照片主要来自Pixabay网站（http：//www.pixabay.com）。由于时间仓促、学识有限，书中的不足和疏漏之处在所难免，恳请广大读者不吝指正。

编　者

2021年10月

目录

专题一 财务管理基础知识

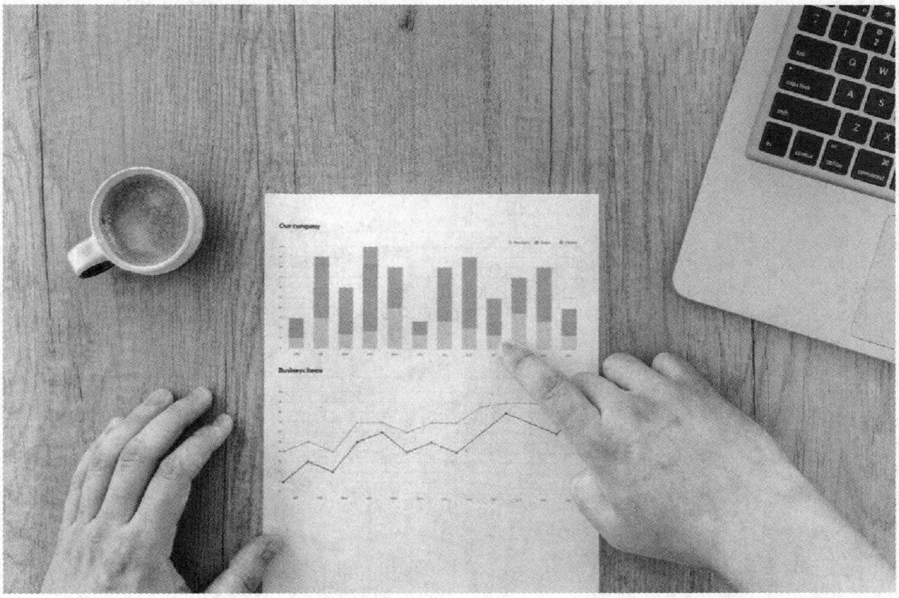

思政园地

企业管理既要考虑个人成本与个人收益，又要考虑社会成本和社会效益，站在社会进步的角度思考问题，实现企业发展与社会发展相融合，个人目标与社会目标相结合，注重对员工伦理道德的教育；企业的投资过程需要考虑个人风险收益的同时，还需要考虑自身投资行为能否给社会带来正面影响，以社会效益为导向。

“粤港澳大湾区”从学术界的讨论到地方政策的考量，再到国家战略的提出，共历时20余年。作为“一国两制”的新实践，推进粤港澳大湾区建设，对国家发展的意义绝不限于经济的繁荣和政治的包容，文化的多样和思想的开放都会因粤港澳大湾区的发展而产生质的飞跃。因此，全国中小企业都会利用这个契机发展自身，从而提升企业竞争力，企业对自身的管理以及自身的财务思维也需要顺应新的时代潮流。

话题1 财务管理目标理论

一、利润最大化

1. 内涵

在早期西方资本主义社会，从经济学角度来看，企业的行为目标就是利润最大化，是分析和评价企业行为和业绩的标准，从道德角度看，只有商业信誉高、负有社会责任的企业，其利润才会最大化。企业利润最大化原则就是产量的边际收益（MR）等于边际成本（MC），其中边际收益是最后增加一单位销售量所增加的收益，边际成本是最后增加一单位产量所增加的成本。要想实现利润最大化，一是增加收入，二是控制成本和费用，在收入增加的同时，成本和费用的支出越少，利润就越大。

2. 原则推导

设π为利润，Q为企业产量，TR为企业总收益，TC为企业总成本。

则：π（Q）=TR（Q）−TC（Q）

（1）必要条件：π对Q的一阶导数为零

则：dπ（Q）÷dQ=d［TR（Q）−TC（Q）］÷dQ=dTR（Q）÷dQ-dTC（Q）÷dQ=0

从而，dTR（Q）÷dQ=dTC（Q）÷dQ

又因前者为边际收益MR，后者为边际成本MC，所以当两者相等时，利润最大。

（2）充分条件：π的二阶导数为负数

则：$d^2TR(Q) \div dQ^2 - d^2TC(Q) \div dQ^2 < 0$

从而，$d^2TR(Q) \div dQ^2 < d^2TC(Q) \div dQ^2$

它表示，利润最大化要求边际成本函数的斜率要大于边际收益函数的斜率。在现行不同的市场结构中，边际成本函数的斜率为正值，而边际收益函数的斜率不确定，它在不完全竞争市场中为负值，而在完全竞争市场中为零。

【小思考1-1】“利润最大化”有什么优缺点呢？

提示：

优点：（1）注重利润可以直接反映企业所创造剩余产品的多少；

（2）企业注重利益的多少，可以实现整个社会的财富最大化，带来经济繁荣；

（3）有利于企业资源的合理配置，并且在资本市场中占据有利地位。

缺点：（1）没有考虑货币时间的问题和风险原则；

（2）可能导致企业过于注重短期利益而忽略长远发展。

二、股东财富最大化

股东财富最大化，一般是指通过财务上的合理经营，为股东创造最多的财富。这是什么原因呢？因为股东创办企业的目的是增加资本，他们是企业的所有者，会为企业带来更多的资金，股东投资的价值在于投资能使得股东获得更多的收益，其中包括了获得的股利以及出售股权时可以取得的相应报酬。因此持这种观点的学者认为，企业发展应该追求股东财富的最大化，若是公司不为股东创造财富，那么不会有股东再去出资，企业也就不复存在了。

不同于上述利润最大化所讲的认为“利润受收入和成本、费用影响”的理论，支持“股东价值最大化”的学者认为，在股份制经济下，股东价值受到其所拥有的股票数量以及股票在市场上流通价格的影响，在股票数量一定的情况下，股票价格越高，股东的财富也就越大，因此股东财富最大化又可变相理解为股票价格最大化。

【小思考1-2】“股东财富最大化”的目标适用于大湾区所有企业吗？

提示：不，股东财富最大化受到股票价格的影响，只有上市的企业可以根据股票价格确认股东财富，非上市的企业不适用于“股东财富最大化”。

三、企业价值最大化

相比于利润最大化和股东财富最大化，企业价值最大化更看重企业长期的发展。它需要企业通过财务上合理的预测，采用最优的经营方针，在充分考虑资金的时间价值以及风险与报酬的关系的前提下，强调企业在价值的不断增长中满足各方利益关系，在保证企业自身长期稳定发展的基础上，使企业价值总额达到最大。

持这种观点的学者认为，从宏观市场经济看，企业之间的联系愈发紧密，逐渐成为不可分割的整体，财务管理的目标也与多个企业有关，不是企业自身可以决定的，这是需要所有企业相互协调和共同作用的，短期内可能仅有少部分企业获益，但从长期来看，不可能只强调部分企业的利益而置其余企业的利益于不顾。

由此可见，企业价值最大化是一种相对均衡的管理目标，它考虑得更加全面，是现代企业发展的必然需求，也是财务管理的最优选择。现代企业发展需要以人为本，管理需要协调各方，并且要求企业产权明晰化，企业价值最大化使得企业形成一个相互制衡的机制，从而达到各自利益的均衡。同时，企业价值最大化也是一个动态的指标，具有长期性以及可持续性。

【小思考1-3】“企业价值最大化”目标的优势显而易见，那它是否有缺陷呢？

答：有缺陷。

①“企业价值最大化”过于理论化，在实践过程中有点模糊，没有明确什么可以代表企业价值；

②对于非上市的企业来说，对企业价值进行测算比较麻烦，会受到企业经营方式变更等问题的困扰，很难做到客观公正，因此，在企业日常管理中也比较费时费力。

案例1 从甲公司财务造假看企业内控漏洞与理财目标[①]

① 泰勒，李迪. 世纪骗局？熔断崩盘！瑞幸咖啡暴跌80%，自曝22亿财务造假［EB/OL］.［2020-04-02］. https://baijiahao.baidu.com/s?id=1662932466817807194&wfr=spider&for=pc.有修改。

没有一丝准备，用美国投资者的钱来补贴国内消费者的民族之光——甲公司，就这么崩了。

北京时间2020年4月2日晚间，美股开盘前，甲公司在美国证券交易委员会官网挂出了一份文件，然后盘前股价就崩了。这份文件显示，甲公司做了一份内部调查发现，从2019年第二季度开始，公司首席运营官兼董事A以及几名员工发生了不当行为，其中包括捏造某些交易行为。甲公司目前已经解雇了A以及涉嫌不当行为的雇员，也中止了虚假交易，公司将采取所有适当措施，包括针对发生不当行为的个人提起法律诉讼。

甲公司称，据内部调查显示，2019年第二季度到2019年第四季度，与虚假交易相关的总销售金额约为人民币22亿元。上述数字未经公司的特别委员会或公司独立审计师的验证，并可能随着内部调查的进行而改变。因此，甲公司称，投资者不要相信公司之前发的财务报表了，调查正在进行中，他们将继续评估其先前发布的财务报表并进行其他可能的调整。

消息一经发布，甲公司一夜之间美股股价遭遇重挫，开盘后股价很快触发熔断机制，并在随后连续多次触发熔断机制，最终收盘大跌逾75%。

一、遭浑水公司做空，面临多家律所集体诉讼

2020年1月，美国的浑水公司出具的一份做空报告认为，甲公司在2019年度部分报告中虚增收入及支出进行财务欺诈，其商业模式存在重大缺陷。做空公司雇佣了1 000多名人员，挑选了甲公司在全国53个城市的门店作为样本，并进行全天候录像，总录像时长达11 260小时，同时收集25 843张小票。这些数据指出甲公司捏造财务数据和运营数据，夸大门店的每日订单量、每笔订单包含的商品数、每件商品的净售价，从而营造出单店盈利的假象。同时，甲公司还通过夸大广告支出，虚报除咖啡外其他商品的收入占比来掩盖单店亏损的事实。

美国东部时间2020年2月13日，甲公司及其两名高管在美国纽约南区联邦法院被投资者代表提起集体诉讼，诉讼理由是甲公司2019年第三季度以来所披露的财务信息和经营信息存在重大不实，要求法院判令被告赔偿原告因信息不实而遭受的损失，该诉讼已在纽约南区联邦法院立案。

二、疯狂扩张导致亏损严重，商业模式遭质疑

冰冻三尺，非一日之寒。事实上，部分中国投资者对于甲公司的质疑一直存在，其中之一便是扩张太快、烧钱太凶。回顾甲公司的发展史，从创立到IPO（公开发行股票），甲公司只花了17个月时间，是全球IPO最快的公司。但甲公司的财务状况并不好，2018年全年该公司净亏损逾16亿元，2019年前三季度净亏损亦超17亿元。

甲公司发展速度堪称“神速”，它采取了“大额补贴+疯狂开店”的烧钱扩张战略，截至2019年年底，直营门店数达到4 507家。这意味着甲公司完成了2019年开店4 500家的目标，门店也超过同类知名企业，成为同行业在中国市场第一大连锁品牌，但店铺的运营成本仍然很高。设备、人员、房租是其最大的一块投入，在盲目扩张过程中，甲公司需要花费大量资金才能够填补上。

前述美国浑水公司发布的做空报告谈及了甲公司的商业模式存在明显缺陷。甲公司所提供的产品在中国的市场，既不巨大，又不增长迅速；从竞争来讲，甲公司的用户相对年轻，都是价格敏感性的，若取消大量优惠政策用户会自然流失，甲公司依然无法做到盈利；同时它旗下的部分产品的特许经营权面临很高的合规风险，也缺乏其他有竞争力的次要产品，甲公司每季度在门店层面上就损失了5 370万元人民币，因此开店越多损失越大。

三、飞上天的“猪”，还会掉下来的！

2019年8月，基石资本董事长张维在接受《中国基金报》记者采访时表示，“去掉各种概念的包装，甲公司能否成功取决于传统的运营能力，而这个不是烧钱能烧出来的，需要慢慢积累。”“只有甲公司在之后成功证明自己运营实体店铺的能力，才能最终兑现其估值。”

归根结底，一个传统店面所检验的技能就是最基本的技能，比如门店管理、供应链管理、产品开发与品控、成本控制、公司文化、员工培训等，商业模式最后检验的还是传统的运营能力。毕竟补贴不能永远持续，最后还是得看店面的盈利能力。

张维表示，这个道理以海底捞为例就很清晰：海底捞是中国最大的中餐企业，2018年销售收入接近170亿元，但如果有人想靠烧钱复制一个新概念的海底捞，大家都会觉得荒谬。

但为什么对于甲公司同行业的知名企业，有人就愿意拿几十个亿去复制，愿意给出很高估值？张维认为，这主要是他们更看重概念所带来的想象空间。“甲公司所主推的产品相较于一些传统商品更时尚，它有很多的概念、卖点：比如原材料更优质、店面更小，别人不做外卖而它做外卖等；再一个，短时间把规模做大，可以取得规模经济优势。但开个餐馆能取得规模经济优势吗？其实很难。海底捞品牌是在创立20年后，门店数量才突破100家的，因为运营能力的积累是无法一蹴而就的，不能靠钱烧出个传统行业。”

【小思考1-4】请结合话题1分析，甲公司的理财目标是否适合自身的发展？它的财务造假损害了哪些人的利益，产生了怎样的社会影响？给我们带来了怎样的启示？

答：(1) 甲公司短期内快速扩张，通过财务造假欺骗大众它拥有高昂的利润，短期内也许可以筹集到很多资本，但不能长期掩盖亏空的事实，不适合长期发展目标。

(2) 甲公司管理者、董事长等人不断套现，通过“无人零售”、关联方交易等方式转移资产，这样的模式只保障了部分管理层和大股东的利益，而损害了大部分投资者的利益。

(3) 甲公司财务造假，给中国企业带来了诚信危机，后续中国企业赴美上市难度会有所提升，不过也会倒逼我国企业越来越规范化和制度化，外部监管部门的约束力也会增强。

(4) 企业诚信不应该被资本绑架。“诚信经营方能行稳致远”，上市公司需要严格遵守相关法律和制度规定，真实披露自己的各项信息，对市场和信息使用者负责。

话题2　企业管理相关概念

一、管理的核心

从古到今，管理是为了实现某种目的而进行的决策、计划、组织、指导、实施、控制的过程，其所面对的无非就是人、财、物。而随着现代企业管理理念的革新，以人为本的观念开始逐渐深入人心，管理的核心是人，本质是协调，而协调的对象又是人，只有将人留住，将其优势充分发挥，达到企业与人之间的平衡协作，企业才可以持久生存。

【小思考1-5】新时代下企业管理如何做到“以人为本”？

答：（1）建立完善的管理制度与机制。良好的制度是企业规范运营和保证效率的前提，人性化的管理也需要一定的约束力，以激发员工的主观能动性。

（2）建设以人为本的企业文化。良好的企业文化可以引导员工形成正确的价值观和行为观，它是企业的灵魂所在。企业文化一直与人密切联系，以人为本的企业文化塑造了和谐、健康的工作氛围，塑造了员工对于集体的认知。

（3）树立以人为本的观念。管理层需要切实认识到以人为本的重要性，肯定员工的重要性，切实解决员工的需求，把员工遇到的难题优先考虑、重点解决。

二、管理的特征

1.管理需要所有人的积极参与

现代社会，管理工作并非只是管理者的任务。

管理者要向上级汇报工作，做出年度预测，也需要将工作合理分配给下级，同时进行自我监督与管理，从而使整个企业高速有效运作。管理者相当于平衡器，需要让各方的管理相协调，在企业文化的建设方面，更是需要以身作则，有坚定的信念以及正确的价值观，以自身行动引领企业的发展方向。

非管理岗的人也需要完成管理者下发的任务，认真做好本职工作，对自身的行为、态度、思想等方面进行管理和监督，积极配合管理者的行动，以修正自己的不足。

【小思考1-6】管理者如何实现上下级的平衡？

答：（1）尊重自己的上级。上级看重的是整个企业长期的运作和发展方向，管理者需要认真完成上级布置的各项任务，从企业长期发展的角度去思考任务的合理性和其背后所代表的含义。

（2）了解部门人员的工作职责和工作目标。对于上级下发的整体任务，管理者需要将其分解成为具有可操作性的分段任务，分配给不同部门的人员，指导其正确做事，和员工多进行沟通，及时开例会解决问题。

2.管理兼有自然和社会的特性

管理有着非常强的自然特性，从古到今管理者的不断实践，总结出了现在的管理方案以及理论原则，同时管理的一系列客观规律也决定了它的科学性。管理作为一种典型的社会活动，只有达到了一定的社会条件，才能在社会关系中平稳运行，管理协调了社会发展，稳固了生产关系，使企业各项要素达到平衡，并且与社会制度紧密相连。

3.管理是新经济时代市场对企业发展的必然要求

在新经济背景下，由于软件和人工智能的影响，企业信息化不断加强，市场需求也逐渐多样化，各企业之间的联系逐渐增多，利益冲突也越来越频繁，因此企业在管理的过程中不仅要考虑自身的资源配置，而且要考虑整个市场的变化以及资源的优化，及时利用信息化顺应市场的瞬息万变，灵活应对出现的各种问题，快速对信息进行分解和处理。

三、企业价值链

企业价值链分析法（以生产销售企业为例）如图1-1所示。

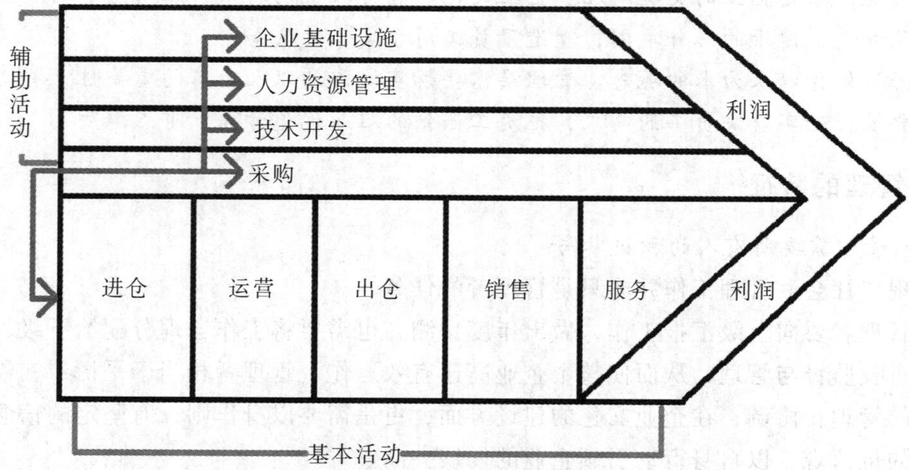

图1-1 企业价值链分析法（以生产销售企业为例）

企业的价值链展示了企业的设计、生产、营销、运输等为顾客创造价值的一系列活动、功能以及业务流程之间的连接情况，其基本活动主要是为顾客创造价值，辅助活动则是为基本活动提供必要的支持服务。

根据美国哈佛商学院著名战略学家迈克尔·波特提出的“企业价值链分析法”，只有某些特定的价值活动才真正创造价值，这些真正创造价值的经营活动，就是价值链上的“战略环节”，企业的竞争优势就是战略环节的优势，企业管理也需要将重心放在战略环节上以培养核心竞争力。

话题3 合理的分配原则

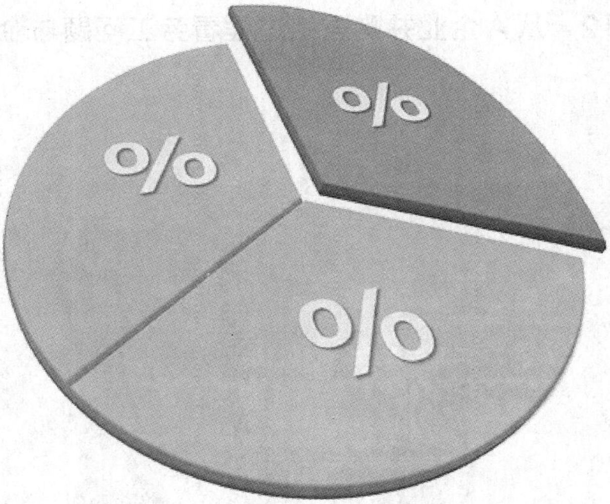

企业资源分配，公平是大前提，需要落实到每一步，落实到每一个人。企业收益分配影响着股东、员工等各方的利益，分配是否合理、公平，关系到员工的积极性，关系到企业发展的整体效益和核心竞争力，对企业宏观发展的革新有重要意义，因此企业收益分配需要遵循以下原则：

第一，依法分配原则。企业分配必须依法进行，根据国家制定和颁布的法律法规，明确企业收益分配的基本要求以及一般程序，处理好各方面的利益关系，切实执行国家规定。

第二，效率优先原则。从现代的宏观市场经济来看，国家经济发展日新月异，企业要想在市场中长久生存，就必定需要注重效率。这需要合理优化资源，实现资源的有效配置，同时尽可能发挥企业的潜能，提高核心竞争力，才可以处于不败之地。企业在收益分配过程中注重效率，积极调动投资者和员工的积极性，使得两者对企业发展的贡献得到最大限度的利用，并在分配中合理展现。

第三，兼顾各方利益原则。企业收益分配涉及多方利益，而有利益就会有冲突，矛盾时刻存在，企业要想长久生存，就必须兼顾投资者、经营者、生产者等多方利益，保证资源的协调性和稳定性，保全投资者资本，保证经营者积极性，保障劳动者权益。同时，需要遵循企业内部制定的各种制度或规章，时刻受到制度的约束，保证分配的合理性，协调各方矛盾，以实现发展的长久稳定。

第四，风险与收益对等原则。从长期投资来看，投资风险和收益成正比，投资的收益越高，也就包含着更高的风险。因此企业在分配过程中，要注重公平，考虑到风险的影响，投资收益要与投资比例对等，合理处理投资者之间的利益关系。

第五，积累与分配并重原则。分配是对企业资源进行合理配置，企业价值链要求注重“战略环节”，那么资源分配也需要优先考虑“战略环节”，同时要着眼于处理企业短期利益和长期利益的关系，为保证企业长期的发展，需要正确对待积累和分配的关系，坚持积累优先，以增强企业发展的后续动力。

案例2 从A企业并购重组过程看劳工问题与企业管理[①]

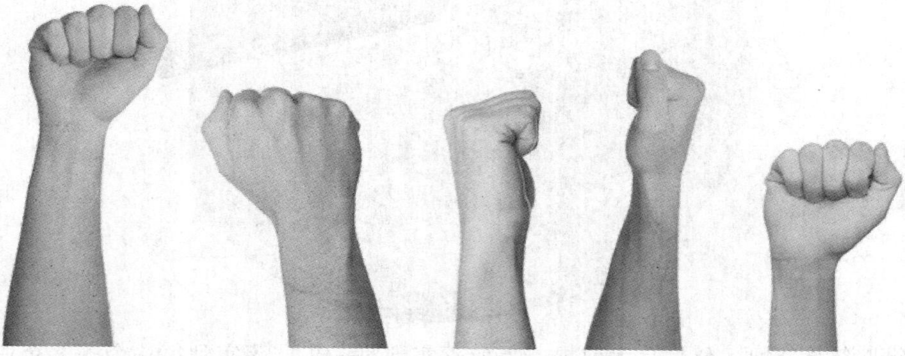

自2019年10月28日，粤港澳三地有关部门在澳门联合发布《大珠江三角洲城镇群协调发展规划研究》开始，大湾区的建设就逐渐提上了日程。当发展“粤港澳大湾区”的消息一出，A企业这家老牌的计算机软件公司就知道自己的机会来了。于是它借着这一契机计划让另一老牌公司B集团收购自家旗下一个低端的服务器业务，转让一个工厂，自身就可以主要发展较为高端的业务，但没想到这件事情却引起了员工的极大不满和抗议。

据英国《金融时报》报道，当时A企业旗下Y市工厂的1 000多名员工聚集在工厂门口抗议，原因是对转让规划不满。按照原本的规划，A企业鼓励Y市工厂的员工加盟B集团，并且可以维持现有的薪酬标准不变，但是如果不加盟就只能选择一份离职补偿（员工如果在规定期限前签署离职协议，那么可以获得6 000元人民币的补偿），而员工们则要求更高的待遇，不管是留下的薪水还是离开的补偿金。

“（官方）工会从来没有采取任何措施帮助保护我们的权利，”A企业一名员工表示，“我们不信任它。”“我们正在保护自己的权益。”网上微博用户发布的帖子显示，自称为A企业Y市工厂员工的用户表示，对于那些选择离职的员工，A企业并未提供足够的离职金，而对于那些选择留下来的员工，他们担心自己的工资将会下降。

网络上对于这次罢工事件看法不一，部分网民对抗议的员工表示同情，呼吁工会切实维护员工的权益，认为必须满足普通工人的基本福利要求，不能再让工人受到欺负。也有部分网民认为，A企业的赔偿方案合理，员工不应该抗议。总体来说，员工抗议并不是害怕企业并购，而是对国内企业的人事管理制度缺乏信心。他们认为，中国的私营企业与外资企业的最大差距不是在薪酬待遇方面，而是个人利益能否得到公

① 佚名. IBM深圳工厂超千名员工罢工，不满工作转入联想后待遇［EB/OL］.［2014-03-07］. https://business.sohu.com/20140307/n396195861.shtml.
陈昌凤. IBM深圳工厂员工罢工事件，互联网舆情案例分析［J］. 中国信息化，2014（23），104-106.

平公正的人事管理制度的保障。

罢工事件发生后，A企业做出让步，留职员工可获得30 000元人民币的补偿，但同时强势宣布与参与维权的19名员工解除劳动合同，不给予任何经济赔偿，并责令其立即交接离职。当天，A企业发表一份声明称，该公司的做法符合中国法律，并称，是否为B集团工作是每位雇员的个人决定。虽然并无法律要求A企业向不愿为B集团工作的雇员提供补偿，但A企业准备向这些雇员提供一项公平的离职补偿方案。声明还称，A企业不会讨论该公司对雇员采取的惩戒行动或具体细节，只想表示这些行动均符合中国法律。同时，有关A企业拒绝与工人们进行谈判的说法是不真实的。公司一直对此持开放态度，并愿意沟通，但工人们一直拒绝会谈。A企业在声明中表示，Y市工厂员工会陆续返回工厂。

虽然A企业表现出良好的态度，B集团也保证薪资福利待遇不低于之前的水平，但是Y市Z区工会以及Y市总工会并不满意。罢工事件发生一周后，Z区工会向媒体表示，“区工会组织了两次谈判，都被A企业管理层以地点不合适等理由拒绝，最终仍然没有谈成”。相关人员表示，“对此类事件，市总工会一贯主张劳资纠纷需劳资双方以对话、协商的方式进行解决，不赞成企业以傲慢的态度对待员工。A企业作为国际知名企业，希望他们以更负责任的态度处理好本次劳资纠纷事件。市总工会将继续密切关注事件的进展”。

【小思考1-7】请结合话题2和话题3的内容分析，A企业Y市工厂员工罢工反映出A企业管理和分配的什么问题？

答：（1）忽视了员工的利益，没有真正做到以人为本。A企业固执地要炒掉部分员工，不顾工会的意见，并且一开始并未过多理会员工的诉求，不符合现代企业的管理理念，没有认识到员工是企业最宝贵的财富。

（2）没有处理好“兼顾各方”“效率优先”的原则。企业分配需要实现资源的有效配置，调动员工积极性，同时需要兼顾经营者、投资者、员工等各方利益。但A企业没有兑现自己的诺言，对“那些选择离职的工人，A企业并未提供足够的离职金”，这消磨了员工的主观能动性，会让员工对企业失去信心；同时A企业在并购重组过程中没有密切关注员工的利益，没有事先了解员工的需求，并且在罢工事件发生后依旧强硬要求与部分员工解除合约，以傲慢的态度对待员工。

话题4 货币时间价值

小视频1 小视频2 小视频3 小视频4

货币时间价值，是指货币经历一段时间的投资和再投资所增加的价值，又称“资金时间价值”。按照本杰明·费兰克的说法，货币时间价值的本质是钱生钱，并且所生之钱会生出更多的钱，因此当前所拥有的货币相比未来收到的同样金额的货币具有更大的价值。

一般来讲，货币时间价值受到以下四个因素的影响：

一是资金的使用时间，即资金投入时间的长短，在单位时间资金增值率一定的条件下，资金使用时间越长，资金的时间价值越大；资金使用时间越短，资金的时间价值越小。

二是资金数量的大小，即投资金额的大小，在其他条件不变的情况下，投资金额越大，资金的时间价值就越大；投资金额越小，资金的时间价值越小。

三是资金投入和回收的特点，即资金投入的时间问题，在总资金一定的情况下，前期投入的资金越多，资金的负效益越大；反之，后期投入的资金越多，资金的负效益越小。在资金回收额一定的情况下，离现在越近的时间回收的资金越多，资金的时间价值就越大；反之，离现在越远的时间回收的资金越多，资金的时间价值就越小。

四是资金周转的速度，资金周转越快，那么在一定时间内等量资金的时间价值越大；反之，资金的时间价值就越小。

【小思考 1-8】

企业要想长久发展，必须拥有源源不断的现金流，同时善于利用时间价值，以促进货币的不断升值。对于借着大湾区的势头而创立起来的小企业，正确利用货币时间价值就是他们要上的第一课。那么在目前的财务理论方面，关于货币时间价值的计算方法都有哪些呢？初创小企业在考虑自身现在或未来的货币资金的数量时需要考虑哪些因素呢？

提示：货币时间价值的计算，需要考虑年数、折现率。

我们将F设为终值，即现在某一时点上一定量现金折现到未来的价值，包括本金和利息，俗称“本利和”；将P设为现值，即在未来某一时点上的一定量的现金折合到现在所拥有的价值，俗称“本金”；将A设为年金，即每间隔一定相等的时期，所收到或者付出的相同数量的款项；将i设为利率，即存入或者借入金额在每个期间到期的利息金额与票面价值的比率；将n设为计息期数，即企业在一定时间内总共支付利息的次数。

在目前财务管理的理论层面，对于货币时间价值的计算公式主要有以下几种，总体可分为两种计算方法：

一、单利法

使用单利法计算利息时，利息不会叠加在本金上，只计算本金在投资期限内的利息，不会计算利息的利息。

1.单利终值

$F=P(1+i\times n)$，其中系数符号为$(1+i\times n)$。

2.单利现值

$P=F\div(1+i\times n)=F(1+i\times n)^{-1}$，其中系数符号为$(1+i\times n)^{-1}$。

情形1：大湾区某初创企业将一笔100万元的存款存入某机构，计划存3年时间，年利率为4%，求3年后将拥有的资金数。

则：$F=P(1+i\times n)=100\times(1+4\%\times3)=112$（万元）

情形2：大湾区某初创企业想将一笔存款存入某机构，得知存60天后可获得本利和202万元，已知贴现率6%，且一年按照360天计算，求现在应存入多少资金。

则：$P=F\div(1+i\times n)=F(1+i\times n)^{-1}=202\div(1+6\%\times60\div360)=200$（万元）

二、复利法

与单利法不同，复利法是要按一定期限将一期所产生的利息加入本金后再计算下期利息，逐期滚算的一种计息方法，俗称“利滚利”。

1.复利终值

$F=P(1+i)^n$，其中系数符号为$(1+i)^n=(F/P, i, n)$。

2.复利现值

$P=F\div(1+i)^n=F(1+i)^{-n}$，其中系数符号为$(1+i)^{-n}=(P/F, i, n)$。

情形3：大湾区某初创企业将一笔50万元的存款存入采用复利法的某机构，计划存2年时间，利率为5%，求2年后将拥有的资金数。

则：$F=P(1+i)^n=50\times(1+5\%)^2=55.125$（万元）

情形4：大湾区某初创企业想租赁一间厂房，租期2年，第一年年末支付5万元，第二年年末支付10万元，假设利率为10%，此方法折现到现在应付款多少万元呢？

则：$P=F\div(1+i)^n=F(1+i)^{-n}=F(P/F, i, n)=5(P/F, 10\%, 1)+10(P/F, 10\%, 2)=5\times(1+10\%)^{-1}+10\times(1+10\%)^{-2}\approx12.81$（万元）

3.普通年金终值

$F=A\cdot[(1+i)^n-1]\div i$，其中系数符号为$[(1+i)^n-1]\div i=(F/A,i,n)$。

由此可推导偿债基金，即为了在约定的未来某一时点清偿某笔债务或者积聚一定数额的资金而必须分次等额形成的存款准备金，公式为：

$A=F\cdot i\div[(1+i)^n-1]$，其中系数符号为$i\div[(1+i)^n-1]=(A/F,i,n)$。

4.普通年金现值

$P=A\cdot[1-(1+i)^{-n}]\div i$，其中系数符号为$[1-(1+i)^{-n}]\div i=(P/A,i,n)$。

由此可推导资本回收额，即在给定的年限内等额回收初始投入资本或者清偿所欠债务的金额，公式为：

$A=P\cdot i\div[1-(1+i)^{-n}]$，其中系数符号为$i\div[1-(1+i)^{-n}]=(A/P,i,n)$。

情形5：

①大湾区某初创企业将在未来5年建设某项目，计划每年年末从银行取出100万元，借款年利率为10%，则该项目竣工时本息总额为多少？

$F=A\cdot[(1+i)^n-1]\div i=A(F/A,i,n)=100(F/A,10\%,5)=100\times[(1+10\%)^5-1]\div10\%=610.51$（万元）

②大湾区某初创企业有一笔4年后到期的借款，到期值为1 000万元，若该借款的年利率为10%，则为偿还该借款应建立的偿债基金应为多少？

$A=F\cdot i\div[(1+i)^n-1]=F(A/F,i,n)=1\,000(A/F,10\%,4)=1\,000\times10\%\div[(1+10\%)^4-1]\approx215.47$（万元）

情形6：

①大湾区某初创企业想租赁一件设备，租期5年，每年年末需要支付租金120元，年利率为10%，则5年内支付的租金总额的现值为多少？

$P=A\cdot[1-(1+i)^{-n}]\div i=A(P/A,i,n)=120(P/A,10\%,5)=120\times[1-(1+10\%)^{-5}]\div10\%\approx454.89$（元）

②大湾区某初创企业为发展自身业务，借得1 000万元的贷款，约定在10年内以年利率12%进行等额偿还，则该企业每年应付的金额为多少？

$A=P\cdot i\div[1-(1+i)^{-n}]=P(A/P,i,n)=1\,000(A/P,12\%,10)=1\,000\times12\%\div[1-(1+12\%)^{-10}]\approx176.98$（万元）

5.即付年金终值

与普通年金不同，即付年金是指从第一期起，在一定时期内每期期初等额收付的系列款项，又称先付年金，而普通年金是后付年金，两者区别仅在于付款时间不同。

因此即付年金终值是指在一定期间内每期期初等额收付款项的复利终值之和，它是其最后一次收付时的本利和，公式为：

$F=A\cdot\{[(1+i)^n-1]\div i\}\cdot(1+i)=A\cdot\{[(1+i)^{n+1}-1]\div i\}-A$

其中，系数符号为$\{[(1+i)^{n+1}-1]\div i\}-1=[(F/A,i,n+1)-1]$。

6.即付年金现值

由即付年金概念可知，即付年金现值是指在一定会计期间内，每期期初收付款项的复利现值之和，公式为：

$P=A\cdot\{[1-(1+i)^{-n}]\div i\}\cdot(1+i)=A\cdot\{[1-(1+i)^{-(n-1)}]\div i\}+A$

其中，系数符号为$\{[1-(1+i)^{-(n-1)}]\div i\}+1=[(P/A, i, n-1)+1]$。

情形7：大湾区某初创企业决定连续5年于每年年初存入100万元作为员工住房基金，假设存款利率为10%，则该公司在第5年年末能够一次取出的本利和为多少？

$F=A\cdot\{[(1+i)^{n}-1]\div i\}\cdot(1+i)=A[(F/A, i, n+1)-1]=100[(F/A, 10\%, 5+1)-1]=100\times\{[(1+10\%)^{5}-1]\div 10\%\}\times(1+10\%)=671.561$（万元）

情形8：大湾区某初创企业决定租用一台设备，租期为10年，每年年初需要支付5 000元，且年利率为8%，那么这些租金的现值是多少？

$P=A\cdot\{[1-(1+i)^{-n}]\div i\}\cdot(1+i)=A[(P/A, i, n-1)+1]=5\,000[(P/A, 8\%, 10-1)+1]=5\,000\times\{[1-(1+8\%)^{-10}]\div 8\%\}\times(1+8\%)\approx 36\,234.44$（元）

7.递延年金终值

递延年金是指在最初若干期没有收付款项的情况下，后面若干期才开始发生的系列等额收付款项。它是普通年金的特殊形式，凡不是从第一期开始的普通年金都是递延年金。

因此，递延年金终值是指在预备计算时尚未发生收付，但未来一定会发生若干期等额收付的年金，它是其最后一次收付时的本利和。其公式同普通年金终值一致：

$F=A\cdot[(1+i)^{n}-1]\div i$，其中系数符号为$[(1+i)^{n}-1]\div i=(F/A, i, n)$。

8.递延年金现值

由递延年金概念可知，递延年金现值是指间隔一定时期后每期期末或期初收入或付出的系列等额款项，按照复利计息方式折算的现时价值，即间隔一定时期后每期期末或期初等额收付资金的复利现值之和。我们将m设为没有计息的期间，n不是计息期而是所有期间，则公式为：

$P=A\cdot\{[1-(1+i)^{-n}]\div i\}-A\cdot\{[1-(1+i)^{-m}]\div i\}=A\cdot\{[1-(1+i)^{-(n-m)}]\div i\}\cdot(1+i)^{-m}$

其中，系数符号为$\{[1-(1+i)^{-n}]\div i\}=(P/A, i, n)$。

$\{[1-(1+i)^{-m}]\div i\}=(P/A, i, m)$

$\{[1-(1+i)^{-(n-m)}]\div i\}=(P/A, i, n-m)$

$(1+i)^{-m}=(P/F, i, m)$

情形9：大湾区某初创企业于2020年年末进行了一笔投资，该企业从2022年年末开始，每年年末可获得一笔100万元的收益，连续3年，年利率为10%，则2024年年末这些收益的本利和为多少？

则：$F=A\cdot[(1+i)^{n}-1]\div i=A(F/A, i, n)=100(F/A, 10\%, 3)=100\times[(1+10\%)^{3}-1]\div 10\%=331$（万元）

情形10：大湾区某初创企业于当年年初存入一笔资金，存满5年后每年年末可以取出100万元，至第10年年末取完，存款年利率为10%，则该企业第一次存入银行的钱数为多少？

则：$P=A\cdot\{[1-(1+i)^{-n}]\div i\}-A\cdot\{[1-(1+i)^{-m}]\div i\}=A[(P/A, i, n)-(P/A, i, m)]=100[(P/A, 10\%, 10)-(P/A, 10\%, 5)]=100\times\{[1-(1+10\%)^{-10}]\div 10\%\}-100\times\{[1-(1+10\%)^{-5}]\div 10\%\}\approx 235.378$（万元）

或

$P=A\cdot\{[1-(1+i)^{-(n-m)}]\div i\}\cdot(1+i)^{-m}=A(P/A, i, n-m)(P/F, i, m)$

$=100(P/A, 10\%, 10-5)(P/F, 10\%, 5)$

$=100\times\{[1-(1+10\%)^{-(10-5)}]\div 10\%\}\times(1+10\%)^{-5}$

≈235.378（万元）

9.永续年金

永续年金是指无限期等额收付的特种年金，可视为普通年金的特殊形式，即期限趋于无穷的普通年金，因此没有终值，只有现值。存本取息可视为永续年金的例子，也可将利率较高、持续期限较长的年金视同永续年金。公式为：

$P=A\div i$

情形11：大湾区某初创企业为某高校建立一个奖学金，从现在开始每年支付10 000元，预期投资回报率为10%，那么现在需要存入多少钱？

则：$P=A\div i=10\,000\div 10\%=100\,000$（元）

话题5　现金流与利润

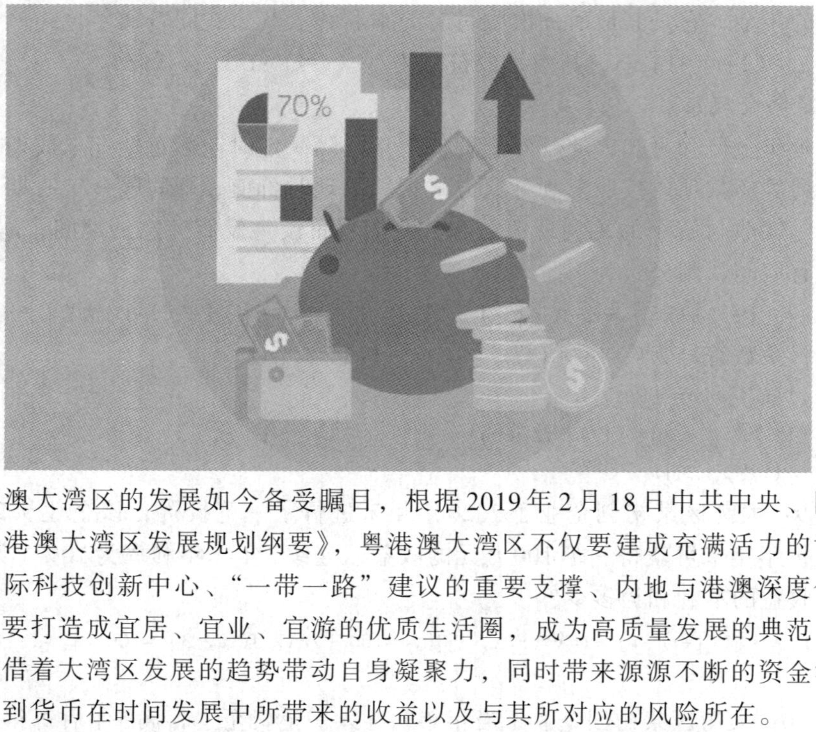

粤港澳大湾区的发展如今备受瞩目，根据2019年2月18日中共中央、国务院印发的《粤港澳大湾区发展规划纲要》，粤港澳大湾区不仅要建成充满活力的世界级城市群、国际科技创新中心、"一带一路"建议的重要支撑、内地与港澳深度合作示范区，而且要打造成宜居、宜业、宜游的优质生活圈，成为高质量发展的典范。各大企业都希望借着大湾区发展的趋势带动自身凝聚力，同时带来源源不断的资金流，那就必须认识到货币在时间发展中所带来的收益以及与其所对应的风险所在。

现金流是指企业一定时期现金和现金等价物流入和流出的数量，是企业在一定会计期间通过一定经济活动（包括经营活动、投资活动和筹资活动）而产生的现金流入、现金流出的总称。而利润是收入和费用的差额，以及其他直接计入损益的利得、损失，它是指企业在一定会计期间实现的用货币表现的最终财务成果，反映的是企业的经营业绩情况，也是其最终成果和财务能力的具体体现。

企业所实现的现金流和利润，是企业财务成果的体现，也是分析企业目前经营状况以及财务状况的重要指标，企业财务信息的使用者也可以通过近一段时间的净利润对企业未来一段时间的现金流进行分析。由此可见现金流和利润之间存在某种联系，也有些许相似之处，但本质上两者又是不同的：

第一，经济含义不同。现金流可以表明企业经营过程的顺畅性，是否会出现资金紧缺，是否可以按时支付贷款和利息等问题，都可以通过现金流进行分析；同时，企业对外投资是否合理，目前的经营状况是否符合企业的发展目标，这些问题财务信息的使用者都可以通过观察企业现金流得到答案。而利润的大小反映的则是企业在生产经营过程中所取得的经济效益，表明了企业在这一段时间的经营成果。

第二，计量基础不同。现金流以收付实现制为基础，需要查看这笔收入或支出是否属于当前的期间，只要在本期间内实际收到或者支出的款项，都算作这个期间的现金流，都计入当前期间。利润则不同，利润是以权责发生制为基础的，收入或者支出的发生需要考虑其实际收益期，不同期间受益就将收入或支出归属于不同的期间，从而得出该期间的利润。

【小思考1-9】

对于大湾区初创小企业来说，企业的每一个指标都需要格外关注，通过这些指标可以预测企业未来的发展趋势。而现金流和利润又是这些指标中最为重要的两个，它们是企业经营成果和财务状况的体现，那么两者中哪一个对于初创企业来讲更为重要呢？企业应该将重心放在哪一个上呢？

提示：现金流决定企业的价值创造能力，更能说明企业的收益质量。

某控股有限公司曾经观察到这样一个现象，无论是个人还是中小企业，在贷款时都会面临同一个问题，即信贷人员会询问“你拿什么来证明你的还款能力？”对于大部分中小企业来讲，企业在运营过程中最重视的指标就是利润，而缺少对现金流的重视，这也就缺少了有利的说服依据，有时利润的多少，未必能代表企业的健康程度，现金流才是标准。

第一，现金流决定企业的价值创造能力。企业只有持有足够的现金流，才能从市场上获取各种生产资料和劳动力，从而为今后的发展提供必要的条件，因此充足的现金流，是企业生产经营活动的前提，也是企业维持持续经营的根本。相比于资产负债表和利润表，现金流量表提供的财务信息更加丰富，是企业财务资产的“真金白银”。

第二，相比利润，现金流更能够说明企业的收益质量。在现实生活中，很多企业在有着高利润的同时却无法提供流动的资金，甚至需要借款去缴纳一些必要的利息或运行费用，收付实现制相比权责发生制更能体现在实际经营过程中的一些问题，它更直白地体现了现金的流入和流出，财务信息的使用者也更全面地认识了企业的财务状况，对企业未来的发展收益质量有了准确预计，同时通过现有的现金流去创造更多的价值。

案例3 从丁公司资金链风险看资金流动性的重要性[①]

“终于来了！”“居然真来了！”

从传出供应链欠款的消息，到其创始人发出公开信承认资金紧张，丁公司遇到新危机的事情已经板上钉钉。正如丁公司所承认的那样，他们确实遇到了资金问题。

流动风险：用股份抵欠款？

丁公司的危机，源自自媒体传出丁公司旗下手机品牌拖欠供应链资金150亿元，相关人士在丁公司楼前打横幅要款的消息。

2016年11月8日晚，丁公司在其官网发布了公告对此进行澄清，称各业务线与供应商均保持了良好的合作关系，并未出现“拖欠供应商款项”事件。

可记者从供应链相关人士处得到的消息是，丁公司旗下的手机品牌确实存在货款逾期的情况，逾期时间大概是2个月。其每个月的货款估计从15亿元到20亿元，3个月结一次，总账款约100亿元，但逾期欠款约30亿～50亿元。

2016年9月，丁公司总裁曾表示，丁公司手机的销量累计突破1 700万台，2015年手机的销量超400万台，即2016年1—9月，丁公司手机的总销量约1 300万台。即

① 师雨，李黎. 危机下一步是雪崩？全面剖析乐视资金链五大风险［EB/OL］.［2016-11-11］. https://www.sohu.com/a/118751295_463923.有修改。

便是以每台手机千元的价格计算，截至2016年9月，丁公司当年仅在手机方面至少产生了130亿元的销售收入，其中巨额现金流入和流出的协调问题，对丁公司而言也是新的挑战。

截至2016年9月，丁公司当年应收账款（合并报表，以下不做特别说明均为合并报表）为50.61亿元，存货18.48亿元，较比去年同期都有大幅增长，增幅分别在58.96%和242.3%。

丁公司在财务报告中解释称，增长的主要是因为未结算款项增加，以及销售模式从“预约+现货”逐步变为以现货销售为主。但同时也承认，较高的应收账款余额导致丁公司的流动资金出现了一定程度的短缺；另外，存货的大幅提升也提高了对流动资金的占用比例。

债务风险：资产负债率偏高 偿债能力偏弱

如果资金链的风险来临，那么丁公司的偿债能力到底怎么样呢？

资产负债率、流动比率、速动比率和现金比率是常常被用来衡量一家公司偿债能力的指标。一般而言，资产负债率最好不要超过60%，流动比率、速动比率和现金比率的理想数值分别是2.0、1.0和0.4。这样可以保证企业的流动负债在短时间内得以偿还，即使流动资产在短期内有一半不能变现，那么另一半的流动资产也能保证流动负债得以尽快偿还。上述三种比率越高，说明企业资产的变现能力越强，短期偿债能力亦越强；反之则弱。

丁公司各种比率汇总见表1-1。

表1-1 **丁公司各种比率汇总**

时间	2016年第三季度	2016年第二季度	2016年第一季度	2015年	2014年
资产负债率	65.72%	79.67%	72.34%	77.53%	62.22%
流动负债比率	104.24%	178.51%	183.53%	189.74%	139.06%
流动比率	1.38	1.5	1.25	1.22	0.81
速动比率	1.2	1.26	1.04	1.07	0.65
现金比率	0.55	0.65	0.38	0.49	0.12

从表1-1的数据上来看，丁公司企业负债风险偏高，长期偿债能力较弱，但短期偿债能力较强，主要表现在丁公司流动比率在2014—2016年有所增加，但是还没有达到期待的比率数值，并且2016年第三季度的流动比率又有所下降，从流动负债比率可以看出丁公司的长期偿债能力是存在问题的，负债也较多，但是速动比率又相对比较有优势，说明丁公司的短期偿债能力较高。

造血风险：过度依赖筹资 利润“注水”

与上面几重风险相比，丁公司造血能力和盈利能力不足的问题，会对公司产生更长远的影响。

丁公司现金流量净额分析见表1-2。

表1-2　　丁公司现金流量净额分析　　单位：亿元

时间	2016年前三季度	2015年	2014年
经营活动产生的现金流量净额	5.43	8.76	2.34
投资活动产生的现金流量净额	−72.57	−29.26	−15.26
筹资活动产生的现金流量净额	72.06	43.65	11.53

自身“造血功能”有所减弱，过于依赖筹资，这些情况都是2016年截至第三季度末，丁公司现金流量所呈现出来的情况，而且经营活动产生的现金流量净额和投资活动所产生的现金流量净额差距过大。

在股东见面会上，其创始人表示丁公司未来要重视盈利和正向现金流。

丁公司利润分析见表1-3。

表1-3　　丁公司利润分析　　单位：亿元

时间	2016年前三季度	2015年	2014年	2013年
主营业务利润	-0.03	-0.09	0.48	2.38
营业利润	0.25	0.69	0.48	2.37
利润总额	0.49	0.74	0.73	2.46
净利润	1.39	2.17	1.29	2.32
归属于母公司股东的利润	4.93	5.73	3.64	2.55

至于各种利润之间为什么会有这么大的差距，尤其是归属于母公司股东的利润、净利润和其他利润，最高可相差近5亿元，其中所得税和少数股东损益起到了非常大的作用。而所得税和少数股东损益为负数，关键原因在于子公司亏损，子公司亏损，会使得递延所得税同样为负。

但问题是，在亏损的子公司中，丁公司旗下子公司A承担的是电视终端业务，子公司B承担的是视频云业务，子公司C承担的是电商业务，这些子公司的业务和丁公司的业务是难以分割的。

扩张风险：融资500亿元，投资700亿元

在11月6日的公开信里，其创始人在反思丁公司资金承压问题时，认为这主要是丁公司扩张速度太快，在烧钱追求规模的同时，资金和资源没能跟上，而且融资能力不强，方式单一。

但实际上丁公司融资，已经把中国多层次资本市场利用得很充分了。Wind资讯数据显示，自2020年上市以来，丁公司通过IPO、定增和发债直接融资92.89亿元；通过借款间接融资52.56亿元；截至2016年第三季度末，股权质押5.71亿股，融资超百亿元；此外，丁公司七大子公司先后通过VC/PE渠道累计融资215亿元。

丁公司现金流量情况分析见表1-4。

表 1-4 丁公司现金流量情况分析

现金流量情况（2016Q3）			
投资活动产生的现金流入	6 082.82万元	筹资活动产生的现金流入	124.01亿元
投资活动产生的现金流出	73.18亿元	筹资活动产生的现金流出	51.95亿元
投资活动产生的现金流量净额	-72.57亿元	筹资活动产生的现金流量净额	72.06亿元

之所以这样，是因为丁公司这两年不仅在手机、电视等终端领域开足马力，而且在影视、体育、房地产等多领域的手笔也相当大。据新浪科技不完全统计，2019年和2020年丁公司在其七大子公司上的投入超过700亿元。

外媒日前爆料，法乐第未来（丁公司投资的汽车工厂）拖欠工厂建设承包商Aecom工程款，其中2019年9月拖欠2 100万美元的工程款，10月和11月应付款项为2 530万美元和1 180万美元。承包商方面称，如果再收不到法乐第未来的款项，那么这个耗资10亿美元的工厂将面临停工。这也令外界对于这家丁公司所投资的汽车工厂的财政状况产生疑虑。

供应链人士对新浪科技表示，现阶段丁公司不仅欠法乐第未来工厂建设承包商的费用，而且有关阿斯顿马丁的合作费用以及营销费用都未结清，有些甚至是2013—2014年的款项。

此外，丁公司与北京国安也于2016年10月“分手”。2016年1月，北京国安与丁公司宣布开展战略合作，丁公司拟在两年内出资20亿元，持北京国安50%股份，因联赛注册时限，暂以5 000万元赞助费冠名北京国安。2016年7月，据《足球》报报道，丁公司只支付给北京国安5 000万元的赞助费，而股权转让前期的10亿元款项根本没有入账的迹象。北京国安俱乐部的名誉董事长罗宁在接受媒体采访时也表示，丁公司没有按照双方股权协议付款，最终导致双方的合作作罢。

【小思考1-10】请结合话题5分析，丁公司的资金链风险显示出它现金流方面出现了什么问题，有什么好的建议？

答：（1）丁公司出现的问题。

①现金预算管理存在缺陷。从2014年开始，丁公司投资、融资的现金流就和经营现金流产生了巨大差距，而且三者同比变化的波动特别大，这就说明丁公司对自身现金未来没有一个合理的使用预期，过少的经营现金流在企业发生突发状况时没有办法及时作出应对。

②经营方式和现金流管理之间存在差距。丁公司扩张速度过快，不断融资，又不断投资，对子公司的投入也在不断增加，一旦对方停止融资，那么丁公司整个经营就会停滞，资金链处于紧绷状态，而丁公司对此并没有给出好的解决措施。同时，这种投融资的不断加快，使得丁公司忽略了经营现金流和偿债风险。丁公司要做的应该是保持企业平稳运行，依靠经营活动为企业创造源源不断的现金流。

（2）给丁公司的建议。

①进行现金控制，编制合理的现金预算。丁公司需要根据自身发展的阶段状况编

制合理的现金预算，严格掌握现金流入、流出的状况，逐渐加强经营活动的现金流量，合理安排企业活动，同时需要留有一定的预备现金，以供不时之需。

②加强风险管控。丁公司快速扩张的经营方式和不断扩大的投融资，都没有考虑可能面临的风险，若是流动的现金不足，所造成的管理漏洞将会严重影响企业未来的发展，因此，维持现金流正常周转的重要性要远远高于获得更多的利润。

话题6　风险与收益

一、风险与收益的权衡

1.风险

风险是指在一定条件下和一定时期内可能发生的各种结果的变动程度。在财务学中，风险不单指发生损失的可能性，而且包括距离期望值的可能性，既有可能是超出预期的损失，又有可能是超出预期的收益。

风险一般可分为以下两种：

（1）系统风险：是指由于经济、政治等企业外部因素的不确定性而产生的风险，不能通过资产组合消除，又称市场风险、不可分散风险。

（2）非系统风险：是指由于管理者决策等企业内部因素而影响个别企业的风险，是可被分散的结构性风险，又称特有风险、可分散风险。

2.收益

收益是指投资所能带来的回报，是初始投资的价值增量。

收益一般分为以下两种：

（1）无风险收益：是指货币时间价值，即货币经历一定时间的投资和再投资所获得的价值，具体可见话题4，它反映的是在没有风险情况下的收益。

（2）风险收益：是指投资者由于承担了一定的风险而进行的投资所获得的超出货币时间价值的额外收益，又称风险报酬或者风险价值。

人们一般用收益率来表示收益，收益率可分为以下三种：

（1）必要收益率：是指投资者进行投资所要求的最低收益率。

（2）预期收益率：是指投资者在下一个时期所能获得的收益预期，在一个完美资本市场中，预期收益率就是必要收益率。

（3）实际收益率：是指在一定时期内实际获得的收益率，如果它和预期收益率之间的差异越大，那么风险就越大，反之亦然。

3.两者的关系

风险和收益是相对的，两者相伴而生，从整个资本市场角度来讲，一般风险越大收益越大，风险越小收益越小，等量的风险会带来等量的收益。在财务学中，投资者承担风险，最终可以从企业获得收益，可以得到与风险和收益相对应的投资收益率，也就是必要投资报酬率：

必要投资报酬率=无风险报酬率+风险报酬率

风险和收益的关系也就显而易见，可以用图1-2表示：

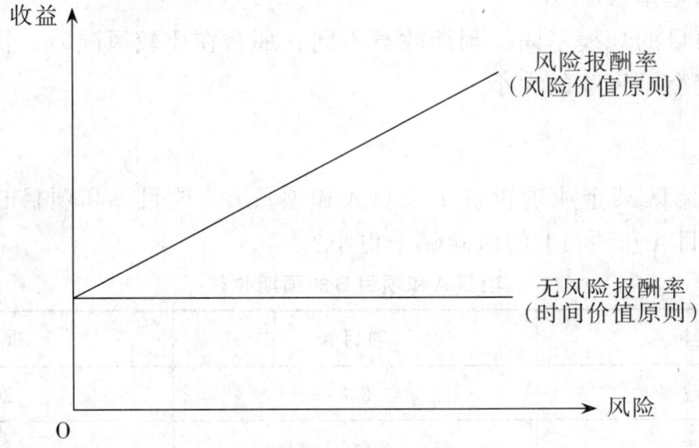

图1-2　风险和收益的关系

二、单项资产的风险与收益

1.预期收益率

预期收益率是指在仅有一种资产时可能出现的所有收益率（R_i）的加权平均数。

$$E(R_i)=\sum_{i=1}^{n}R_iP_i$$

式中，$E(R_i)$ 为期望值，R_i为出现第i种情况下可能获得的收益，P_i为第i种情况出现的概率，n表示可能出现情况的次数。

情形1：大湾区某企业现投资了项目A和项目B，并且经济学家对宏观经济的估计有四种情况，项目A和项目B的收益率和相关概率见表1-5，那么项目A和项目B的期望收益率为多少？

表1-5　项目A和项目B的收益率和相关概率

经济状况	概率	收益率	
		项目A	项目B
繁荣	25%	50%	9%
正常	25%	30%	-12%
衰退	25%	10%	20%
萧条	25%	-20%	5%

则：$E(R_A)=50\%\times25\%+30\%\times25\%+10\%\times25\%+(-20\%)\times25\%=17.5\%$

$E(R_B)=9\%\times25\%+(-12\%)\times25\%+20\%\times25\%+5\%\times25\%=5.5\%$

2. 风险的衡量

（1）方差（Var）和标准差（σ）

两者表示各种可能结果相对于期望值的离散程度，从绝对量角度衡量风险的大小，结果越大，风险越大。

$$Var=\sum_{i=1}^{n}[R_i-E(R_i)]^2P_i$$

$$\sigma=\sqrt{Var}$$

（2）标准离差率（CV）

如果投资项目的规模不同，预期收益不同，那么在比较风险时，需要用标准离差率从相对量角度衡量风险的大小。

$$CV=\frac{\sigma}{E(R_i)}$$

情形2：大湾区某企业现投资了项目A和项目B，项目A和项目B的预期收益见表1-6，那么项目A和项目B的风险哪个更小？

表1-6　项目A和项目B的预期收益

衡量指标	项目A	项目B
期望收益率	8%	20%
标准差	6%	8%

则：$CV_A=6\%\div8\%=0.75$

$CV_B=8\%\div20\%=0.4$

可看出项目A的标准离差率大于项目B，即项目A的波动程度大于项目B，因此，项目A的风险也大于项目B的风险。

三、投资组合的风险与收益

1. 预期收益率

$$E(R_p)=\sum_{i=1}^{n}w_iR_i$$

式中，W_i为第i种情况占整个投资组合的比例。

情形3：接情形1，该企业有100万元资金，其中30万元投资于项目A，70万元投资于项目B，那么该投资组合的期望收益为多少？

则：$W_A=30\div100=30\%$，$W_B=70\div100=70\%$

$E(R_P)=17.5\%\times30\%+5.5\%\times70\%=9.1\%$

2. 方差、标准差和协方差（COV）

$$Var=W_1^2\sigma_1^2+W_2^2\sigma_2^2+2W_1W_2COV(R_1,R_2)$$

$$\sigma=\sqrt{Var}$$

协方差（COV）度量两个资产之间的相互关系，衡量两个变量的总体误差，方差是协方差的一种特殊情况，即当两个变量相同时可以用方差进行计算。

$$COV(R_1,R_2)=\sum_{i=1}^{n}[R_{1i}-E(R_1)][R_{2i}-E(R_2)]P_i$$

式中，$[R_{1i}-E(R_1)]$，$[R_{2i}-E(R_2)]$分别为资产A、资产B的收益率在经济状况i下对其预期值的离差，协方差会出现以下三种结果：

（1）当COV（R_1，R_2）>0时，表明两种资产预期收益变动方向相同；

（2）当COV（R_1，R_2）<0时，表明两种资产预期收益变动方向相反；

（3）当COV（R_1，R_2）=0时，表明两种资产预期收益变动不相关。

情形4：表1-7给出了证券A、证券B、证券C、证券D的相关数据，那么证券A和证券B两者协方差为多少？

表1-7　**证券A、证券B、证券C、证券D的相关数据**

概率	收益率			
	证券A	证券B	证券C	证券D
10%	6%	14%	10%	2%
20%	8%	12%	10%	6%
40%	10%	10%	10%	9%
20%	12%	8%	10%	15%
10%	14%	6%	10%	20%
预期收益率	10%			
标准差	2.2		0	5

则：COV（R_A，R_B）=（6%-10%）×（14%-10%）×10%+（8%-10%）×（12%-10%）×20%+（10%-10%）×（10%-10%）×40%+（12%-10%）×（8%-10%）×20%+（14%-10%）×（6%-10%）×10%=-4.8×10^{-4}

这表明证券A、B的预期收益变动方向相反。

3.相关系数（ρ）

相关系数是用来描述投资组合中的各项资产收益率变化的数量关系，即当一种资产的收益率发生变化时，另一种资产的收益率将如何变化。

$$\rho_{12}=\frac{COV(R_1,R_2)}{\sigma_1\sigma_2}$$

相关系数是标准化的协方差，它的取值范围（-1，1）：

（1）当$\rho_{12}=1$时，表明两种资产之间完全正相关；

（2）当$\rho_{12}=-1$时，表明两种资产之间完全负相关；

（3）当$\rho_{12}=0$时，表明两种资产之间不相关。

资产A与资产B收益率的相关性如图1-3所示。

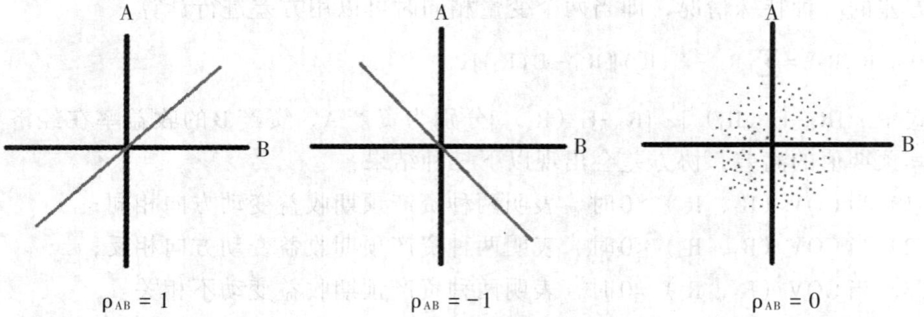

图1-3 资产A与资产B收益率的相关性

情形5：接情形4，证券A和证券C之间的相关系数为多少？

则：$\rho_{AC}=0\div2.2\times0=0$

因此，证券A、证券C之间不相关。

专题总结：

本专题简单介绍了企业财务管理的相关理论，并讲述了财务管理基本知识——资金时间价值，是整个财务管理体系的理论基础，为筹资管理、投资管理等内容奠定了基础。初学者要理解资金时间价值的原理，并运用图示法，对应实际案例，分析原理在各种情况中的运用。

专题练习

一、单项选择题

1.如果已知A的风险大于B的风险，那么可以得知（　　）。

A.A收益率的方差大于B收益率的方差

B.B收益率的标准差小于A收益率的标准差

C.A收益率的标准离差率大于B收益率的标准离差率

D.B预期收益率小于A预期收益率

2.甲预计在5年后用20 000元购买一台机械设备，银行年利率12%，复利计息，那么甲现在需要存入银行约（　　）元。

A.11 348　　B.10 000　　C.14 976　　D.15 000

3.以下（　　）是永续年金的特征。

A.每期不等额支付　　B.没有终值

C.没有现值　　D.每期期初支付

4.普通年金终值的系数符号为（　　）。

A.［（1+i）n-1］÷i=（F/A，i，n）

B.i÷［（1+i）n-1］=（A/F，i，n）

C.［1-（1+i）-n］÷i=（P/A，i，n）

D.i÷［1-（1+i）-n］=（A/P，i，n）

5.表示两种资产完全负相关的相关系数为（　　）。

A.ρ=1　　B.ρ=-1　　C.ρ=0　　D.ρ=100

6.当COV（A，B）=0时，表明A、B两种资产的预期收益变动方向（　　）。

A.相反　　B.不相关

C.有时相同，有时相反　　D.相同

7.管理的核心是（　　）。

A.人　　B.财　　C.物　　D.以上都是

8.在一定会计期间内，每期期初收付款项的复利现值之和称为（　　）。

A.递延年金现值　　B.递延年金终值

C.即付年金现值　　D.即付年金终值

9.乙预计需要购买一套房产，每年年初支付15 000元，分5次付清，若年利率为2%，那么乙5年后总共需要支付房款约（　　）元。

A.9 000　　B.80 503.4

C.79 621.2　　D.72 498.6

10.复利现值系数的倒数为（　　）。

A.普通年金终值　　B.即付年金终值

1.1

C.递延年金终值　　　　D.复利终值

三、多项选择题

1.下列（　　）属于非系统风险。

A.市场风险　　　　B.财务风险

C.信用风险　　　　D.经营风险

2.利润最大化目标的优点包括（　　）。

A.可以实现社会财富最大化

B.考虑了货币时间的问题和风险原则

C.可以直接反映企业所创造剩余财富的多少

D.注重企业的长远发展

3.下列属于复利法的系数符号有（　　）。

A. $[1-(1+i)^{-n}]\div i$

B. $\{[(1+i)^{n+1}-1]\div i\}-1$

C. $(1+i\times n)^{-1}$

D. $[(1+i)^{n}-1]\div i$

4.关于必要投资报酬率，下列说法正确的有（　　）。

A.风险报酬率不变，无风险报酬率越高，必要投资报酬率越低

B.风险报酬率不变，无风险报酬率越高，必要投资报酬率越高

C.无风险报酬率不变，风险报酬率越高，必要投资报酬率越低

D.无风险报酬率不变，风险报酬率越高，必要投资报酬率越高

5.若项目A的期望收益率小于项目B的期望收益率，项目A的标准差大于项目B的标准差，则下列表述不正确的有（　　）。

A.项目A的风险与项目B的风险相同

B.项目A的风险更小，应选择项目A

C.项目A与项目B的风险难以确定

D.项目A的标准离差率小于项目B的标准离差率

1.2

三、判断题

1.股东财富最大化原则适用于所有企业。（　　）

2.企业收益分配需要兼顾投资者和经营者的利益，不需要维护生产者的利益。（　　）

3.货币时间价值受资金的使用时间、资金数量的大小、资金投入和回收的特点以及资金周转速度的影响。（　　）

4.现金流以权责发生制为基础，而利润以收付实现制为基础。（　　）

5.在期望收益率相等的情况下，方差和标准差越大，风险越大。（　　）

1.3

四、计算题

1.甲单位面临以下问题，请帮助它，并通过计算得到结果。

（1）甲单位准备存入银行一笔款项，希望10年可以得到200万元，假设年利率为10%，那么当前应存入多少钱？

（2）甲单位将10万元用于购买A债券，A债券的年报酬率为10%，若按照复利计算，甲单位在第5年年末将收获本利和多少钱？

（3）甲单位预计从现在开始于每年年末等额存入一笔钱，用于职工购买福利住房，目标在5年后从机构提取150万元，若年利率为12%，那么甲单位每年应存入多少钱才能实现目标？

（4）甲企业决定租用一台设备，每年年初需要支付10 000万元，租期10年，年利率8%，那么10年的租金现值为多少？

（5）甲企业预备于2021年年末进行一笔投资，该项投资从2023年年末开始，每年可获得200万元的收益，连续3年，年利率为10%，则到2025年年末这些收益的本利和为多少？

2.乙企业现有项目A和项目B两个选择，相关数据见表1-8。

表1-8 项目A和项目B相关数据

经济状况	概率	收益率	
		项目A	项目B
繁荣	40%	50%	40%
正常	30%	30%	20%
衰退	5%	10%	-12%
萧条	25%	-20%	5%

（1）项目A和项目B的期望收益率为多少？

（2）若项目A的标准差为25%，项目B的标准差为20%，则项目A和项目B的风险哪个更小？

（3）若乙企业计划将500万元投资于项目A和项目B，其中项目A分配200万元，项目B分配300万元，则该投资组合的期望收益为多少？

（4）项目A和项目B两者协方差为多少？表示了什么？相关系数为多少？

1.4

专题二　财务预测与预算管理

思政园地

企业对未来经营业务进行预算编制时要遵循客观规律，实事求是，一切从实际出发，以历史数据作为依据，预测未来财务状况和经营成果；设定目标要充分发挥主观能动性，解放思想，具有一定的挑战性，注重与时俱进，紧跟时代发展潮流，运用新方法、新手段。

2019年年初，深圳在前海举行推进粤港澳大湾区建设重大项目集中开工仪式，包括前海城市新中心建设项目、深港科技创新合作区首批启动项目以及深圳交通工程项目等共31个项目集中开工，总投资达749亿元。在31个项目中，前海城市新中心建设项目10个，包含了产业、公建、环境提升以及市政基础设施等类型；深港科技创新合作区项目11个，分为落户、签约、启动和建设四类；深圳交通基础设施项目10个。

在这些项目中，管理者可能会采用哪些预算编制方法？

话题1 本量利分析

小视频5　　小视频6

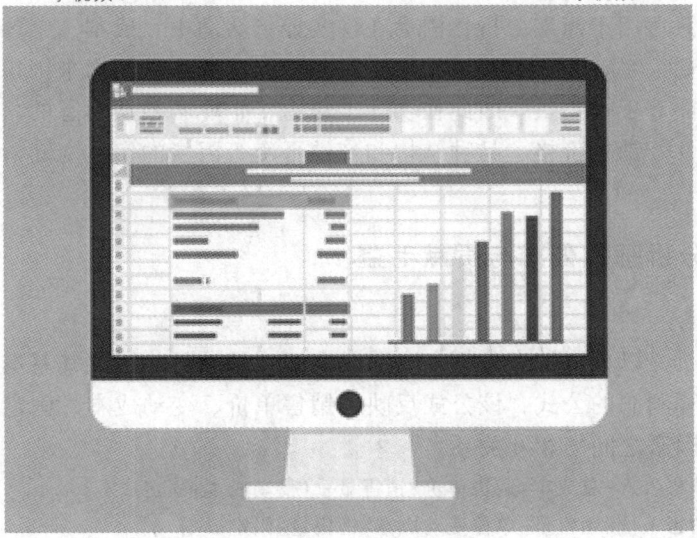

一、本量利分析的基本含义

1.概述

本量利分析是“成本-产量-利润”三者关系分析的简称，又称CVP分析，是指在变动成本计算模式的基础上，以数字化的会计模型与图文来揭示固定成本、变动成本、销售量、单价、销售额、利润等变量之间的内在规律性的联系，为会计预测决策和规划提供必要的财务信息的一种定量分析方法。

2.前提条件

（1）线性关系假设。该假设是指在相关范围内，固定成本总额保持不变，变动成本总额随业务量变化成正比例变化，固定成本用函数表示为y=B，变动成本用函数表示为y=Ax，所以，总成本与业务量完全保持线性关系，即y=Ax+B（如图2-1所示）。

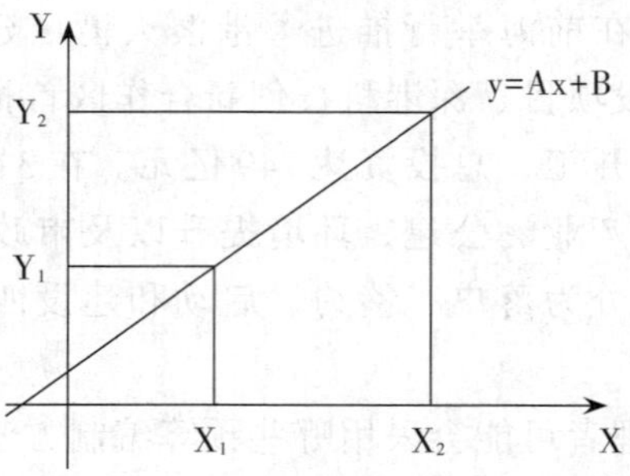

图2-1 本量利线性关系

（2）产品产销结构稳定假设。该假设是指在一个生产和销售多种产品的企业中，每种产品的销售收入占总销售收入的比例保持恒定。因此有了这种假定，就可以使企业管理人员关注价格、成本和业务量对营业利润的影响。

（3）产销平衡假设。该假设是指企业生产出来的产品总是可以销售出去，从而能够实现生产量等于销售量。这样一来，本量利分析中的"产量"可替换为"销售量"，在销售价格不变时，这个量就是指销售收入。

以上假设只适用于短期分析，因为在现实经济活动中，成本、销售收入和业务量之间存在非线性关系，企业也很难始终按照一个固定的品种结构来销售产品，而且生产量基本不可能等于销售量。因此在实际工作中，企业必须从动态的角度去分析自身的生产经营条件、销售价格、品种结构和产销平衡等因素的实际变动情况，从而调整分析结论。

二、本量利分析基本公式与贡献毛益

1.基本公式

本量利分析是以成本性态分析和变动成本法为基础的，因此其基本公式也是在变动成本法下计算利润的公式，该公式反映了销售单价、变动成本、固定成本、销售量和税前利润各因素之间的相互关系。

税前利润=销售收入-总成本=销售单价×销售量-（变动成本+固定成本）

=销售单价×销售量-单位变动成本×销售量-固定成本

即：$P=px-bx-a=(p-b)x-a$

式中，P为税前利润，p为销售单价，b为单位变动成本，a为固定成本，x为销售量。

2.贡献毛益

贡献毛益是指产品的销售收入在扣除变动成本之后的金额，表明该产品为企业作出的贡献，又称贡献边际或边际利润，是用来衡量产品盈利能力的一项重要指标。该指标可以用贡献毛益总额、单位贡献毛益、贡献毛益率三种形式表示。

（1）贡献毛益总额

贡献毛益总额（TCM）是指产品销售收入与变动成本之间的差额，用公式表示为：

贡献毛益总额=销售收入-变动成本

即：TCM=px-bx

又因为：税前利润=销售收入-变动成本-固定成本=贡献毛益总额-固定成本

因此：P=TCM-a

从而得出：贡献毛益总额=税前利润+固定成本

即：TCM=P+a

（2）单位贡献毛益

单位贡献毛益（UCM）是指单位产品售价与单位变动成本的差额，反映每销售一件产品所带来的贡献毛益。用公式表示为：

单位贡献毛益=销售单价-单位变动成本

即：UCM=p-b

（3）贡献毛益率

贡献毛益率（CMR）是指贡献毛益总额占销售收入的百分比，或单位贡献毛益占销售单价的百分比。用公式表示为：

贡献毛益率=贡献毛益总额÷销售收入=单位贡献毛益÷销售单价

即：CMR=TCM÷px=UCM÷P=（p-b）x÷px=1-b÷p

与贡献毛益率相关的另一个指标是变动成本率（VCR）。它是指变动成本占销售收入的百分比或单位变动成本占销售单价的百分比。用公式表示为：

变动成本率=变动成本÷销售收入=单位变动成本÷销售单价

即：VCR=bx÷px=b÷p

由此可发现两者相加和为1，变动成本率与贡献毛益率是互补的关系。

情形1：甲企业只生产A产品，产品售价200元/台，单位变动成本120元/台，本期实现销售1 000台，发生固定成本20 000元。要求：①计算本期A产品的单位贡献毛益、贡献毛益总额和贡献毛益率；②利用贡献毛益总额指标计算企业的本期税前利润；③计算本期A产品的变动成本率。

则：①单位贡献毛益=p-b=200-120=80（元/台）

贡献毛益总额=（p-b）x=80×1 000=80 000（元）

贡献毛益率=1-b÷p=1-120÷200=40%

②税前利润=TCM-a=80 000-20 000=60 000（元）

③变动成本率=b÷p=120÷200=60%

三、盈亏临界点分析

确定盈亏临界点是本量利分析的重中之重。

盈亏临界点又称保本点、盈亏平衡点，是指使得贡献毛益与固定成本恰好相等时的销售量，此时企业销售收入恰好弥补所有成本，企业利润等于零。盈亏临界点分析就是根据销售收入、成本、利润等因素之间的关系，分析企业如何达到不亏不盈的状态，促使企业经营者加强经营管理和预测。

1.单一产品盈亏临界点

表明企业只销售一种产品，计算相对简单。根据基本公式，当利润等于0时的销售量就是盈亏临界点的销售量，公式可变形为：

0=销售单价×盈亏临界点销售量-单位变动成本×盈亏临界点销售量-固定成本

即：盈亏临界点销售量=固定成本÷（销售单价－单位变动成本）=固定成本÷单位贡献毛益

x=a÷（p-b）=a÷UCM

相应：盈亏临界点销售额=销售单价×盈亏临界点销售量=固定成本÷贡献毛益率

即：P=p · a÷UCM=p · a÷（p-b）=a÷CMR

情形2：乙企业只生产B产品，产品售价预计200元/台，B产品单位变动成本40元/台，固定成本64 000元，那么盈亏临界点的销售量为多少？

则：x=a÷（p-b）=64 000÷（200-40）=400（台）

2.多产品盈亏临界点

在现实经济生活中，大部分企业生产经营多种产品。那么在这种情况下，企业的盈亏临界点就不能用实物单位表示，因为不同产品的实物计量单位是不同的，把这些计量单位不同的产品销量加在一起是没有意义的。所以，企业在经营多种产品的情况下，只能用金额来表示企业的盈亏临界点，即只能计算企业盈亏临界点的销售额。

（1）综合贡献毛益率法

综合贡献毛益率法是指将各种产品的贡献毛益率按照其各自的销售比例进行加权平均，得出综合贡献毛益率，然后再据此计算企业的盈亏临界点销售额和每种产品的盈亏临界点的方法。具体表现为：

①计算各产品销售比例：某种产品的销售比例=该种产品的销售额÷全部产品的销售总额

②计算综合贡献毛益率：综合贡献毛益率=$\sum$（各种产品贡献毛益率×该种产品的销售比例）

③计算企业盈亏临界点销售额：企业盈亏临界点销售额=企业固定成本总额÷综合贡献毛益率

④计算各种产品盈亏临界点销售额：某种产品盈亏临界点销售额=企业盈亏临界点销售额×该种产品的销售比例

（2）联合单位法

联合单位法是指企业各种产品之间存在相对稳定的产销量比例关系，这一比例关系的产品组合可以视同为一个联合单位，然后确定每一联合单位的售价和单位变动成本，以进行多品种的盈亏临界点分析，该方法主要适用于有严格产出规律的联产品生产企业。

例如企业生产A、B、C三种产品，它们销量比为1∶2∶3，那么这三种产品的组合就构成一个联合单位。然后按照这种销量比来计算各种产品共同构成的联合单价、联合单位变动成本以及联合保本量。具体表现为：

①计算联合销售单价：联合销售单价=A产品单价×1+B产品单价×2+C产品单价×3

②计算联合单位变动成本：联合单位变动成本= A产品单位变动成本×1+B产品单位变动成本×2+C产品单位变动成本×3

③计算联合保本量：联合保本量=固定成本÷（联合单价-联合单位变动成本）

④计算某产品保本量：某产品保本量=联合保本量×该产品销量比

情形3：某企业生产甲、乙、丙三种产品，全年预计固定成本总额为42 000元，预计销售量分别为1 600台、1 000台和2 000台，预计销售单价分别为5元/台、16元/台、8元/台，单位变动成本分别为3元/台、10元/台、5.6元/台，请用综合贡献毛益率法和联合单位法分别计算该企业的盈亏临界点。

则：(1) 综合贡献毛益率法。

①全部产品销售总额=1 600×5+1 000×16+2 000×8=40 000（元）

②甲产品的销售比例=1 600×5÷40 000=20%

乙产品的销售比例=1 000×16÷40 000=40%

丙产品的销售比例=2 000×8÷40 000=40%

③甲产品的贡献毛益率=（5-3）÷5=40%

乙产品的贡献毛益率=（16-10）÷16=37.5%

丙产品的贡献毛益率=（8-5.6）÷8=30%

综合贡献毛益率=40%×20%+37.5%×40%+30%×40%=35%

④企业盈亏临界点销售额=42 000÷35%=120 000（元）

⑤甲产品盈亏临界点销售额=120 000×20%=24 000（元）

乙产品盈亏临界点销售额=120 000×40%=48 000（元）

丙产品盈亏临界点销售额=120 000×40%=48 000（元）

甲产品盈亏临界点销售量=24 000÷5=4 800（台）

乙产品盈亏临界点销售量=48 000÷16=3 000（台）

丙产品盈亏临界点销售量=48 000÷8=6 000（台）

(2) 联合单位法。

①确定产品销量比为：甲：乙：丙=1：0.625：1.25

②联合销售单价=1×5+0.625×16+1.25×8=25（元）

③联合单位变动成本=1×3+0.625×10+1.25×5.6=16.25（元）

④联合保本量=42 000÷（25-16.25）=4 800（台）

甲产品保本量=4 800×1=4 800（台）　甲产品保本额=4 800×5=24 000（元）

乙产品保本量=4 800×0.625=3 000（台）　乙产品保本额=3 000×16=48 000（元）

丙产品保本量=4 800×1.25=6 000（台）　丙产品保本额=6 000×8=48 000（元）

(3) 主要品种法

主要品种法是指将给企业提供的贡献毛益占企业全部贡献毛益总额的比例最大的产品认定为主要产品，并且将全部的固定成本交由主要产品进行分担，根据主要产品的贡献毛益率计算企业的盈亏临界点的方法。该方法主要适用于产品品种主次分明的企业。

(4) 分别计算法

分别计算法是指在一定条件下，将全部固定成本按一定标准（如：销售额、工时等）在各种产品之间进行合理分配，然会再对每一个品种分别进行盈亏临界点分析的方法。该方法主要适用于能够客观分配固定成本的企业。

话题2 预测分析

深圳大学城某创业团队成员小刘和小文共同参与经营决策工作，两人选择预测方法时产生了不同意见：小刘认为定性预测依靠的是个人经验和知识，主观性太强，因人而异，预测应该采用定量观测法；小文认为定量预测依据的是历史资料，运用现代数学方法进行数据处理，建立起的各种预测模型忽略掉很多现实因素，操作复杂，适用性不强。到底哪种更好？

小视频7

现代企业经营管理离不开决策，决策是否正确关系到企业的生存与发展，而正确的决策要依据科学的预测，预测分析是决策的前提与基础。企业预测分析，一般是针对企业的重要经济指标，如销售量、成本、利润、资金来进行，通过预测合理确定企业的目标利润、目标销量、目标成本以及资金需求量，提高决策的科学性，从而达到实现全面目标管理的目的。预测分析面向未来，着眼于预见未来经济的发展趋势和水平，不仅局限于历史资料的整理和过去情况的总结，而且结果表述必须清晰，不能模棱两可，似是而非。

一、销售预测

1.趋势分析法

趋势分析法基于企业销售的历史资料，构建一个与时间成函数关系的动态序列，根据序列的统计规律予以外推，作为未来销售业务量的预测值。企业2019年下半年销售额见表2-1。

表2-1 企业2019年下半年销售额 单位：万元

月份	7	8	9	10	11	12
销售额	22	24	23	26	27	28

（1）算术平均法。

预测销售业务量=各期销售业务量之和÷期数

=（22+24+23+26+27+28）÷6=25（万元）

（2）移动平均法。

预测销售业务量=最后m期销售业务量之和÷m（假定m=4）

=（23+26+27+28）÷4=26（万元）

（3）加权平均法。

预测销售业务量=$\sum$(某期销售业务量×本期权数)

假定最后4个时期的权数分别为0.1、0.2、0.3、0.4。

预测销售量=23×0.1+26×0.2+27×0.3+28×0.4=26.8（万元）

2.回归分析法

回归分析法是根据销售的历史资料，找出与销售相关的某个主要因素，先假设企业销售额和业务量之间存在线性关系，并建立线性预测的数学模型，然后根据有关历史资料，用回归直线方程式求出线性参数，利用该参数检测这种数学模型的合理性，从而确定企业销售量的一种方法。公式如下：

$$r=\frac{n\sum XY-\sum X\sum Y}{\sqrt{\left[n\sum X^2-(\sum X)^2\right]\left[n\sum Y^2-(\sum Y)^2\right]}}$$

$$a=\frac{\sum Y-b\sum X}{n}$$

$$b=\frac{n\sum XY-\sum X\sum Y}{n\sum X^2-(\sum X)^2}$$

例如：企业通过调查发现，某种产品的销售量与当地居民人均月收入有关。本地区连续6年历史资料表见表2-2。

表2-2 **本地区连续6年历史资料表**

年份	2014	2015	2016	2017	2018	2019
人均月收入	350	400	430	500	550	600
销售量	10	11	12	14	15	16

$$r=\frac{6\times 37\,910-2\,830\times 78}{\sqrt{(6\times 1\,379\,900-2\,830^2)(6\times 1\,042-78^2)}}$$

b=［6×（350×10+400×11+430×12+500×14+550×15+600×16）－（350+400+430+500+550+600）×（10+11+12+14+15+16）］÷［6×（$350^2+400^2+430^2+500^2+550^2+600^2$）－（350+400+430+500+550+600）^{2}］= 0.02

a=［（10+11+12+14+15+16）－0.02×（350+400+430+500+550+600）］÷6=3.57

Y=3.57+0.02X

二、成本预测

1.目标成本预测法

目标成本是为实现目标利润所应达到的成本水平或应控制的成本限额，目标成本预测法是在销售预测和利润预测的基础上，结合本量利分析预测目标成本的一种方法，一般是在综合考虑未来一定期间内有关产品的品种、数量、价格和目标利润等因素的基础上进行的。

（1）根据目标利润：目标成本=预计销售收入-目标利润

（2）根据资金利润率：目标成本=预计销售收入-资金利润率×平均资金占用额

（3）根据销售利润率：目标利润=销售收入×（1-销售利润率）

2.历史成本预测法

历史成本预测法是指根据企业成本的历史资料和相关数据，按照成本习性的原理，应用数理统计的方法来预测，估计成本的发展趋势，并采用一定的方法对这些数据进行相应处理，建立数学模型，再根据模型对企业产品成本进行预测分析。

【例2-1】某企业2021年1—6月的历史资料见表2-3，预计7月的产量为100件。试作出成本预测。

表2-3 2021年1—6月的历史资料

期间	1月	2月	3月	4月	5月	6月	合计
生产量（件）	20	60	40	80	120	118	438
总生产成本（元）	240	340	280	340	460	450	2 110

（1）高低点法。

$y = a + bx \qquad b = \dfrac{y_H - y_L}{x_H - x_L}$

$a = y_H - bx_H$ 或 $a = y_L - bx_L$

其中，x为生产量，y为总生产成本。

单位变动成本（b）=（460−240）÷（120−20）=2.2（元）

固定成本（a）=460−2.20×120=196（元）

预测7月份的总生产成本（y）=196+2.20×100=416（元）

（2）回归分析法。

$a = \dfrac{\sum y - b\sum x}{n} \qquad b = \dfrac{n\sum xy - \sum x\sum y}{n\sum x^2 - (\sum x)^2}$

$\sum x = 438 \qquad \sum y = 2\,130$

$\sum xy=20\times240+60\times340+40\times280+80\times340+120\times460+118\times450=171\,900$

$\sum x^2=20^2+60^2+40^2+80^2+120^2+118^2=40\,324$

b=（6×171 900−438×2 110）÷（6×40 324−438²）=2.14（元/件）

a=（2 110−2.14×438）÷6=195.45（元）

y=195.45+2.14×100=409.45（元）

三、利润预测

1.本量利分析法

目标利润=销售量×单价−销售量×单位变动成本−固定成本总额

例如，某企业预计2022年销售量5 000件，单价50元/件，变动成本30元/件，全年固定成本总额40 000元，则：目标利润=50×5 000−30×5 000−40 000=60 000（元）。

2.销售增长比率法

目标利润=基数销售利润×（1+预计销售增长比率）

例如，某企业2021年销售利润15万元，实际销售收入160万元，若2022年计划销售收入200万元，增长25%，则：目标利润=15×（1+25%）=18.75（万元）。

3.资金利润率法

目标利润=（基期占用资金+计划投资额）×预计资金利润率

例如，某企业2021年固定资产平均占用资金额为120万元，流动资金平均占用额为40万元；2022年企业追加25万元购置新型加工设备，并追加5万元流动资金，企业的资金利润率为10%，则：目标利润=（160+30）×10%=19（万元）。

4.利润增长比率法

目标利润=基期利润×（1+预计利润增长比率）

例如，某企业2021年利润100万元，根据过去盈利状况分析，预计2022年增长10%，则预计目标利润为110万元。

四、资金预测

资金是企业在生产经营过程中各种资产的货币表现，拥有必要数量的资金是企业进行生产经营活动的必要条件。根据在生产经营过程中的作用不同，资金分为两类：一类是用于固定资产方面的资金，另一类是用于流动资产方面的资金。保证资金供应，合理组织资金运用，提高资金利用效果，既是企业正常运营的前提，又是企业的奋斗目标之一。

深圳高新技术区某小型企业，采用销售百分比法进行未来一年的资金需求量预测。该企业的资产负债表（简表）见表2-4。

表2-4 **资产负债表（简表）** 单位：元

资产		负债及所有者权益	
货币资金	12 000	应付账款	52 000
应收账款	85 000	应交税费	25 000
存货	115 000	长期负债	120 000
固定资产	150 000	普通股股本	200 000
无形资产	48 000	留存收益	13 000
资产合计	410 000	负债及所有者权益合计	410 000

相关资料：该企业2020年实际销售收入总额为500 000元，税后利润20 000元，发放普通股股利10 000元，固定资产利用率已经达到饱和状态。2021年销售收入总额增至750 000元，并仍按基期股利发放率支付股利；折旧准备提取数为20 000元，其中70%用于改造现有的厂房设备；计划期零星资金需要量为15 000元。

（1）根据基期期末资产负债表，分析研究各项资金与当年销售收入总额的依存关系，并编制基期以销售百分比形式反映的资产负债表（见表2-5）。

表2-5 **资产负债表（简表）**

资产		负债及所有者权益	
货币资金	2.4%	应付账款	10.4%
应收账款	17%	应交税费	5%
存货	23%	长期负债	不适用
固定资产	30%	普通股股本	不适用
无形资产	不适用	留存收益	不适用
资产合计	72.4%	负债及所有者权益合计	15.4%

$A \div S_0 - L \div S_0$ = 72.4%−15.4%=57%，表示每增加100元的销售收入，需要增加资金57元。

（2）计算2021年需要追加资金的数额。

D=计划提取的固定资产折旧-用于固定资产更新改造后的余额

=20 000-20 000×70% = 6 000（元）

R=计划期销售收入×基期销售净利率×（1-股利发放率）

=750 000×（20 000÷500 000）×（1-10 000÷20 000）

=15 000（元）

M=计划期新增的零星资金开支=15 000元

$\triangle F=(A \div S_0 - L \div S_0) \cdot (S_1 - S_0) - D - R + M$

=（72.4%-15.4%）×（750 000-500 000）-6 000-15 000+15 000

=136 500（元）

话题3 预算编制方法

预算是企业在预测、决策的基础上，按数量和金额以表格的形式反映企业未来一定时期内经营、投资、筹资等活动的具体计划，是为实现企业目标而对各种资源和企业活动所做的详细安排。预算是一种可据以执行和控制经济活动、最为具体的计划，是对目标的具体化，是企业战略导向预定目标的有力工具。预算具有两个特征：首先，预算与企业的战略目标保持一致，因为预算是为实现企业目标而对各种资源和企业活动所做的详细安排；其次，预算是数量化的，并具有可执行性，因为预算作为一种数量化的详细计划，是对未来活动的细致、周密安排，是未来经营活动的依据。

一、增量预算法VS零基预算法

增量预算法，是指以基期成本费用水平为基础，结合预算期业务量水平及有关降低成本的措施，通过调整有关费用项目而编制预算的方法。增量预算法以过去的费用发生水平为基础，主张不需要在预算内容上作出较大调整。它的编制需要遵循以下规定：第一，企业现有业务活动是合理的，不需要进行调整；第二，企业现有各项业务的开支水平是合理的，并在预算期予以保持；第三，以现有业务活动和各项活动的开支水平，确定预算期各项活动的预算数。

零基预算法，全称为“以零为基础的编制计划和预算的方法”，它不考虑以往会计期间所发生的费用项目和费用数额，而是一切以零为出发点，根据实际需要逐项审议预算期内各项费用的内容及开支标准是否合理，并在综合平衡的基础上编制费用预算。零基预算法的程序如下：第一，企业内部各级部门的员工，根据企业的生产经营目标，详细讨论计划期内应该发生的费用项目，并对每一费用项目编写一套方案，提出费用开支的目的以及需要开支的费用数额。第二，划分不可避免的费用项目和可避免的费用项目：对于不可避免的费用项目，必须要保证资金供应；对于可避免的费用项目，则需要逐项分析成本与效益。第三，划分不可延缓的费用项目和可延缓的费用项目，应把预算期内可供支配的资金在各费用项目之间进行分配，优先安排不可延缓的费用项目支出，再根据费用项目的轻重缓急确定可延缓的费用项目开支。

【小思考2-1】

增量预算法和零基预算法有什么内在联系？你所了解的企业，哪些采用增量预算法，哪些采用零基预算法？你认为各自有什么利弊呢？

提示：两种方法具体的做法及相似点，零基预算法的优缺点，增量预算法的优缺点。

二、固定预算法VS弹性预算法

固定预算法，又称静态预算法，是指在编制预算时，以预算期内正常、可实现的某一固定的业务量水平作为唯一基础来编制预算的方法，不论预算期内业务量水平实际可能发生哪些变动，都只按事先确定的某一个业务量水平作为编制预算的基础，当实际业务量与编制预算所依据的业务量产生较大差异时，有关预算指标的实际数与预算数就会因业务量基础不同而失去可比性。

弹性预算法，又称动态预算法，是指在成本性态分析的基础上，依据业务量、成本和利润之间的联动关系，按照预算期内可能的一系列业务量（如生产量、销售量、工时等）水平编制系列预算的方法。编制弹性预算，要选用一个最能代表生产经营活动水平的业务量计量单位。例如，以手工操作为主的车间，就应选用人工工时；制造单一产品的部门，可以使用实物数量；修理部门可选用直接修理工时。弹性预算法所选择的业务量范围，视企业或部门的业务量变化情况而定，务必使实际业务量不至于超出相关业务量范围，一般来说可定在正常生产能力的70%～110%之间，或者以历史上最高业务量和历史最低业务量为其上下限。弹性预算法分为两种：公式法和列表法。

1.公式法案例

某企业经过分析得出某种制造费用与人工工时密切相关，采用公式法编制制造费用预算（见表2-6）。

表2-6 **制造费用预算（公式法）**

费用项目	固定费用（元/月）	变动费用（元/人工工时）
运输费用		0.20
电力费用		1.00
材料费用		0.10
修理费用	85（或185）	0.85
油料费用	108	0.20
折旧费用	300	
人工费用	100	
合计	593（或693）	2.35

备注：业务量范围为420～660人工工时。针对制造费用而言，在业务量为420～550人工工时的情况下，y=593+2.35x；在业务量为550～660人工工时的情况下，y=693+2.35x。

2.列表法案例

某企业采用列表法编制制造费用预算（见表2-7）。

表2-7 **制造费用预算（列表法）** 金额单位：元

业务量（直接人工工时）	420	480	540	600	660
占正常生产能力百分比	70%	80%	90%	100%	110%
变动成本					
运输费用（b=0.2）	84	96	108	120	132
电力费用（b=1.0）	420	480	540	600	660
材料费用（b=0.1）	42	48	54	60	66
合计	546	624	702	780	858
混合成本：					
修理费用	442	493	544	695	746
油料费用	192	204	216	228	240
合计	634	697	760	923	986
固定成本					
人工费用	300	300	300	300	300
折旧费用	100	100	100	100	100
合计	400	400	400	400	400
总计	1 580	1 721	1 862	2 103	2 244

表2-7分别列示了五种业务量水平的成本预算数据，这样，无论实际业务量达到何种水平，都有适用的一套成本数据发挥控制作用。

假如实际业务量为500小时，介于480和540之间，既不能按照1 721元来计算，又不能按照1 862元来计算，要根据各项成本与业务量的不同关系，采用不同的方法确定实际业务量的预算成本。

（1）变动成本用实际工时数乘以单位业务量变动成本来计算：500×0.2+500×1.0+500×0.1=650（元）。

（2）固定成本不随着业务量的变动而变动，为400元。

（3）混合成本可用插值法计算，500小时处在480～540小时之间，修理费在493～544元之间，设实际业务的预算修理费为X，则：

（500-480）÷（540-480）=（X-493）÷（544-493）

X=510元

油料费在204～216元之间，设实际业务的油料费用为Y，则：

（500-480）÷（540-480）=（Y-204）÷（216-204）

Y=208元

综上所述，500小时的预算成本为：650+510+208+400 =1 768（元）

【小思考2-2】固定预算法和弹性预算法有什么内在联系？你所了解的企业，哪些采用固定预算法，哪些采用弹性预算法？你认为各自有什么利弊呢？

提示：两种方法的具体做法及相似点，固定预算法的优缺点，弹性预算法的优缺点。

三、定期预算法VS滚动预算法

定期预算法，是指在编制预算时，以不变的会计期限作为预算期的一种编制方法，其能够使得预算期间与会计期间相对应，便于把实际数和预算数进行对比，有利于对预算执行情况进行分析和评价。

滚动预算法，又称连续预算法和永续预算法，是指在编制预算时，把预算期与会计期间脱离开，随着预算的执行不断补充预算，并逐期向后滚动，使得预算期始终保持为一个固定长度的预算方法。按照滚动时间单位的不同，滚动预算可分为以下类型（见表2-8）：

表2-8 滚动预算法说明表

类型	图示
逐月滚动	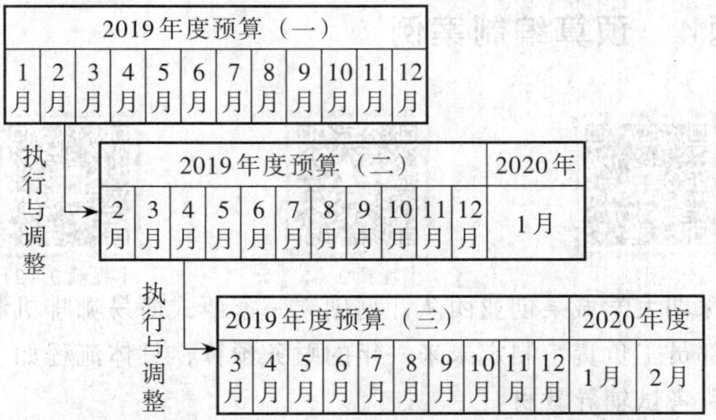
逐季滚动	

续表

类型	图示
混合滚动	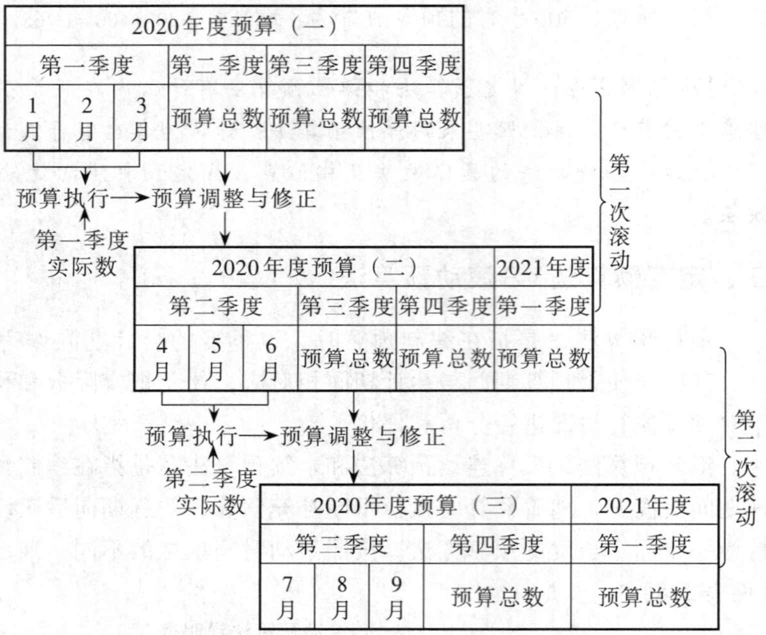

话题4　预算编制案例

小视频8　小视频9（1）　小视频9（2）　小视频10

深圳大学城某创业团队计划创立一家西式简易咖啡机制造企业，制造的过程由公司内部员工负责，制定未来一年的财务预算，具体流程如下（本案例数据借鉴中级会计职称考试辅导教材）：

一、业务预算编制

1. 销售预算

销售预算是指在销售预测基础上编制的，用于规划预算期销售活动的一种业务预算。销售预算是整个预算编制的起点，其他预算的编制都以销售预算为基础。该企业销售预算见表2-9。

2. 生产预算

生产预算是提为规划预算期内生产规模而编制的一种业务预算，它是在销售预算的基础上编制的，并可以作为编制直接材料预算和产品成本预算的依据，其主要内容有

表 2-9 **销售预算** 金额单位：元

季度	一	二	三	四	全年
预计销售量（件）	100	150	200	180	630
预计销售单价（元/件）	200	200	200	200	200
销售收入	20 000	30 000	40 000	36 000	126 000
预计现金收入					
上年应收账款	6 200				6 200
第一季度（销货 20 000）	12 000	8 000			20 000
第二季度（销货 30 000）		18 000	12 000		30 000
第三季度（销货 40 000）			24 000	16 000	40 000
第四季度（销货 36 000）				21 600	21 600
现金收入合计	18 200	26 000	36 000	37 600	117 800

注：假设每季度销售收入，本季度收到 60%，下季度收到 40%。

预计销售量、预计期初产成品存货、预计期末产成品存货、预计生产量。在生产预算中，只涉及实物量指标，不涉及价值量指标。该企业生产预算见表 2-10。

表 2-10 **生产预算** 单位：件

季度	一	二	三	四	全年
预计销售量	100	150	200	180	630
加：预计期末产成品存货	15	20	18	20	20
合计	115	170	218	200	650
减：预计期初产成品存货	10	15	20	18	10
预计生产量	105	155	198	182	640

注：预计期末产成品存货=下季度销售量×10%

预计期初产成品存货=上季度期末产成品存货

预计生产量=预计销售量+预计期末产成品存货-预计期初产成品存货

3. 直接材料预算

直接材料预算是指为了规划预算期内直接材料采购金额而编制的一种业务预算。直接材料预算以生产预算为基础进行编制，同时考虑原材料存货水平。该企业直接材料预算见表 2-11。

表2-11　　直接材料预算

季度	一	二	三	四	全年
预计生产量（件）	105	155	198	182	640
单位产品材料用量（千克/件）	10	10	10	10	10
生产需用量（千克）	1 050	1 550	1 980	1 820	6 400
加：预计期末存量（千克）	310	396	364	400	400
减：预计期初存量（千克）	300	310	396	364	300
预计材料采购量（千克）	1 060	1 636	1 948	1 856	6 500
单价（元/千克）	5	5	5	5	5
预计采购金额（元）	5 300	8 180	9 740	9 280	32 500
预计现金支出					
上年应付账款	2 350				2 350
第一季度（采购5 300元）	2 650	2 650			5 300
第二季度（采购8 180元）		4 090	4 090		8 180
第三季度（采购9 740元）			4 870	4 870	9 740
第四季度（采购9 280元）				4 640	4 640
现金支出合计	5 000	6 740	8 960	9 510	30 210

注：生产需用量=预计生产量×单位产品材料用量

预计期末存量=下季度生产需用量×20%

预计期初存量=上季度预计期末存量

预计材料采购量=生产需用量+预计期末存量-预计期初存量

其中，材料采购的货款，50%本季度付清，50%下季度付清。

4.直接人工预算

直接人工预算是指既反映预算期内人工工时消耗水平，又规划人工成本开支的水一种业务预算。直接人工预算也是以生产预算为基础编制的。该企业直接人工预算见表2-12。

表2-12　　直接人工预算

季度	一	二	三	四	全年
预计生产量（件）	105	155	198	182	640
单位产品工时（小时/件）	10	10	10	10	10
人工总工时（小时）	1 050	1 550	1 980	1 820	6 400
每小时人工成本（元/小时）	2	2	2	2	2
人工总成本（元）	2 100	3 100	3 960	3 640	12 800

5. 制造费用预算

制造费用预算通常分为变动制造费用预算和固定制造费用预算两部分。变动制造费用预算以生产预算为基础进行编制，如果有完善的标准成本资料，那么用单位产品的标准成本与产量相乘，即可得到相应的预算金额；如果没有标准成本资料，那么需要逐项预计计划产量需要的各种制造费用。固定制造费用，需要逐项进行预计，通常与本期产量无关，按每季度实际需要的支付额预计。该企业制造费用预算见表2-13。

表2-13　**制造费用预算**　金额单位：元

季度	一	二	三	四	全年
变动制造费用					
间接人工（1元/件）	105	155	198	182	640
间接材料（1元/件）	105	155	198	182	640
修理费用（2元/件）	210	310	396	364	1 280
水电费（1元/件）	105	155	198	182	640
小计	525	775	990	910	3 200
固定制造费用					
修理费	1 000	1 140	900	900	3 940
折旧	1 000	1 000	1 000	1 000	4 000
管理人员工资	200	200	200	200	800
保险费	75	85	110	190	460
财产税	100	100	100	100	400
小计	2 375	2 525	2 310	2 390	9 600
合计	2 900	3 300	3 300	3 300	12 800
减：折旧	1 000	1 000	1 000	1 000	4 000
现金支出的费用	1 900	2 300	2 300	2 300	8 800

注：为了下一步编制产品成本预算，需要计算小时费用率：

变动制造费用小时费用率：3 200÷6 400 = 0.5（元/小时）

固定制造费用小时费用率：9 600÷6 400 = 1.5（元/小时）

6. 产品成本预算

产品成本预算，是销售预算、生产预算、直接材料预算、直接人工预算、制造费用预算的汇总，主要内容是产品的单位成本和总成本。该企业产品成本预算见表2-14。

表2-14　**产品成本预算**　金额单位：元

项目	单位成本			生产成本（640件）	期末存货（20件）	销货成本（630件）
	每千克或每小时	投入量	成本			
直接材料	5	10千克	50	32 000	1 000	31 500
直接人工	2	10小时	20	12 800	400	12 600
变动制造费用	0.5	10小时	5	3 200	100	3 150
固定制造费用	1.5	10小时	15	9 600	300	9 450
合计			90	57 600	1 800	56 700

7.销售及管理费用预算

销售费用预算，是指为了实现销售预算所需支付的费用预算；管理费用是搞好一般管理业务所必需的费用。该企业销售及管理费用预算见表2-15。

表2-15 销售及管理费用预算 单位：元

项目	金额
销售费用	
销售人员工资	2 000
广告费	5 500
包装、运输费	3 000
报关费	2 700
折旧	1 000
管理费用	
管理人员工资	4 000
福利费	800
保险费	600
办公费	1 400
折旧	1 500
合计	22 500
减：折旧	2 500
每年度支付现金	20 000

二、专门决策预算编制

专门决策预算主要是长期投资预算，又称资本支出预算，通常是指与项目投资相关的专门决策，它往往涉及长期建设项目的资金投放与筹集，并经常跨越多个年度。编制专门决策预算的依据，是项目财务可行性分析资料及企业筹资决策资料。专门决策预算的要点是准确反映项目投资支出与筹资计划，同时专门决策预算是编制现金预算和预计资产负债表的依据。企业的专门决策预算表见表2-16。

表2-16 专门决策预算表 单位：元

项目	第一季度	第二季度	第三季度	第四季度	全年
投资支出预算	50 000	—	—	80 000	130 000
借入长期借款	30 000	—	—	60 000	90 000

三、财务预算编制

1.现金预算

现金预算是以业务预算和专门决策预算为依据编制的，专门反映预算期内的现金收入和现金支出，以及为满足理想现金余额而进行筹资或归还借款的预算。现金预算由可供使用现金、现金支出、现金余缺、现金筹措与运用四部分组成。

现金预算见表2-17。

表2-17　**现金预算**　单位：元

季度	一	二	三	四	全年
期初现金余额	8 000	3 200	3 060	3 040	8 000
加：现金收入（表2-9）	18 200	26 000	36 000	37 600	117 800
可供使用现金	26 200	29 200	39 060	40 640	125 800
减：现金支出					
（1）直接材料（表2-11）	5 000	6 740	8 960	9 510	30 210
（2）直接人工（表2-12）	2 100	3 100	3 960	3 640	12 800
（3）制造费用（表2-13）	1 900	2 300	2 300	2 300	8 800
（4）销售及管理费用（表2-15）	5 000	5 000	5 000	5 000	20 000
（5）所得税费用	4 000	4 000	4 000	4 000	16 000
（6）购买设备（表2-16）	50 000	—	—	80 000	130 000
（7）股利	—	—	—	8 000	8 000
现金支出合计	68 000	21 140	24 220	112 450	225 810
现金余缺	（41 800）	8 060	14 840	（71 810）	（100 010）
现金筹措与运用：					
借入长期借款（表2-16）	30 000	—	—	60 000	90 000
取得短期借款	20 000	—	—	22 000	42 000
归还短期借款			6 800		6 800
短期借款利息（年利10%）	500	500	500	880	2 380
长期借款利息（年利12%）	4 500	4 500	4 500	6 300	19 800
期末现金余额	3 200	3 060	3 040	3 010	3 010

注：年初长期借款余额为120 000元。

可供使用现金=期初现金余额+现金收入

现金余缺=可供使用现金-现金支出

期末现金余额=现金余缺+现金筹措-现金运用

“期初现金余额”是在编制预算时预计的，下一季度的期初现金余额等于上一季度的期末现金余额，全年的期初现金余额是指年初的现金余额，就是第一季度的期初现金余额。

财务管理部门根据现金余缺与理想期末现金余额的比较，再结合固定利息支出数额及其他因素，确定预算期现金运用与筹措的数额。假设企业的理想现金余额为3 000元，如果资金不足，那么可以取得短期借款，银行要求借款额必须是1 000元的整数倍。假设上年年末的长期借款余额为120 000元，第一至三季度的长期借款利息为：150 000×12%÷4=4 500（元），第四季度的长期借款利息为：210 000×12%÷4=6 300（元）。

第一季度：企业的现金余缺是-41 800元，加上长期借款30 000元，偿还长期借款利息4 500元，现金余额不足3 000元，所以需要取得短期借款。假设取得短期借款的数额为W_1，则：$-41\ 800+30\ 000-4\ 500+W_1-W_1\times10\%\div4=3\ 000$，解得$W_1=19\ 795$元，就是需要取得短期借款20 000元。

代入得：-41 800+30 000-4 500+20 000-20 000×10%÷4=3 200（元）。

第二季度：现金余缺是8 060元，不需要增加短期借款，也暂时不归还短期借款，需要支付500元短期借款利息和4 500元长期借款利息，期末现金余额为3 060元，正好符合理想现金的要求。

第三季度：现金余缺是14 840元，需要支付500元短期借款利息和4 500元长期借款利息，剩余9 840元，可以归还6 800元的短期借款，所以期末现金余额为3 040元。

第四季度：现金余缺是-71 810元，需要支付短期借款利息（20 000-6 800）×10%÷4=330（元），支付长期借款利息4 500元；同时，本季度借入长期借款60 000元，并偿还利息1 800元。

综合上述，可得到：-71 810-330-4 500+60 000-1 800=-18 440（元）。

要想达到理想金额，就应该取得短期借款W_2，则$-18\ 440+W_2-W_2\times10\%\div4=3\ 000$，解得$W_2=21\ 990$元，就是需要取得短期借款22 000元。代入得：-18 440+22 000-22 000×10%÷4=3 010（元）。全年期末现金余额就是第四季度的期末现金余额3 010元。

2.利润表预算

预计利润表用来综合反映企业在计划期内的预计经营成果，是企业最主要的财务预算报表之一。通过编制利润表预算，企业可以了解预期盈利水平。如果预算利润和最初编制方针中的目标利润存在较大的出入，那么就需要调整部门预算，以设法达到目标利润。企业的利润表预算见表2-18。

3.资产负债表预算

预计资产负债表用来反映企业在计划期末预计的财务状况。编制预计资产负债表的目的，在于判断预算反映的财务状况的稳定性和流动性。如果通过预计资产负债表的分析，企业发现某些财务比率不佳，那么必要时可修改有关预算，以改善财务状况。企业的资产负债表预算见表2-19。

表2-18 **利润表预算** 单位：元

项目	金额
销售收入（表2-9）	126 000
减：销售成本（表2-14）	56 700
毛利	69 300
减：销售及管理费用（表2-15）	22 500
减：利息（表2-17）	22 180
利润总额	24 620
减：所得税费用（估计）	16 000
净利润	8 620

表2-19 **资产负债表预算** 单位：元

资产	年初余额	年末余额	负债和所有者权益	年初余额	年末余额
流动资产：			流动负债：		
货币资金（表2-17）	8 000	3 010	短期借款	0	35 200
应收账款（表2-9）	6 200	14 400	应付账款（表2-10）	2 350	4 640
存货（表2-11，表2-14）	2 400	3 800	流动负债合计	2 350	39 840
流动资产合计	16 600	22 210			
			非流动负债：		
非流动资产：			长期借款（表2-16）	120 000	210 000
固定资产	43 750	37 250	非流动负债合计	120 000	210 000
在建工程	100 000	230 000			
非流动资产合计	143 750	267 250	负债合计	122 350	249 840
			股东权益		
			股本	20 000	20 000
			资本公积	5 000	5 000
			盈余公积	10 000	10 000
			未分配利润	3 000	3 620
			股东权益合计	38 000	38 620
资产总计	160 350	288 460	负债和股东权益总计	160 350	288 460

资产负债表有关数据的解释或计算

货币资金：见表2-17数据。

应收账款：期初数见表2-9数据；期末数36 000×40%=14 400（元）。

存货：期初的直接材料+产成品=300×5+（20+630-640）×90=2 400（元），见表2-11和表2-14；

期末的直接材料+产成品=400×5+20×90=3 800（元），见表2-11和表2-14。

固定资产：期初余额43 750元，期末余额37 250元，减去6 500元的折旧，见表2-13和表2-15。

在建工程：期初余额100 000元，期末余额230 000元，见表2-16。

短期借款：期初数为零，增加额为20 000-6 800+22 000=35 200（元），见表2-17。

应付账款：期初数见表2-11数据，期末数9 280×50%=4 640（元）。

长期借款：期初数为120 000元，增加额90 000元，见表2-17。

未分配利润：期初数3 000元，增加数为8 620-8 000=620（元），数据见表2-17和表2-18。

股本、资本公积、盈余公积：没有发生变化，期初数和期末数一样。

专题总结：

本专题重点介绍财务预测及财务预算，要求学习者从成本-收入-分析的角度对企业生产决策进行分析，判断决策的盈利/亏损状况，并初步理解预算资产负债表、利润表、现金流量表的数据逻辑关系，学会制作简单的预算报表，并利用数据分析问题。

专题练习

一、单项选择题

1.若A企业只生产一种产品，该产品单价10元/件，单位变动成本4元/件，单位固定成本2元，销售量为500件，则该产品贡献毛益为（　　）元。

A.3 000　　B.4 000　　C.2 000　　D.3 500

2.若B企业只生产一种产品，该产品售价预计100元/件，单位变动成本20元/件，固定成本24 000元，则盈亏临界点的销售量为（　　）件。

A.250　　B.400　　C.300　　D.350

3.下列两个指标之和为1的是（　　）。

A.安全边际率与贡献毛益率　　B.保本作业率与变动成本率

C.贡献毛益率与保本作业率　　D.变动成本率与贡献毛益率

4.某产品销售收入为30万元，贡献毛益率为70%，则其变动成本总额为（　　）万元。

A.7.5　　B.9　　C.12　　D.15

5.关于预算的编制方法，下列各项正确的是（　　）。

A.零基预算编制方法适用于非营利组织

B.固定预算编制方法适用于产出较难辨认的服务性部门费用

C.固定预算编制方法适用于业务量水平较为稳定的企业

D.零基预算编制方法适用于业务量水平较为稳定的企业

6.某企业编制“直接材料预算”，预计第四季度期初存量600千克，该季度生产需用量2 400千克，预计期末存量为400千克，材料单价（不含税）为10元/千克，若材料采购货款有60%在本季度内付清，另外40%在下季度付清，增值税税率为13%，则该企业预计资产负债表年末“应付账款”项目为（　　）元。

A.8 800　　B.10 269　　C.10 296　　D.13 000

7.某企业编制“销售预算”，已知上上期的含税销售收入为600万元，上期的含税销售收入为800万元，预计预算期内的含税销售收入为1 000万元，含税销售收入的20%于当期收现，含税销售收入的60%于下期收现，含税销售收入的20%于下下期收现，假设不考虑其他因素，则本期期末应收账款的余额为（　　）万元。

A.760　　B.860　　C.660　　D.960

8.销售预算中“某期经营现金收入”的计算公式正确的是（　　）。

A.某期经营现金收入＝该期期初应收账款余额+该期含税销售收入−该期期末应收账款余额

B.某期经营现金收入＝该期含税收入×该期预计现销率

C.某期经营现金收入＝该期预计销售收入+该期销项税额

D.某期经营现金收入＝该期期末应收账款余额+该期含税销售收入−该期期初应

收账款余额

9.（　　）编制的主要目标是通过制定最优生产经营决策和存货控制决策来合理地利用或调配企业经营活动所需要的各种资源。

A.投资决策预算　　B.经营决策预算

C.现金预算　　D.生产预算

10.（　　）就其本质而言属于日常业务预算，但是由于该预算必须根据现金预算中的资金筹措及运用的相关数据来编制，因此将其纳入财务预算范畴。

2.1

A.管理费用预算　　B.经营决策预算

C.投资决策预算　　D.财务费用预算

二、多项选择题

1.下列表示贡献毛益率的计算公式的有（　　）。

A.1-成本变动率　　B.单位贡献毛益÷销售单价

C.变动成本总额÷销售收入总额　　D.固定成本÷保本销售量

2.下列属于计算多产品盈亏临界点的方法有（　　）。

A.综合贡献毛益率法　　B.联合单位法

C.主要品种法　　D.分别计算法

3.现金预算的编制基础包括（　　）。

A.销售预算　　B.投资决策预算

C.销售费用预算　　D.预计利润表

4.下列（　　）是在生产预算的基础上编制的。

A.直接材料预算　　B.直接人工预算

C.产品成本预算　　D.管理费用预算

5.下列关于本期采购付现金额的计算公式中错误的是（　　）。

A.本期采购付现金额=本期采购金额（含进项税）+期初应付账款-期末应付账款

B.本期采购付现金额=本期采购金额（含进项税）+期初应收账款-期末应收账款

C.本期采购付现金额=本期采购本期付现部分（含进项税）+以前期赊购本期付现的部分

D.本期采购付现金额=本期采购金额（含进项税）-期初应付账款+期末应付账款

2.2

三、判断题

1.一般在实际工作中，可以从动态、静态两个角度去分析企业的生产经营条件、销售价格、品种结构和产销平衡等因素的实际变动情况。（　　）

2.在本量利分析中，需要假定产品成本的计算基础为变动成本法。（　　）

2.3

3.弹性利润预算编制的百分比法适用于单一品种经营或采用分算法处理固定成本的多品种经营的企业。（ ）

4.预计资产负债表是以货币形式综合反映预算期内企业经营活动成果计划水平的一种财务预算。（ ）

5.现金预算中的现金支出包括经营现金支出、分配股利的支出以及缴纳税金的支出，但是不包括资本性支出。（ ）

四、计算题

1.2021年3月31日公司在编制2021年第二季度—2022年第一季度滚动预算时，发现在未来的4个季度中将出现以下情况：

（1）间接人工费用预算工时分配率将上涨50%；

（2）原设备租赁合同到期，公司新签订的租赁合同中设备年租金将降低20%；

（3）预计直接人工总工时见表2-20。假定水电与维修费用预算工时分配率等其他条件不变。

要求：

（1）以直接人工工时为分配标准，计算下一滚动期间的指标：

①间接人工费用预算工时分配率；

②水电与维修费用预算工时分配率。

（2）根据有关资料计算下一滚动期间的指标：

①间接人工费用总预算额；

②每季度设备租金预算额。

（3）计算填列表2-20中的用字母表示的项目：

表2-20 2021年第二季度—2022年第一季度制造费用预算 金额单位：元

	2021年度			2022年度	合计
项目	第二季度	第三季度	第四季度	第一季度	
直接人工预算总工时（小时）	12 100	—	—	11 720	48 420
变动制造费用			—		
间接人工费用	A	—	—	B	—
水电与维修费用	C	—	—	D	—
小计	—	—	—	—	493 884
固定制造费用		—	—	—	
设备租金	E	—	—	—	—
管理人员工资	F	—	—	—	—
小计	—	—	—	—	—
制造费用合计	171 700	—	—	—	687 004

2. 某企业现着手编制2021年10月的现金收支计划。预计2021年10月月初现金余额为8 000元；月初应收账款4 000元，预计当月可收回80%；本月销货50 000元，预计当月收款比例为50%；本月采购材料8 000元，预计当月付款70%；月初应付账款余额5 000元需在当月全部付清；当月以现金支付工资8 400元；当月制造费用等间接费用付现16 000元；其他经营性现金支出900元；购买设备支付现金10 000元。企业现金不足时，可向银行借款，借款金额为1 000元的倍数；现金多余时可购买有价证券。要求月末现金余额不低于5 000元。

要求：

2.4

（1）计算经营现金收入。

（2）计算经营现金支出。

（3）计算现金余缺。

（4）确定最佳资金筹措或运用数额。

（5）确定现金月末余额。

专题三　财务控制管理

思政园地

企业管理者尊重各部门特色发展的同时，应当思考如何让各部门之间协调发展，建立“团队一局棋”的理念，从而鼓励各部门发挥团队精神，分工合作，主动进行资源调配，实现“1+1>2”的功效。

财务控制是指按照一定的程序和方法，确保企业及其内部机构和人员全面落实和实现财务预算的过程。财务控制要以消除隐患、防范风险、规范经营、提高效率为宗旨。财务控制是内部控制的一个重要组成部分，是内部控制的核心，是内部控制在资金和价值方面的体现。因此，财务控制是全方位的，涉及企业所有的部门和员工，财务控制管理工作要求渗透到企业的法人治理结构、组织管理的各个层次、生产业务全过程和各个经营环节中去。同时企业还需建立多元的财务监控措施，既要有事前、事中的监控手段和策略，又要有事后的监控措施；在执行过程中，既要有约束手段，又要有激励制度。

话题1　内部控制

一、内部控制的含义及基本要素

内部控制是指由企业董事会、管理层和全体员工共同实施的、旨在合理保证企业实现基本目标的一系列控制活动。内部控制一般由8个基本要素构成，分别是控制环境、目标设定、事件识别、风险评估、风险应对、控制活动、信息与沟通以及监控。由于财务控制是内部控制的一个重要组成部分，因此企业在制定财务控制制度时也需要参考这8个要素。

二、内部控制的方式

根据控制活动的具体表现形式，内部控制的方式主要有以下几种：

1.授权批准控制

授权是指授予对某一大类业务或某项具体业务的决策作出决定的权力，具体分为一般授权和特别授权。一般授权是指对日常业务活动的授权，通常以管理部门文件的形式完成；特别授权是指对个别特殊交易批准的权力，比如对外投资、资产处置、收购兼并等活动。授权控制力求做到两点：一是未授权不执行；二是仅就授权范围行权，不得越权。

2.职务分离控制

职务分离控制是指对处理某项经济业务所涉及的职责分配给不同的人员，使每个人的工作都是对其他有关人员的一种自动检查。该项活动的主要目的是预防并及时发现职工在职责履行过程中产生的错误及舞弊行为。因此，企业需要做好职务分配，特别是将不相容的职务进行分离，包括在组织机构之间的分离和内部有关人员之间的分离。

3.全面预算控制

全面预算控制是指企业根据战略发展的需要，在整个预算管理过程中，对企业的资源进行统筹分配，从而使企业的经营活动控制在管理层既定的目标之下的一种综合性管理活动。在管理过程中，企业需要时刻以预算数据指导管理控制活动以提高控制效果。

4. 财产保全控制

财产保全控制是最传统的财务控制方法，具体包括限制接触财产、定期盘点清查、记录保护、财产保险和财产记录监控。比如现金、个人印章的限制接触；建立资产档案；通过对资产投保，增加资产受损的补偿机会等活动。

5. 独立检查控制

独立检查控制又称内部稽核，是指除安排业务执行者之外的人员对已执行业务的正确性进行验证的活动，包括凭证与凭证、凭证与账簿、账簿与报表、账簿与账簿、书面记录与实物之间的核对，也包括对计算表、汇总表、调节表、分析表的复核。

6. 业绩评价控制

业绩评价是指将实际业绩与其评价标准（预算数、上年数等）进行比较从而对营运业绩等进行评价的活动。为了有效执行该项控制，企业需要建立切实可行的奖罚制度并严格执行这一制度。

话题2　财务控制概述

一、财务控制的特征

财务控制以财务预算为目标，以价值管理形式为控制手段，以不同岗位、部门和层次的不同经济业务为综合控制对象，以控制日常现金流量为主要内容。

二、财务控制的原则

企业在实施财务控制时，必须遵循一定的原则，主要包括以下10个方面：

（1）目的性原则：财务控制作为一种财务管理职能，必须具有明确的目的性，为企业的理财目标服务。

（2）充分性原则：财务控制的手段应该是充分的，能够保证目标的实现。

（3）及时性原则：财务控制的及时性是指企业能及时发现偏差，并能及时采取措施加以纠正。

（4）认同性原则：财务控制的目标、标准和措施必须被相关人士认同。

（5）经济型原则：财务控制的手段应当是必要的，财务控制所获得的价值应大于所需费用。

（6）客观性原则：管理者对绩效的评价工作应该公正客观，防止主观片面。

（7）灵活性原则：财务控制应该具备足够灵活的要素，以便在出现任何失常的情况下，都能保持对运行过程的控制，不受环境变化、计划疏忽、计划变更的影响。

（8）适应性原则：财务控制需要反映组织结构，与职位相适应，同时反映所制订的有待实施的计划。

（9）协调性原则：财务控制的各种手段在功能、作用、方向和范围方面不能相互掣肘，而应相互配合，在单位内部形成合力，产生协同效应。

（10）简明性原则：财务控制的目标应该明确，控制措施与规章制度应当简明易懂，易为执行者理解和接受。

三、财务控制的分类

1.按照内容分类

按照财务控制的内容，财务控制可以分为一般控制和应用控制。一般控制是指对企业财务活动赖以进行的内部环境所实施的总体控制，包括组织控制、人员控制、财务预算、业绩评价、财务记录等内容；应用控制是指作用于企业财务活动的具体控制，包括业务处理程序中的批准与授权、审核与复核以及为保证资产安全而采取的限制措施等控制。

2.按照功能分类

按照财务控制的功能，财务控制可以分为预防性控制、侦查性控制、纠正性控制、指导性控制和补偿性控制。其中，预防性控制是指为了防范或减少风险、错误、弊端和非法行为的发生而进行的控制；侦查性控制是指为了及时识别已经存在的风险和弊端、已经发生的错误和非法行为，或增强识别能力所进行的控制；纠正性控制是指对那些通过侦查性控制查出来的问题进行调整和纠正；指导性控制是指为了实现有利结果而进行的控制；补偿性控制是指针对某些环节的不足或缺陷而采取的控制措施。

3.按照时序分类

按照财务控制的时序，财务控制可以分为事前控制、事中控制和事后控制。其中，事前控制是指企业为了防止财务资源在质量上发生偏差而在行为发生之前所采取的控制措施；事中控制是指在财务活动发生的过程中所进行的控制措施；事后控制是指在财务活动结束后，企业对财务活动的结果进行分析和评价。

话题3 责任中心

企业为了实行有效的内部协调与控制，通常都按照统一领导、分级管理的原则，

在内部合理划分责任单位，明确各责任单位应承担的财务责任、应有的权利，促使各责任单位尽其责任协同配合。因此，承担一定经济责任并享有一定权利和利益的企业内部单位被唤为“责任中心”。责任中心是一个责、权、利相结合的实体，具有承担经济责任的条件及相对独立的经营业务和财务收支活动。建立责任中心是实行责任预算、责任会计和业绩考核的基础。

其实，根据企业内部责任中心的权责范围及业务流程的特点不同，责任中心可以分为：成本中心、利润中心、投资中心三大类。

一、成本中心

成本中心是指对成本或费用承担责任的责任中心。它不会形成可以用货币计量的收入，因而不对收入、利润负责。成本中心一般包括产品生产部门、劳务提供部门以及给予一定费用指标的管理部门。成本中心的应用范围最广，一般来说，但凡企业内部有成本发生，需要对成本负责，并能实施成本控制的单位，都可以成为成本中心。

1.成本中心的分类

成本中心可以分为标准成本中心和费用中心。其中，标准成本中心是指通过技术分析可以相对可靠地估算出成本的中心，比如在产品生产过程中发生的直接材料、直接人工和间接制造费用等，这种成本一般在技术上的投入量与产出量之间有着密切的联系。技术性成本可以通过标准成本或弹性预算予以控制。标准成本中心是以实际产出量为基础，并按标准成本进行成本控制的成本中心。

费用中心又称酌量性成本中心，是以直接控制经营管理费用为主的成本中心。酌量性成本主要包括各种管理费用和某些间接成本项目，比如广告费用、职工培训费用、研究开发费用等。这种费用的发生主要是为企业提供一定的专业服务，一般不能产生可以用货币计量的成果，其发生数额受管理人员的决策影响，在技术上来说，投入量与产出量没有直接关系。因此，费用中心的控制应着重于预算总额的审批上。

2.成本中心的特点

相对于其他责任中心，成本中心的特点如下：

（1）成本中心只考核成本费用而不考核收益。成本中心一般不具备经营权和销售权，其经营活动的结果不会形成可以用货币计量的收入；当然，有的成本中心可能有小额的收入，但是从整体上来说，其产出与投入之间不存在密切的对应关系，因而考核时不会将收入纳入考核内容。

（2）成本中心只对可控成本承担责任。依据责任主体是否能控制成本，可将成本分为可控成本和不可控成本。凡是责任中心能控制其发生及数量的成本称为可控成本，其余则称为不可控成本。可控成本应当具备以下三个条件：一是成本中心可以通过一定的方式知道将要发生什么性质的成本，即可预计；二是成本中心可对发生的成本进行计量，即可计量；三是成本中心能够通过自身的行为控制和调节成本，即可调控。

（3）成本中心只对责任成本进行考核和控制。责任成本分为两部分：由预算分解确定的各责任中心应承担的责任成本和各责任中心为业务活动所发生的实际责任成本。企业应以各成本中心的预算责任成本为依据，对成本中心的业务活动所耗费的成本费用进行控制，从而确保实际发生的成本不会超过预算责任成本；同时在业务活动结束后通过比较实际责任成本与预算责任成本对其耗费的成本费用进行考核，确定其成本控制的绩效并采取相应的奖惩措施。

3.成本中心的考核指标

成本中心考核的主要内容是成本，即通过各成本中心的实际责任成本与预算责任成本的比较，评价成本中心业务活动的优劣，一般来说，可采用以下两类指标计量：

成本或费用降低额=预算责任成本或费用-实际责任成本或费用

成本或费用降低率=成本或费用降低额÷预算责任成本×100%

4.成本中心的业绩报告

成本中心的业绩考核通常为该中心的所有可控成本，即责任成本。由于各成本中心是逐级设置的，因此业绩报告也应该自下而上，从最基层的成本中心逐级向上汇编，直至最高成绩的成本中心。例如，某厂制造部的车间，A车间业绩报告见表3-1，B车间业绩报告见表3-2：

表3-1 **A车间业绩报告** 单位：元

项目	预算成本	实际可控成本	差异
工人工资	58 100	58 000	100（F）
原材料	32 500	34 225	1 725（U）
行政人员工资	6 400	6 400	
水电费	5 750	5 690	60（F）
折旧费用	4 000	4 000	
设备维修	2 000	1 990	10（F）
保险费	975	975	
合计	109 725	111 280	1 555（U）

注：U表示不利差异，F表示有利差异。

表3-2 **B车间业绩报告** 单位：元

项目	预算成本	实际可控成本	差异
工人工资	58 100	58 300	200（U）
原材料	32 500	31 775	725（F）
行政人员工资	6 400	6 400	
水电费	5 750	5 800	50（U）
折旧费用	4 000	4 000	
设备维修	2 000	2 020	20（U）
保险费	975	975	
合计	109 725	109 270	455（F）

注：U表示不利差异，F表示有利差异。

二、利润中心

利润中心是指对利润负责的中心。利润中心既要对成本负责，又要对收入负责。利润中心往往能同时控制生产和销售，但没有责任或没有权限决定该中心资产投资的水平，这类责任中心一般是指有产品或劳务生产经营决策权的企业内部较高层次部门，具有独立的收入来源或能视同一个有独立收入、有独立经营权的部门，比如分公司、分店、分厂等。

1.利润中心的分类

利润中心分为自然利润中心和人为利润中心两类。

（1）自然利润中心是指直接向企业外部出售产品，在市场上进行购销业务的中心。这种利润中心直接面向市场，具有产品销售权、价格制定权、材料采购权和生产决策权。它虽然是企业内的一个部门，但其功能同独立企业相近。最典型的形式就是企业内的事业部，每个事业部均有销售、生产、采购的权力，有很大的独立性。

（2）人为利润中心是指不直接对外销售产品，只对本企业内部各责任中心提供产品的利润中心。它只在企业内部按照内部转移价格出售产品，视同产品销售而取得内部销售收入。人为利润中心一般具有两个特点：一是可以向其他责任中心提供产品或劳务；二是能合理确定转移产品的内部转移价格，以实现公平交易、等价交换。

2.利润中心的成本计算

利润中心对利润负责，必然要考核和计算成本，以便正确计算利润，作为对利润中心业绩评价与考核的可靠依据。对利润中心的成本计算通常有两种方式：

（1）利润中心只计算可控成本，不分担不可控成本，也不分摊共同成本。这种方式主要适用于人为利润中心，其共同成本难以合理分摊或无须进行分摊。按照这种方式计算出来的盈利不是通常意义上的利润，而是相当于“贡献毛益总额”。企业的利润总额等于企业各利润中心的“贡献毛益总额”之和减去未分配的共同成本。因此，采用这种成本计算方式的利润中心实质上是“贡献毛益中心”。

（2）利润中心既可计算可控成本，又可计算不可控成本。这种方式适用于自然利润中心，其共同成本易于合理分摊或不存在共同成本分摊。当计算成本时，企业可以选择使用变动成本法或完全成本法。在变动成本法下，企业的利润总额等于贡献毛益减去固定成本；在完全成本法下，贡献毛益就是企业的税前净利。各利润中心的利润之和就是企业的利润总额。

3.利润中心的考核指标

对利润中心进行考核的指标主要是利润，即通过将一定期间实现的利润同责任预算所确定的利润进行对比，评价其责任中心的业绩。但由于计算方式不同，各利润中心的利润指标的表现形式也不相同。需要注意的是，单独一个利润指标是不足以反映某个组织单位的所有经济效果的。必要时，可以补充一些非货币性指标进行衡量。

【小思考3-1】

甲公司空调销售部门6月取得销售收入50 000元，已销产品的变动成本和变动销售费用30 000元，可控固定间接费用2 500元，不可控固定间接费用3 000元，被分配的管理费用1 500元。那么，该部门负责人的可控边际贡献是多少呢?

提示： 可控边际贡献=销售收入-变动成本总额-可控固定成本

=50 000-30 000-2 500=17 500（元）

4.利润中心业绩报告

利润中心的业绩报告，分别列出其可控的销售收入、变动成本、边际贡献、分部经理可控可追溯固定成本、分部经理可控边际贡献、分部经理不可控但高层管理人员可控可追溯固定成本、部门可控边际贡献预算数和实际数，并通过实际与预算进行对比，分别计算差异，再进行调查，分析产生差异的原因。例如，某利润中心业绩报告见表3-3：

表3-3 **某利润中心业绩报告** 单位：元

项目	预算	实际	差异
部门销售收入	245 000	248 000	3 000（F）
减：部门变动成本	111 000	112 000	1 000（U）
部门边际贡献	134 000	136 000	2 000（F）
分部经理可控可追溯固定成本	24 000	24 500	500（U）
分部经理可控边际贡献	110 000	111 500	1 500（F）
分部经理不可控但高层管理人员可控可追溯固定成本	18 000	18 900	900（U）
部门可控边际贡献	92 000	92 600	600（F）

注：U表示不利差异，F表示有利差异。

三、投资中心

投资中心是指某些分散经营的单位或部门，其经理所拥有的自主权不仅包括制定价格、确定产品和生产方法等短期经营决策权，而且包括投资规模和投资类型等投资决策权。投资中心是最高层次的责任中心，它具有最高的决策权，也承担最大的责任。在组织形式上，投资中心一般是独立法人。

由于投资中心的经理能同时控制除企业分摊管理费用外的全部成本、收入和资产，因此在评价投资中心的业绩时，不仅要衡量利润，而且要衡量其资产，并把利润与其所占用的资产联系起来。

通常，我们可选择以下指标考核投资中心：

1.投资利润率

投资利润率又称投资收益率，是指投资中心所获得的利润与投资额之间的比率，可用于评价和考核由投资中心掌握并使用的全部净资产的获利能力。其计算公式为：

投资利润率=利润÷投资额×100%

投资利润率可分解为投资周转率和销售利润率，并可进一步分解为资产的明细项目和收支的明细项目，从而对整个部门的经营状况作出评价。这种考核方式是根据现有的会计资料计算的，比较客观，适用于部门之间、不同行业之间的比较。因此，投资人、企业总经理等都非常关心这个指标，也乐于用该指标来评价每个部门的业绩，促使各部门提高投资利润率，从而提高整个企业的投资利润率。但是，这样做的弊端是部门经理很可能为了提高自己部门的投资利润率而放弃高于资本成本且低于目前部门投资利润率的机会，从而使得该部门的业绩获得好评而损害了企业的整体利益。

2.剩余收益

为了改善投资利润率指标考核的不足，许多企业采用绝对数指标——剩余收益来考核利润和投资之间的联系，其计算公式为：

剩余收益=利润−投资额×预期的最低投资报酬率

剩余收益指标很好地改善了衡量部门业绩带来的次优化问题，使得企业的目标与业绩评价协调一致，从而有利于引导部门经理采纳高于企业资本成本的决策。另外，在使用剩余收益指标时，可以对不同部门或不同资产规定不同的最低投资收益率，使得剩余收益这个指标更加灵活。例如，现金、短期应收账款和长期资本投资的风险有很大区别，因而要求不同的最低投资报酬率。剩余收益指标考核就能兼容这一点。但是，剩余收益这个指标是绝对数，不能用于不同部门之间的比较。因此，许多企业在使用这个方法的同时会事先建立与每个部门资产结构相适应的剩余收益预算，然后通过实际与预算的对比来评价部门业绩。

【小思考3-2】

乙公司的平均报酬率为13%，其所属投资中心的经营资产为9 000 000元，经营净收益为1 400 000元。计算该投资中心的投资报酬率和剩余收益是多少？

提示： 投资报酬率=利润÷投资额×100%=1 400 000÷9 000 000×100%=15.56%

剩余收益=利润−投资额×预期的最低投资报酬率 =1 400 000−9 000 000×13%=230 000（元）

3.投资中心业绩报告

投资中心不仅需要对成本、收入、利润负责，而且需要对所占用的全部资产的经营效益承担责任，因此还包括投资报酬率、剩余收益等指标。例如，某集团的某分公司为投资中心，规定最低报酬率为12%，业绩报告见表3-4：

表3-4 **某投资中心业绩报告** 单位：元

项目	预算	实际	差异
部门销售收入	573 000	591 000	18 000（F）
部门变动成本	246 000	251 200	5 200（U）
部门边际贡献	327 000	339 800	12 800（F）
部门可控固定成本	140 000	141 400	1 400（U）
部门可控边际贡献	187 000	198 400	11 400（F）
部门不可控固定成本	12 000	15 000	3 000（U）
部门税前经营利润	175 000	183 400	8 400（F）
部门平均净经营资产	665 500	690 500	25 000
部门投资报酬率（%）	26.3%	26.6%	0.3%（F）
要求的税前投资报酬率	12%	12%	
要求的税前投资收益	79 860	82 860	
部门剩余收益	95 140	100 540	5 400（F）

注：U表示不利差异，F表示有利差异。

四、质量成本报告

质量成本是指企业为了保证产品达到一定质量标准而发生的成本，这一概念连接了企业管理的生产技术和经济效益两个层面，通常质量管理专家将质量成本分为预防成本、鉴定成本、内部失败成本、外部失败成本四种类型，以下是某公司质量成本报告范例（见表3-5）：

表3-5　　　　　　　　　　　　　　　　**质量成本报告**

质量成本项目	实际成本支出（元）	占质量成本总额比例	占销售额比例
预防成本：			
质量培训	20 000	28.45%	5.69%
供应商评估	12 000	17.07%	3.41%
预防成本合计	32 000	45.52%	9.10%
鉴定成本：			
产品验收	12 000	17.07%	3.41%
包装物检查	8 000	11.38%	2.28%
鉴定成本合计	20 000	28.45%	5.69%
内部失败成本合计	11 000	15.65%	3.13%
外部失败成本合计	7 300	10.38%	2.08%
质量成本合计	70 300	100%	20%

专题总结：

本专题重点讲述责任中心相关内容，学习者通过对比预算数和实际数的差额，分析产生差异的原因，提出减少差异的建议，合理制定财务预算规划。

专题练习

一、单项选择题

1.甲部门是一个利润中心，下列财务指标，最适合用来评价该部门经理业绩的是（　　）。

A.边际贡献

B.可控边际贡献

C.部门税前经营利润

D.部门税后经营利润

2.以下不属于责任成本所具备特点的是（　　）。

A.计算责任成本的目的是评价成本控制的业绩

B.责任成本的计算范围是各责任中心的可控成本

C.责任成本的计算对象是各责任中心

D.共同费用的分摊原则是谁受益谁承担

3.以下关于成本中心的说法不正确的是（　　）。

A.成本中心对所有成本承担责任

B.成本中心只对可控成本承担责任

C.成本中心只考核成本费用而不考评收益

D.成本中心可以分为标准成本中心和费用中心

4.真正意义上的利润中心是指（　　）。

A.可以计算其利润的组织单位

B.有收入的中心

C.对企业外部销售取得利润的中心

D.管理人员有权对供货的来源和市场的选择进行决策的单位

5.作为利润中心的考核指标，可控边际贡献的计算公式是（　　）。

A.可控边际贡献=销售收入-成本总额-固定成本

B.可控边际贡献=销售收入-变动成本总额-固定成本

C.可控边际贡献=销售收入-成本总额-可控固定成本

D.可控边际贡献=销售收入-变动成本总额-可控固定成本

6.以下指标，既考虑管理要求和部门个别风险的高低，又可以使得投资中心项目评估与业绩紧密相连的指标是（　　）。

A.部门剩余收益

B.部门边际贡献

C.部门投资报酬率

D.部门税前经营利润

7.投资中心的平均净经营资产为100 000元，规定的必要税前投资报酬率为20%，剩余收益为10 000元，则该中心的部门投资报酬率为（　　）。

A.30%　　B.20%　　C.10%　　D.8%

8.以下有关利润中心的说法不正确的是（　　）。

A.利润中心只可计算可控成本

B.通过一定期间实现的利润同责任预算所确定的利润进行对比可以评价利润中心的业绩

C.利润中心要考核和计算成本

D.人为利润中心不直接对外销售产品

9.以下属于投资中心的是（　　）。

A.某企业的生产车间

B.医院的行政管理部门

C.学校的院长办公室

D.某基金投资分公司

10.甲公司某部门本月营业收入10 000元，已销售商品的变动成本为5 000元，部门可控制的固定费用为400元，部门不可控制的间接变动费用为600元，分配给该部门的公司费用为500元，则最能反映该部门真实的贡献金额是（　　）元。

3.1

A.5 000　　B.4 600　　C.4 000　　D.3 500

二、多项选择题

1.以下属于责任中心的是（　　）。

A.成本中心　　B.利润中心　　C.生产中心　　D.投资中心

2.以下关于投资中心考核指标说法正确的是（　　）。

A.剩余收益指标很好地克服了衡量部门业绩带来的次优化问题，使得企业的目标与业绩评价协调一致

B.投资利润率是根据现有的会计资料计算的，比较客观，适用于部门之间、行业之间的比较

C.投资利润率可分解为投资周转率和销售利润率的乘积

D.剩余收益这个指标是相对数，能用于不同部门之间的比较

3.费用中心的业绩，可以通过（　　）来考核。

A.剩余收益指标　　B.标准成本指标　　C.费用预算　　D.零基预算

4.下列成本，属于生产车间可控成本的是（　　）。

A.由于疏忽管理导致的废品损失

B.车间发生的间接材料成本

C.按照资产比例分配给生产车间的管理费用

D.按照直线法提取的生产设备折旧

5.适合建立费用中心来进行成本控制的单位是（　　）。

3.2

A.生产企业的车间　　B.医院的放射治疗室

C.行政管理部门　　　　　　　　　　D.研究开发部门

三、判断题

1.成本中心一般包括负责产品生产的生产部门、劳务提供部门以及给予一定费用指标的管理部门。（　）

2.可控成本应当具备以下三个条件：可预计、可计量、可控制。（　）

3.人为利润中心是指直接向企业外部出售产品，在市场上进行购销业务的中心。（　）

4.对利润中心进行考核的指标主要是利润。（　）

3.3

5.投资利润率又称投资收益率，是指投资中心所获得的利润与投资额之间的比率。（　）

四、简答题

1.请简要介绍剩余收益的概念，并阐述投资中心用该指标进行考核的优缺点。

2.请简要介绍投资利润率的概念，并阐述投资中心用该指标进行考核的优缺点。

3.4

专题四　企业筹资管理

思政园地

债务筹资和股权筹资是企业在发展壮大的过程中相互依存、相互转化、对立统一的矛盾体，矛盾的主要方面和次要方面可以在一定条件下相互转换，其判断标准是息税前利润EBIT；企业经营存在经营杠杆效应和财务杠杆效应，侧面反映了我们的任何行为都可能会产生放射性的效应，其影响范围和程度是不可估量的，因此我们要时刻注重自身言行举止给社会带来的影响，时刻思考如何把正能量传递给周围的亲人、朋友、同事。

未来10年，粤港澳大湾区将努力成为充满活力的世界级城市群，社会经济的繁荣度、政治体制的兼容度、文化生活的丰富度、思维视觉的开放度将大大提高。对参与粤港澳大湾区建设的各类企业而言，在进行大型项目建设的过程中，资金筹集是重中之重。

话题1　企业筹资动机

企业筹资，是指企业为了满足经营活动、投资活动、资本结构管理和其他需要，运用一定的筹资方式，通过一定的筹资渠道，筹措和获取所需资金的一种行为。企业筹资最基本的目的，是为了企业经营的维持和发展，为企业的经营活动提供资金保障，每次具体的筹资行为，往往受到特定动机的驱动，归纳表现为：

一、创立性筹资动机

这是指企业设立时，为取得资本金并形成开展经营活动的基本条件而产生的筹资动机。资金是设立企业的第一道门槛。企业创建时，要按照企业经营规模核定长期资本需要量和流动资金需要量，构建厂房设备等，安排铺底流动资金，形成企业的经营能力，这样就需要筹措注册资本和资本公积等股权资金，股权资金不足的部分，需要筹集银行借款等债务资金。

【小思考4-1】 大湾区新兴小企业筹集资金的主要目的是什么？
提示： 开放性思考，可以从创新创业角度考虑。

二、支付性筹资动机

这是指为了满足经营业务活动的正常波动所形成的支付需要而产生的筹资动机。企业在开展经营活动过程中，经常会出现超出维持正常经营活动资金需求的季节性、临时性的交易支付需要，例如原材料购买的大额支付、员工工资奖金的集中发放、银行借款的提前偿还等，这些情况要求除了正常经营活动的资金投入以外，还需要通过经常的临时性筹资来满足经营活动的正常波动需求，从而维持企业的支付能力。

三、扩张性筹资动机

这是指企业因扩大经营规模或对外投资需要而产生的筹资动机。企业维持简单再生产所需要的资金是稳定的，通常不需要或很少追加筹资。一旦企业扩大再生产，经营规模扩张，开展对外投资，就需要大量追加筹资。扩大性的筹资活动，在筹资的时间和数量方面都要服从投资决策和投资计划的安排，避免资金闲置和投资动机的耽误。

【小思考4-2】 大湾区老牌企业筹集资金的主要目的是什么？
提示： 开放性思考，可以从企业发展扩展角度考虑。

四、调整性筹资动机

这是指企业因调整资本结构而产生的筹资动机，资本结构调整的动机在于降低资本成本，控制财务风险，提升企业价值。企业产生调整性筹资动机的原因大致有：一是优化资本结构，合理利用财务杠杆效应，债务资本比例较高会导致较高的财务风险，股权资本比例过大又会使得企业成本负担较重；二是偿还到期债务，例如流动负债比例过高使得企业近期偿还债务的压力较大，可以通过举借长期债务来偿还部分短期债务。

【小思考4-3】

作为“一国两制”制度体系下第一个涉及内地及港澳两个特别行政区的大型跨境基础设施合作项目，港珠澳大桥建设项目是典型的大型公共工程建设项目，港珠澳大桥主体工程及三地口岸、连接线共投资约1 200亿元，大项目又分为若干中小项目。如此大规模的资金从哪里来？

提示：债务筹资方式的优缺点，股权筹资方式的优缺点。

关于港珠澳大桥建设项目的筹资，经济学家（以下分A派、B派）提出了各自的见解。

话题2 债务筹资方式

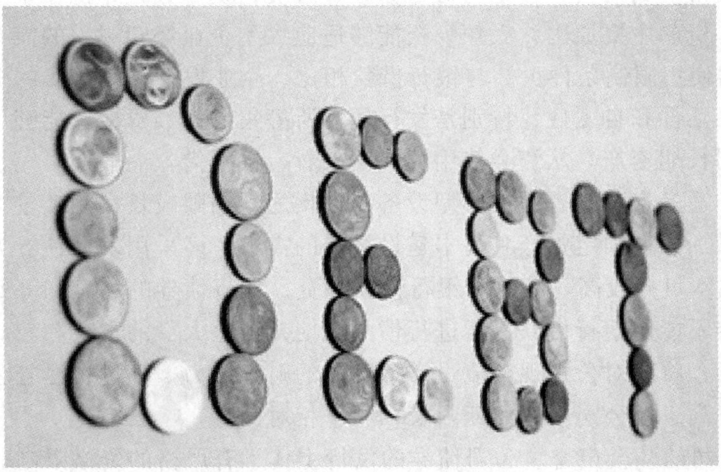

A派经济学家认为，港珠澳大桥属于大型国家工程，资金需求量大，工程建设人力、物力耗用巨大，因此需要在短期内筹集到大量资金，债务筹资是比较好的方式。

一、银行借款

银行借款是指企业向银行或非银行机构借入的、需要还本付息的款项，包括偿还期限超过1年的长期借款和偿还期限不足1年的短期借款，主要用于企业构建固定资产和满足流动资金周转的需要。银行借款具有下列筹资特点：

1.筹资速度快。与发行公司债券、融资租赁等债务筹资方式相比，银行借款的程序相对简单，审批时间较短，公司可以迅速获得所需资金。

2.资本成本较低。利用银行借款筹资，一般比发行债券和融资租赁的利息负担低，而且无须支付证券发行费用、租赁手续费用等筹资费用。

3.筹资弹性较大。在借款之前，公司根据当时的资本需求与银行等贷款机构直接商定贷款的时间、数量和条件。在借款期间，若公司财务状况发生某些变化，可以与债权人再协商，变更借款数量、时间和条件，或者提前偿还本息，因此借款筹资对公司具有较大的灵活性。

4.限制条款多。与发行公司债券相比较，银行借款合同对借款用途有明确规定，通过借款的保护性条款，对公司资本支出额度、再筹资、股利支付等行为有严格的约束，以后公司生产经营活动和财务政策必将受到一定程度影响。

5.筹资数额有限。银行借款的数额往往受到贷款机构资本实力的制约，难以像发行公司债券一样，一次筹集到大笔资金，因而无法满足公司大规模筹资的需要。

二、发行公司债券

公司债券又称企业债券，是企业依照法定程序发行的、约定在一定期限内还本付息的有价证券。债券是持券人拥有公司债权的书面证书，它代表债券持券人与发债公司之间的债权债务关系。发行公司债券具有下列筹资特点：

1.一次筹资数额大。企业利用发行公司债券进行筹资，能够筹集大额的资金，满足企业大规模筹资的需要，这是与银行借款、融资租赁等方式相比，企业选择发行公司债券进行筹资的主要原因，大额筹资能够适应大型企业经营规模的需要。

2.筹资的使用限制条件少。与银行借款相比，企业发行债券募集的资金在使用上具有相对的灵活性和自主性，特别是发行债券所筹集的大额资金，能够用于购置流动性较差的公司长期资产。从资金使用的性质来看，银行借款一般期限短、额度小，主要用途为增加适量存货或者增加小型设备等；反之，期限较长，额度较大，用于满足公司扩展、增加大型固定资产和基本建设投资的需求，多采用发行债券方式筹资。

3.资本成本负担较高。相对于银行借款筹资，发行债券的利息和筹资费用都比较高，而且债券不能像银行借款一样进行债务展期，加上大额的本金和较高的利息，在固定的到期日，将会对公司现金流量产生巨大的财务压力。不过，尽管公司债券的利息比普通银行高，但公司债券的期限长，利率相对固定。

4.提高公司的社会声誉。公司债券的发行主体，有严格的资格限制。发行公司债券，往往是股份有限公司和有实力的有限责任公司所为，一方面筹集了大量资金，另一方面也扩大了公司的社会影响。

【小思考4-4】 除了银行借款和发行公司债券两种常见方式，如果你是港珠澳大桥其中某个项目的筹资负责人，那么你会想到什么样的筹资方式呢？

提示： 各种新型众筹方式。

三、融资租赁

融资租赁是由租赁公司按承租单位要求出资购买设备，在较长的合同期内提供给承租单位使用的融资信用业务，它是以融通资金为主要目的的租赁，出租的设备根据承租企业提出的要求购买，或者由承租企业直接从制造商或销售商那里选定。租赁期较长，接近于资产的有效使用期，在租赁期间双方无权取消合同，承租企业负责设备的维修和保养，租赁期满，按事先约定的方法处理设备。融资租赁具有下列筹资特点：

1.无须大量资金就能迅速获得资产。在资金缺乏的情况下，融资租赁能使企业迅速获得所需资产，融资租赁集“融资”与“融物”于一身，融资租赁使得企业在资金短缺的情况下引进设备成为可能，特别是针对中小企业和新创企业而言，融资租赁是一条重要的融资途径。

2.财务风险小、财务优势明显。融资租赁与一次性购买相比，能避免一次性付款的负担，而且租金支付是未来的、分期的，企业无须一次筹集大量的资金偿还，租金可以通过项目本身产生的收益来支付。

3.筹资的限制条件较少。企业运用股票、债券、长期借款等方式筹资，都受到相当多的资格条件的限制，如足够的抵押品、银行贷款的信用标准、发行债券的政府管制等，相比之下，融资租赁筹资的限制条件很少。

4.能延长资金融通的期限。通常为购置设备而贷款的借款期限比资产的物理寿命要短得多，而融资租赁的期限却可接近设备全部寿命期限，并且金额随设备价款金额而定，无融资额度的限制。

5.资本成本负担较高。融资租赁的租金通常比银行借款和发行债券负担的利息高得多，租金总额通常要比设备价值高出30%，尽管与借款方式比，融资租赁能够避免到期一次性集中偿还的债务压力，但高额的固定租金也给各期经营带来了负担。

【小思考4-5】由于项目需要购买大量昂贵的固定资产，因此，某些负责人认为，分期付款是个好办法，这样可以为企业留下部分周转资金，对企业长期发展较为有利。请问你对融资租赁的理解是什么？它在本质上和借款有什么异同？

提示：融资租赁的概念、优点、缺点；融资租赁的具体案例。

话题3　股权筹资方式

B派经济学家认为，港珠澳大桥属于大型社会项目，如果能发挥各种社会力量，不

仅能减轻政府的资金压力，而且能让人们具有时代责任感和使命感，树立主人翁意识。

一、吸收直接投资

吸收直接投资，是指企业按照“共同投资、共同经营、共担风险、共享收益”的原则，直接吸收国家、法人、个人和外商投入的资金的一种筹资方式。吸收直接投资是非股份制企业筹集权益资本的基本方式，采用吸收直接投资且资本不分为等额股份，无须公开发行股票。吸收直接投资具有下列筹资特点：

1.能够尽快形成生产能力。吸收直接投资不仅可以取得一部分货币资金，而且能够直接获得所需的先进设备和技术，尽快形成生产经营能力。

2.容易进行信息沟通。吸收直接投资的投资者比较单一，股权没有社会化、分散化，投资者甚至直接承担公司管理层职务，公司与投资者易于沟通。

3.资本成本较高。相对于股票筹资方式来说，吸收直接投资的资本成本较高，当企业经营较好、盈利较多时，投资者往往要求将大部分盈余作为红利分配，因为向投资者支付的报酬是按其出资数额和企业实现利润的比例来计算的。

4.公司控制权集中。采用吸收直接投资方式筹资，投资者一般都要求获得与投资数额相适应的经营管理权。如果某个投资者的投资额比较大，那么该投资者对企业的经营管理就会有相当大的控制权，容易损害其他投资者的利益。

5.不易进行产权交易。吸收投入资本由于没有证券为媒介，不利于产权交易，因此难以进行产权转让。

二、发行普通股股票

股票是股份有限公司为筹措股权资本而发行的有价证券，是公司签发的证明股东持有公司股份的凭证。股票作为一种所有权凭证，代表着对发行公司净资产的所有权，股票只能由股份有限公司发行。发行普通股股票具有下列筹资特点：

1.两权分离。公司通过对外发行股票筹资，公司的所有权和经营权相分离，分散了公司控制权，有利于公司自主管理、自主经营。普通股筹资股东众多，公司日常经营管理事务主要由公司的董事会和经理层负责，但公司的控制权分散，容易被经理人控制。

2.资本成本较高。由于股票投资的风险较大，收益具有不确定性，投资者就会要求较高的风险补偿，因此股票筹资的资本成本较高。

3.能提升公司的社会声誉。普通股筹资，股东的大众化，为公司带来了广泛的社会影响，特别是上市公司，其股票的流动性强，有利于市场确认公司的价值。普通股筹资以股票作为媒介，便于股权的流通和转让，因而便于吸收新投资者。

4.不易及时形成生产能力。普通股筹资吸收的一般都是货币资金，还需要通过购置和建造形成生产经营能力，相对于吸收直接投资方式来说，不易及时形成生产能力。

三、留存收益

从性质上看，企业通过合法有效的经营所实现的税后净利润，都属于企业的所有者，因此属于所有者的利润包括分配给所有者的利润和尚未分配留存在企业的利润。企业将本年度的利润部分甚至全部留下来的原因很多，主要包括：收益的确认和计量是建立在权责发生制的基础上，企业有利润，但不一定有相应的现金净流量增加，因而企业不一定有足够的现金将利润全部或部分派给所有者；法律法规从保护债权人利益和要求企业可持续发展等角度出发，限制企业将利润全部分配出去；企业基于自身的扩大再生产和筹资需求，会将一部分的利润留存。留存收益具有下列筹资特点：

1.不用发生筹资费用。与普通股筹资相比，留存收益筹资不需要发生筹资费用，资本成本较低。

2.维持公司的控制权分布。利用留存收益筹资，不用对外发行新股或吸收新投资者，由此增加的权益资本不会改变公司的股权结构，不会稀释原有股东的控制权。

3.筹资数额有限。当期留存收益的最大数额是当期的净利润，不如外部筹资一次性可以筹集大量资金。如果企业发生亏损，那么当年就没有利润留存。

【小思考4-6】 港珠澳大桥项目可以选择哪些新型的融资模式？

提示： 一是BOT模式：政府或代表政府的授权机构通过特许权协议，将特定项目的建设及特定期内的经营权授予私人资本设立的项目公司或私人资本和国有资本共同设立的项目公司，由项目公司负责投融资、建设、经营和维护。BOT模式引入私人资本参与公共基础设施项目，是近年来世界各国通用的取得良好效果的模式，应事先确立政府和投资主体的风险分担机制。

二是合作融资模式：三地政府成立一个合作企业全面负责大桥的投资、建设以及运营，三地政府按照平均持有股份或自愿认购股份，为其认购股份筹措相应的资金，经营期满，政府无偿收回项目的经营权。合作融资模式的资金均由三地政府筹措，所有风险全部由政府承担，容易造成较大的财政负担。

三是PPP融资模式：政府与私人投资者通过某种方式共同投资，项目的建设资金来源于政府和私人投资者，并由政府及私人投资者分别承担项目投资风险。目前法律条件下，PPP模式只能在BOT模式或合作项目公司模式基础上加以创新。

总结： 债务筹资方式与股权筹资方式分别有何优缺点？债务筹资方式与股权筹资方式的优缺点见表4-1。

表4-1 **债务筹资方式与股权筹资方式的优缺点**

方式	优点	缺点
债务筹资	●筹资速度快 ●资本成本较低 ●可利用财务杠杆 ●灵活性较强	●财务风险较高 ●限制条件较多 ●筹资数量有限
股权筹资	●有利于提高企业信誉 ●有利于尽快形成生产能力 ●有利于降低财务风险	●资本成本较高 ●容易分散控制权

话题4 资本成本

随着粤港澳大湾区的建立，珠海在中国内地与中国香港、中国澳门沟通交流中起到了重要的纽带作用，商品劳务的跨境贸易日益增加，交通运输日益方便。随着电商平台的发展，贸易方式日新月异，大学生自主创业成为时代发展的潮流。如何创办一家有发展前景的企业，是珠海大学城学生的热门话题之一。创业的第一步，是筹集资金，而筹集资金则需要考虑相关成本。

资本成本是衡量资本结构优化程度的标准，也是对投资获得经济效益的最低要求，企业所筹得的资本付诸使用以后，只有项目的投资报酬率高于资本成本，才能表明所筹集的资本取得了较好的经济效益。资本成本是指企业为筹集和使用资本而付出的代价，包括筹资费用和占用费用。资本成本是资本所有权和资本使用权分离的结果。对出资者而言，让渡了资本使用权，必须要求取得一定的补偿，资本成本表现为让渡资本使用权所带来的投资报酬；对筹资者而言，取得了资本使用权，必须支付一定代价，资本成本表现为取得资本使用权所付出的代价。

一、个别资本成本计算

1.银行借款的资本成本

K_b = 年利率×（1−所得税税率）÷（1−手续费率）= i（1−T）÷（1−f）

2.公司债券的资本成本

K_b = 年利息×（1−所得税税率）÷债券筹资总额×（1−手续费率）= I（1−T）÷L（1−f）

3.优先股的资本成本

$K_p = D \div P_n (1-f)$

4.普通股的资本成本

（1）股利增长模型法

$K_S = D_0 (1+g) \div P_0 (1-f) + g = D_1 \div P_0 (1-f) + g$

（2）资本资产定价模型法

$K_S = R_f + \beta\ (R_m - R_f)$

情形1：大学城某家在线教育集团从银行取得一笔长期借款800万元，手续费率0.1%，年利率10%，期限3年，每年结息一次，到期一次还本。公司所得税税率25%。长期借款的资本成本为：

$$K_b = \frac{10\% \times (1-25\%)}{1-0.1\%} \times 100\% = 7.51\%$$

情形2：大学城某家连锁餐饮企业发行面额为500万元的10年期债券，票面利率10%，发行费用率3%，公司所得税税率25%。若以平价（500万元）、溢价（600万元）、折价（400万元）发行，则三种情况下的资本成本分别为：

平行发行：$K_b = \frac{500 \times 10\% \times (1-25\%)}{500 \times (1-3\%)} \times 100\% = 7.73\%$

溢价发行：$K_b = \frac{500 \times 10\% \times (1-25\%)}{600 \times (1-3\%)} \times 100\% = 6.44\%$

折价发行：$K_b = \frac{500 \times 10\% \times (1-25\%)}{400 \times (1-3\%)} \times 100\% = 9.66\%$

情形3：①大学城某家高新科研企业，发行优先股，股价为每股50元，筹资费用率2%，优先股股利每股6元，则优先股资本成本为：

$$K_p = \frac{6}{50 \times (1-2\%)} \times 100\% = 12.24\%$$

②发行普通股，市价每股30元，筹资费用率2%，本年发放现金股利每股0.6元，预期股利年增长率10%。普通股资本成本为：

$K_S = 0.6 \times (1+10\%) \div 30 \times (1-2\%) + 10\% = 12.16\%$

③若普通股股票的β值为2.2，市场平均报酬率为10%，无风险报酬率为6%，则股票的资本成本为：

$K_S = [6\% + 2.2 \times (10\% - 6\%)] \times 100\% = 14.8\%$

【小思考4-7】假如某家企业有多种筹资形式，应该如何计算成本？

提示：各种筹资方式成本计算及加权平均成本计算。

二、平均资本成本计算

$K_W = \sum K_j W_j$

情形4：某中大创业团队在横琴新区建立一家跨境劳务企业，业绩良好，成为中大创业的成功案例。企业现有长期资本总额10 000万元，其中长期借款2 000万元，长期债券3 500万元，优先股1 000万元，普通股3 000万元，留存收益500万元，各种长期资本成本分别为4%、6%、10%、14%、13%，则企业的加权平均资本成本为：

长期借款资本比例=2 000÷10 000=0.20

长期债券资本比例=3 500÷10 000=0.35

优先股资本比例=1 000÷10 000=0.10

普通股资本比例=3 000÷10 000=0.30

留存收益资本比例=500÷10 000=0.05

加权平均资本成本 $K_W = 4\% \times 0.20 + 6\% \times 0.35 + 10\% \times 0.10 + 14\% \times 0.30 + 13\% \times 0.05 = 8.75\%$

话题5 杠杆效应

小视频11

小视频12

财务管理存在着类似物理学中的杠杆效应，表现为：由于特定固定支出或费用的存在，当某一财务变量以较小幅度变动时，另一相关变量会以较大幅度变动。财务管理中的杠杆效应，包括经营杠杆、财务杠杆和总杠杆三种效应形式，既可以产生杠杆利益，又可能带来杠杆风险。

大学生创业，最重要的就是创业的“性价比”，衡量标准通常是三大杠杆。

一、经营杠杆效应

1.经营杠杆

经营杠杆，是指由于固定性经营成本的存在，企业的资产报酬变动率大于业务量变动率的现象。经营杠杆反映了资产报酬的波动性，用以评价企业的经营风险，用息税前利润（EBIT）表示资产总报酬，则：

$$EBIT = S-V-F = (P-VC)Q-F = M-F$$

式中，EBIT为息税前利润，S为销售额，V为变动性经营成本，F为固定性经营成本，Q为产销业务量，P为销售单价，VC为单位变动成本，M为边际贡献。

2.经营杠杆系数

$$DOL = (\triangle EBIT \div EBIT_0) \div (\triangle Q \div Q_0)$$

式中，DOL为经营杠杆系数，△EBIT为息税前利润变动额，△Q为产销业务量变动值。

经整理，经营杠杆系数计算可以简化为：

$DOL=M_0/(M_0-F_0)$

$=(EBIT_0+F_0)/EBIT_0$

3. 经营杠杆与经营风险

（1）在固定成本不变的情况下，经营杠杆系数说明了销售变动所引起的经营收益变动的幅度。

（2）在固定成本不变的情况下，销售规模越大，经营杠杆系数就越小，营业风险也就越低；反之，销售规模越小，经营杠杆系数就越大，营业风险也就越高。

（3）当销售额达到盈亏临界点时，经营杠杆系数趋于无穷大，此时，公司经营只是保本。在这种情况下，只要销售额稍有增加，便可获得收益；但如果销售额稍有下降，便会发生亏损。

二、财务杠杆效应

1. 财务杠杆

财务杠杆，是指由于固定性资本成本的存在，使得企业的普通股收益变动率大于息税前利润变动率的现象。财务杠杆反映了权益资本报酬的波动性，以评价企业的财务风险，用普通股收益或每股收益表示普通股权益资本报酬，则：

$EPS=(EBIT-I)(1-T)\div N$

式中，EPS为每股收益，I为债务资金利息，T为所得税税率，N为普通股股数。

2. 财务杠杆系数

$DFL=(\triangle EPS\div EPS_0)\div(\triangle EBIT\div EBIT_0)$

经整理，得：

$DFL=EBIT_0\div(EBIT_0-I_0)$

$=(M_0-F_0)\div(M_0-F_0-I_0)$

3. 财务杠杆与财务风险

财务风险是指企业因使用债务资本而产生的在未来收益不确定情况下由主权资本承担的附加风险。如果企业经营状况良好，使得企业投资收益率大于负债利息率，则获得财务杠杆利益；如果企业经营状况不佳，使得企业投资收益率小于负债利息率，则获得财务杠杆损失。这种不确定性就是企业运用负债所需承担的财务风险，财务风险的高低主要取决于财务杠杆系数的大小。在一般情况下，财务杠杆系数越大，普通股权益收益率对息税前利润率的弹性就越大。也就是说，如果息税前利润率上升，那么普通股权益收益率会以更快的速度上升；如果息税前利润率下降，那么普通股权益收益率会以更快的速度下降。

三、总杠杆效应

1. 总杠杆

总杠杆又称联合杠杆、合并杠杆、复合杠杆、综合杠杆，是指经营杠杆和财务杠杆的复合作用。经营杠杆和财务杠杆可以独自发挥作用，也可以综合发挥作用，总杠杆用来反映二者之间共同作用的结果，即权益资本报酬与产销业务量之间的变动关系。由于固定性成本的存在，产生经营杠杆效应，导致产销业务量变动对息税前利润变动有放大作用；同样，由于固定性资本成本的存在，产生财务杠杆效应，导致息税前利润变动对普通股每股收益变动有放大作用。两种杠杆共同作用，将导致产销业务量稍有变动，就会引起普通股每股收益更大的变动。

2.总杠杆系数

DTL=DOL×DFL

$= (\Delta EBIT/EBIT_0) \div (\Delta Q/Q_0) \times (\Delta EPS/EPS_0) \div (\Delta EBIT/EBIT_0)$

$= (\Delta EPS/EPS_0) \div (\Delta Q/Q_0)$

$= M_0/(M_0-F_0-I_0)$

3.总杠杆与公司风险

经营杠杆影响企业息税前利润的变化幅度，财务杠杆影响企业税后净收益的变化幅度。经营杠杆作用在前，财务杠杆作用在后，两者共同影响着普通股收益的稳定性。在总杠杆的作用下，当企业经济效益好时，每股收益会大幅度上升；当企业经营效益差时，每股收益会大幅度下降。

情形5：拱北口岸某跨境劳务公司长期资本总额2 000万元，其中，长期负债占20%，负债年利率10%，公司销售额500万元，固定成本总额30万元，变动成本率60%。则：

EBIT=500-500×60%-30=170（万元）

I=2 000×20%×10%=40（万元）

$$DOL=\frac{S-VC}{S-VC-F}=\frac{500-500\times 60\%}{500-500\times 60\%-30}=1.1765$$

$$DFL=\frac{EBIT}{EBIT-I}=\frac{170}{170-40}=1.3077$$

$$DTL=\frac{S-VC}{S-VC-F-I}=\frac{500-500\times 60\%}{500-500\times 60\%-30-40}=1.54$$

或：DTL=DOL×DFL=1.1765×1.3077=1.54

情形6：拱北口岸某小型饰品公司2022年计划生产单位售价为15元/件的首饰，公司目前有两种生产方案可供选择：

方案一：单位变动成本为7元/件，固定成本为60万元；

方案二：单位变动成本为8.25元/件，固定成本为45万元。

该公司资金总额为200万元，资产负债率为45%，负债平均年利率为10%。预计年销售量为20万件。则：

（1）方案一

EBIT=20×（15-7）-60=100（万元）

经营杠杆系数=（EBIT+F）÷EBIT=（100+60）÷100=1.6

负责总额=200×45%=90（万元）

利息=90×10%=9（万元）

财务杠杆系数=EBIT÷（EBIT-I）=100÷（100-9）=1.0989

总杠杆系数=1.6×1.0989=1.7582

（2）方案二

EBIT=20×（15-8.25）-45=90（万元）

经营杠杆系数=（EBIT+F）÷EBIT=（90+45）÷90=1.5

负债总额=200×45%=90（万元）

利息=90×10%=9（万元）

财务杠杆系数=EBT÷（EBIT−I）=90÷（90−9）=1.1111

总杠杆系数=1.5×1.1111=1.6667

话题6 资本结构

一、资本结构理论

1.MM理论

小视频13

最初的MM理论是建立在以下基本假设基础上的：企业只有长期债券和普通股股票，债券和股票均在完善的资本市场交易，不存在交易成本；个人投资者与机构投资者的借款利率与公司的借款利率相同且无借债风险；具有相同经营风险的公司称为同类风险，经营风险可以用息税前利润的方差衡量；每一个投资者对公司未来的收益、风险的预期都相同；所有的现金流量都是永续的，债券也是。在考虑企业所得税带来的影响后，财务管理学家提出了修整的MM理论，认为企业可以利用财务杠杆增加企业价值，因负债利息可带来避税利益，企业价值会随着资产负债率的增加而增加。

2.权衡理论

权衡理论通过放宽MM理论完全信息以外的各种假定，考虑在税收、财务困境成本存在的条件下，资本结构如何影响企业市场价值，认为有负债的企业等于无负债企业价值加上税赋节约现值，再减去财务困境成本的现值。

3.代理理论

代理理论认为企业资本结构会影响经理人员的工作水平和其他行为选择，从而影响企业未来现金收入和企业市场价值。债务筹资有很强的激励作用，并将债务视为一种担保机制，这种机制能够促使经理多工作，少享受，做出更好的投资决策，从而降低由于两权分离产生的代理成本；但是，债务筹资可能导致另一种代理成本，即企业接受债权人监督而产生的成本。

4.优序融资理论

优序融资理论以非对称信息条件以及交易成本的存在为前提，认为企业外部融资要多支付各种成本，使得投资者可以从企业资本结构的选择来判断自身的市场价值。企业偏好内部融资，当需要外部融资时，债务筹资优于股权筹资。从成熟的证券市场看，企业的筹资优序模式首先是内部融资，其次是借款、发行债券、可转换债券，最后是发行新股筹资。

【小思考4-8】

巨人集团，曾经是红遍全国的知名企业。1991年成立，历经不到2年就成为销售额近4亿元、利润近5 000万元的大企业，其主要产品——中文电脑软件M-6401经过五代更新，38层的巨人大厦计划盖至70层，成为中国第二大民营高科技企业。1994年推出巨人集团“脑黄金”，一炮打响。1996年由于管理不善，资金告急，巨人大厦于1997年停工，企业名存实亡。结合巨人集团案例谈谈你对这句话的理解：“从财务角度看，快速增长会使一个企业的资金变得相当紧张，因此，除非管理层意识到这一结果并采取积极的措施加以控制，否则，快速增长可能导致公司破产。”

提示：用各种融资理论分析巨人集团的发展。

二、资本结构优化

1.每股收益分析法

每股收益分析法，是指不同筹资方法下每股收益都相等时的息税前利润或业务量水平。根据每股收益无差别点，可以分析判断在什么样的息税前利润或产销量水平前提下，适用于采用何种筹资组合方式，进而确定企业的资本结构安排。当预期息税前利润或业务量水平大于每股收益无差别点时，应当选择债务筹资方案，反之应当选择股权筹资方案。

$$\frac{(\overline{EBIT}-I_1)(1-T)}{N_1}=\frac{(\overline{EBIT}-I_2)(1-T)}{N_2}$$

式中，$\overline{EBIT}$为息税前利润平衡点，即每股收益无差别点；I_1、I_2为两种筹资方式下的债务利息；N_1、N_2为两种筹资方式下的普通股股数；T为所得税税率。

总体来说，创业团队会在债务筹资带来的收益和股权筹资带来的收益之间进行衡量，进而得到结论：当利润水平大于某个点时，选择债务筹资；当利润水平小于某个点时，选择股权筹资。

例如，某家空气清新器生产企业，目前资本结构为：总资本1 000万元，其中债务资金400万元（年利息40万元）；普通股资本600万元（600万股，面值1元，市价5元）。企业由于扩大经营规模，需要追加筹资800万元，所得税税率20%，不考虑筹资费用因素。有三种筹资方案：

甲方案：增发普通股200万股，每股发行价3元；同时向银行借款200万元，利率保持原来的10%。

乙方案：增发普通股100万股，每股发行价3元；同时溢价发行500万元面值为300万元的公司债券，票面利率15%。

丙方案：不增发普通股，溢价发行600万元面值为400万元的公司债券，票面利率15%；由于受债券发行数额的限制，需要向银行补充借款200万元，利率10%。

对筹资方案进行两两比较，并利用每股收益无差别点分析图进行分析。

甲、乙方案的比较：

$$\frac{(\overline{EBIT}-40-20)\times(1-20\%)}{600+200}=\frac{(\overline{EBIT}-40-45)\times(1-20\%)}{600+100}$$

解得：$\overline{EBIT}$=260万元

乙、丙方案的比较：

$$\frac{(\overline{EBIT}-40-45)\times(1-20\%)}{600+100}=\frac{(\overline{EBIT}-40-80)\times(1-20\%)}{600}$$

解得：$\overline{EBIT}$=330万元

甲、丙方案的比较：

$$\frac{(\overline{EBIT}-40-20)\times(1-20\%)}{600+200}=\frac{(\overline{EBIT}-40-80)\times(1-20\%)}{600}$$

解得：$\overline{EBIT}$=300万元

当两两比较筹资方案时，会产生三个筹资分界点，上述分析结果可用图4-1表示。从图4-1中可以看出：企业EBIT预期为260万元以下时，应当采用甲筹资方案；EBIT预期在260万~300万元时，应当采用乙筹资方案；EBIT预期为330万元以上时，应当采用丙筹资方案。

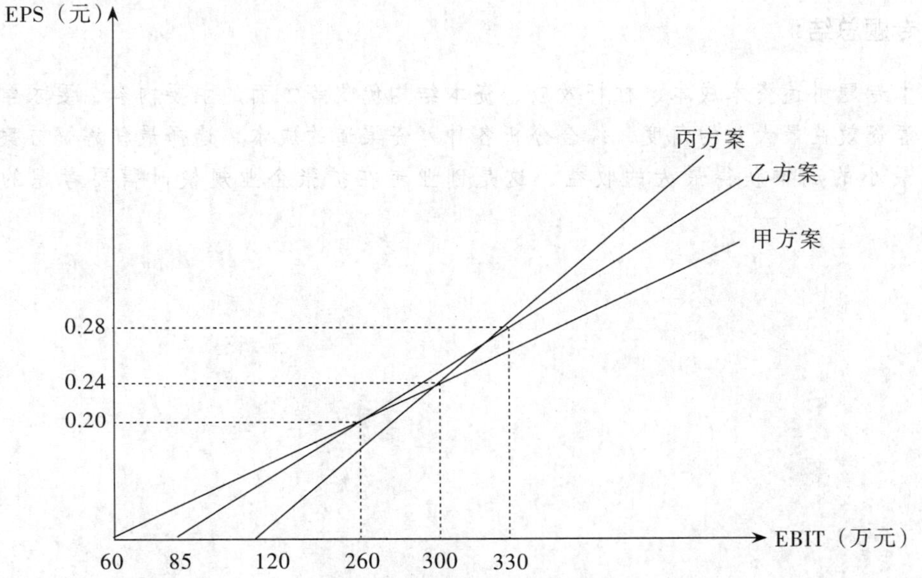

图4-1　筹资方案分析示意图

2.平均资本成本比较法

平均资本成本比较法，是指通过计算和比较各种可能的筹资组合方案的平均资本成本，选择平均资本成本最低的方案，这种方法侧重从资本投入的角度对筹资方案和资本结构进行优化分析。

例如，某葡萄酒厂初创时需要资本总额4 000万元，有如下三个组合方案可供选择，见表4-2：

表4-2　**筹资方案表**

筹资方式	甲方案		乙方案		丙方案	
	筹资额（万元）	个别资本成本（%）	筹资额（万元）	个别资本成本（%）	筹资额（万元）	个别资本成本（%）
长期借款	300	6	500	6.5	800	7
长期债券	1 000	7	1 500	9.0	1 100	8
优先股			400	12.0	200	12
普通股	2 700	15	1 600	15.0	1 900	15
合计	4 000		4 000		4 000	

则：计算每个方案的综合资本成本，选出最佳筹资组合方案。

甲方案的综合资本成本为：

$$(6\% \times \frac{300}{4\ 000} + 7\% \times \frac{1\ 000}{4\ 000} + 15\% \times \frac{2\ 700}{4\ 000}) \times 100\% = 12.325\%$$

乙方案的综合资本成本为：

$$(6.5\% \times \frac{500}{4\ 000} + 9\% \times \frac{1\ 500}{4\ 000} + 12\% \times \frac{400}{4\ 000} + 15\% \times \frac{1\ 600}{4\ 000}) \times 100\% = 11.39\%$$

丙方案的综合资本成本为：

$$(7\% \times \frac{800}{4\ 000} + 8\% \times \frac{1\ 100}{4\ 000} + 12\% \times \frac{200}{4\ 000} + 15\% \times \frac{1\ 900}{4\ 000}) \times 100\% = 11.325\%$$

专题总结：

本专题讲述资本成本、杠杆效应、资本结构优化等方面的主要内容，要求学习者站在筹资效益最大化的角度，综合分析各种筹资渠道的成本，选择最佳筹资方案，力求以最小的成本获得最大的收益，这是创业者在扩张企业规模时需要考虑的重要问题。

专题练习

一、单项选择题

1.按照资金的来源渠道不同可将筹资分为（ ）。

A.内源筹资和外源筹资　　B.直接筹资和间接筹资

C.权益筹资和负债筹资　　D.表内筹资和表外筹资

2.下列各项，不属于吸收直接投资优点的是（ ）。

A.有利于提高企业的信誉　　B.有利于尽快形成生产能力

C.资本成本较低　　D.有利于降低财务风险

3.普通股和优先股筹资方式共有的缺点包括（ ）。

A.财务风险大　　B.筹资成本高

C.控制权容易分散　　D.筹资限制多

4.某企业发行5年期债券，债券面值为1 000元，票面利率为10%，每年付息一次，发行价为1 100元，筹资费率为3%，所得税税率为25%，则该债券的资本成本为（ ）。

A.9.37%　　B.7.03%　　C.7.36%　　D.6.66%

5.某公司普通股目前的股价为10元/股，筹资费率为8%，刚刚支付的股利为2元/股，股利固定增长率为3%，则该企业利用留存收益的资本成本为（ ）。

A.22.39%　　B.25.39%　　C.20.6%　　D.23.6%

6.某企业2021年的销售额为1 000万元，变动成本为600万元，固定成本为200万元，预计2022年固定成本不变，则2022年的经营杠杆系数为（ ）。

A.2　　B.3　　C.4　　D.无法计算

7.某企业2021年的销售额为1 000万元，变动成本为600万元，固定经营成本为200万元，利息费用为10万元，没有融资租赁和优先股，预计2022年息税前利润增长率为10%，则2022年的每股利润增长率为（ ）。

A.10%　　B.10.5%　　C.15%　　D.12%

8.资金结构的调整方法，不属于存量调整的是（ ）。

A.债转股　　B.增发新股偿还债务

C.优先股转为普通股　　D.进行融资租赁

9.资本成本在企业筹资决策中的作用不包括（ ）。

A.是企业选择资金来源的基本依据

B.是企业选择筹资方式的参考标准

C.作为计算净现值指标的折现率使用

D.是确定最优资金结构的主要参数

10.下列说法错误的是（ ）。

A.拥有大量固定资产的企业主要通过长期负债和发行股票筹集资金

B.资产适用于抵押贷款的公司举债额较多

4.1

C.信用评级机构降低企业的信用等级会提高企业的资本成本

D.以技术研究开发为主的公司负债往往很多

二、多项选择题

1.筹资的动机有（　　）。

A.设立性动机　　B.扩张性动机

C.调整性动机　　D.混合性动机

2.债券与股票的区别在于（　　）。

A.债券是债务凭证，股票是所有权凭证

B.债券的投资风险大，股票的投资风险小

C.债券的收入一般是固定的，股票的收入一般是不固定的

D.股票在公司剩余财产分配中优先于债券

3.影响资金结构的因素包括（　　）。

A.企业财务状况　　B.企业资产结构

C.投资者和管理人员的态度　　D.贷款人和信用评级机构的影响

4.企业最佳资金结构的确定方法包括（　　）。

A.因素分析法　　B.每股利润无差别点法

C.比较资本成本法　　D.公司价值分析法

5.资本成本包括用资费用和筹资费用两部分，其中属于用资费用的是（　　）。

A.向股东支付的股利

B.向债权人支付的利息

C.借款手续费

D.债券发行费

4.2

三、判断题

1.股票价格有广义和狭义之分，广义的股票价格包括股票发行价格和股票交易价格，狭义的股票价格仅指股票发行价格，股票发行价格具有事先的不确定性和市场性。（　　）

2.杠杆租赁中的出租人也是借款人，他既收取租金又偿付债务，从这个角度看，杠杆租赁与直接租赁是不同的。（　　）

3.如果企业的财务管理人员认为目前的利率较低，未来有可能上升，那么便会大量发行短期债券。（　　）

4.从成熟的证券市场来看，企业的筹资顺序首先是内部筹资，其次是借款、发行债券、可转换债券，最后是发行新股筹资。（　　）

5.净收益理论认为资金结构不影响企业价值，企业不存在最佳资金结构。（　　）

4.3

四、计算题

1.某企业只生产和销售甲产品，其总成本习性模型为y=15 000+4x。假定该企业2021年度甲产品的销售量为10 000件，每件售价为8元，按市场预测2022年甲产品的销售数量将增长15%。

要求：

（1）计算2021年该企业的边际贡献总额。

（2）计算2021年该企业的息税前利润。

（3）计算2022年的经营杠杆系数。

（4）计算2022年的息税前利润增长率。

（5）假定企业2022年发生负债利息及融资租赁租金共计5 000元，优先股股息300元，企业所得税税率40%，计算2022年的复合杠杆系数。

2.某公司原有资本1 000万元，其中债务资本400万元（每年负担利息30万元），普通股资本600万元（发行普通股12万股，每股面值50元），企业所得税税率25%。由于扩大业务，需追加筹资300万元，其筹资方式有三种：

一是全部发行普通股：增发6万股，每股面值50元；

二是全部按面值发行债券：债券利率10%；

三是发行优先股300万元，股息率12%。

要求：

（1）分别计算普通股筹资与债券筹资以及普通股筹资与优先股筹资的每股利润无差别点的息税前利润；

（2）假设扩大业务后的息税前利润为300万元，确定公司应当采用的筹资方式（不考虑风险）。

4.4

专题五　短期经营决策

思政园地

短期经营决策考虑的重点是成本-收入-利润的关系，这也从侧面反映了当国家并施行一项经济政策时，会考虑施行政策需要付出的代价及获得的收益，并从服务社会、服务群众的角度出发，尽可能把代价降低，同时，尽可能把收益提高。

粤港澳大湾区作为我国重要的湾区经济，成为了一个强大的辐射动力器，产生了很强的经济放大效应。企业在经营活动过程中，如何正确进行决策，将是一个至关重要的问题，会对企业的发展产生重大影响。

话题1　短期经营决策的方法

短期经营决策是指通常只涉及一年以内的一次性专门业务，并仅对该时期内的收支盈亏产生影响而进行的决策，一般不涉及新的固定资产投资。短期经营决策主要有生产决策与定价决策。短期经营决策的方法主要有以下几种：

一、比较分析法

比较分析法是指根据具体情况和决策内容将不同方案的成本、利润或贡献毛益加以比较，选出最优方案的方法。比较法比较直观，容易掌握。

情形1：大湾区某小型企业生产甲、乙两种产品，有关收入、成本资料见表5-1：

表5-1　两种产品相关资料表

产品	甲	乙
销售价格（元/件）	10	12
产销量（件）	1 500	2 000
单位变动成本（元/件）	4	8
固定成本（元）	3 000	3 000

【小思考5-1】该企业是选择生产甲产品还是乙产品？

提示：固定成本3 000元对于两个方案来说都存在，所以固定成本是非相关成本，不予考虑。比较两种产品的贡献毛益：

甲产品的贡献毛益=1 500×（10-4）=9 000（元）

乙产品的贡献毛益=2 000×（12-8）=8 000（元）

因为甲产品的贡献毛益大于乙产品的贡献毛益，所以选择生产甲产品。

二、差量分析法

差量分析法是指通过计算备选方案的差量收入、差量成本，进而计算差量利润的一种方法。

差量收入=收入$_1$-收入$_2$

差量成本=成本$_1$-成本$_2$

差量利润=差量收入-差量成本

当差量利润>0时，选择前一个方案；当差量利润<0时，选择后一个方案；当差量利润=0时，表明两个方案利润相等。

情形2：沿用前面情形1的资料，采用差量分析法来进行择优选择。

分析：计算甲与乙两种产品的差量利润：

差量收入=10×1 500-12×2000=-9 000（元）

差量成本=1 500×4-2 000×8=-10 000（元）

差量利润=差量收入-差量成本=-9 000-（-10 000）=1 000（元）>0

所以选择生产甲产品。

三、贡献毛益分析法

贡献毛益分析法是指在成本性态分析的基础上，通过比较各备选方案的贡献毛益的大小来确定最优方案的分析方法。

因为固定成本的总额在相关范围内并不随业务量的变动而变动，而利润等于贡献毛益减去固定成本，因此贡献毛益越大，利润总额越大，即贡献毛益的大小反映了备选方案对企业利润目标所做贡献的大小。

情形3：沿用情形1的资料，请思考下列问题

（1）假设生产甲、乙产品均不需要增加专属固定成本，企业应优先选择生产哪种产品？

分析：对于没有追加专属固定成本的情形，可以通过比较贡献毛益总额的大小来进行择优选择，此部分分析跟前面比较法分析的过程一样。

甲产品的贡献毛益总额=1 500×（10-4）=9 000（元）

乙产品的贡献毛益总额=2 000×（12-8）=8 000（元）

因为甲产品的贡献毛益总额比乙产品的贡献毛益总额大，所以应该优先选择生产甲产品。

（2）假设生产甲产品需要追加专属固定成本2 000元，生产乙产品不需要追加专属固定成本，企业该怎么进行选择？

分析：对于追加专属固定成本的情形，可以通过比较剩余贡献毛益的大小来进行择优选择。

剩余贡献毛益=贡献毛益总额-专属固定成本，则：

甲产品的剩余贡献毛益=1 500×（10-4）-2 000=7 000（元）

乙产品的剩余贡献毛益=2 000×（12-8）=8 000（元）

因为乙产品的剩余贡献毛益比甲产品的剩余贡献毛益大，所以应该优先选择生产乙产品。

（3）假设企业剩余的生产能力有限，生产一件甲产品需要2小时，生产一件乙产品需要1小时。企业产品生产相关资料见表5-2，在资源优先的情况下，企业应该怎么进行选择？

表5-2 **产品资料表**

项目	甲	乙
销售价格（元/件）	10	12
单位变动成本（元/件）	4	8
生产单位产品的时间（小时）	2	1
固定成本（元）	3 000	3 000

分析：在资源有限，又不追加专属固定成本的情况下，可以通过比较单位资源所提供的贡献毛益的大小来进行择优选择。

单位资源所提供的贡献毛益=单位贡献毛益÷单位产品资源耗用量

甲产品单位工时所提供的贡献毛益=（10-4）÷2=3（元/件·小时）

乙产品单位工时所提供的贡献毛益=（12-8）÷1=4（元/件·小时）

因为乙产品单位工时所提供的贡献毛益比甲产品单位工时所提供的贡献毛益大，应该优选选择生产乙产品。

根据以上例子可知，可以采用贡献毛益分析法来进行此种类型的决策。

【小思考5-2】企业能不能直接通过比较单位贡献毛益来进行择优选择？

提示：不能通过比较单位贡献毛益来进行择优选择，因为单位贡献毛益大的产品不一定贡献毛益总额就大，如情形3中的第三问，甲产品的单位贡献毛益比乙产品的单位贡献毛益大，但择优选择的时候选择的是乙产品。

四、临界成本分析法

临界成本分析法又称成本无差别点法，该方法是指在成本性态分析的基础上，通过确定成本无差别点来进行择优选择的一种方法。成本无差别点是指两个方案成本相等时的业务量，当业务量高于或低于成本无差别点时，不同方案具有不同的业务量优势区域。该方法主要适用于需求量不确定的情况。

该方法具体程序为：

设x为成本无差别点业务量；

a_1，a_2为方案1、方案2的固定成本；

b_1，b_2为方案2、方案2的单位变动成本；

y_1，y_2为方案1、方案2的总成本。

则：$y_1=a_1+b_1x$

$y_2=a_2+b_2x$

根据成本无差别点的含义，令：$y_1=y_2$

即：$a_1+b_1x=a_2+b_2x$

求得：$x=(a_1-a_2)\div(b_2-b_1)$

临界成本分析法通常与图示法结合起来使用。图示法是指根据决策内容，通过制图进行决策分析的方法，又称图解法，适用于各因素函数关系能够确定的决策分析。图解法具体如图5-1所示：

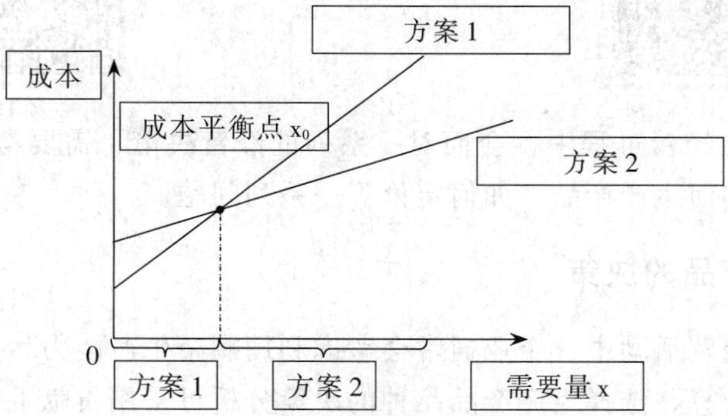

图5-1 图解法示意图

这时，整个业务量被分割为两个区域：$0\sim x_0$及$x_0\sim$无穷大。其中，x_0为成本无差别点，当业务量不等于x_0时，可依两方案成本的大小，选出最优方案。

当$x\leqslant x_0$时，选择方案1；当$x\geqslant x_0$时，选择方案2。

情形4：假设大湾区某小型企业，采用人工生产产品，每月会发生固定成本4 000元，单位变动成本为4元/件。现在该企业打算买进一台设备进行生产，每月将产生折旧费7 000元，单位变动成本为2元/件，问该企业应该选择人工生产还是购买设备生产？

分析：假设产品的需要量为x。

人工生产的成本=4 000+4x

采用设备生产的成本=7 000+2x

成本平衡点x_0=1 500件

图解法具体如图5-2所示：

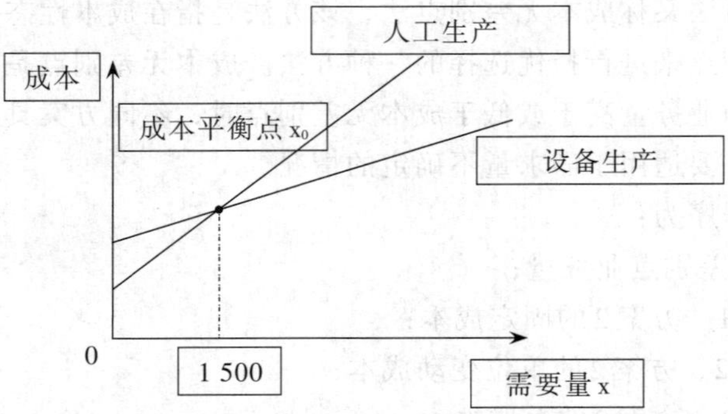

图5-2 图解法示意图

由图5-2可知：

当$x\geqslant$1 500件时，选择购买设备生产。

当$x\leqslant$1 500件时，选择人工生产。

话题2 短期经营决策实务

小视频14

小视频15

大湾区企业在经营过程中，会面对一系列的经营决策，需要考虑是否生产产品、生产何种产品、如何生产产品、如何定价等一系列问题。

一、生产何种产品的决策

在现实生产经营活动中，企业通常会考虑利用剩余生产能力生产现有产品中的哪一种类产品比较合算，选择生产产品品种的决策分析可采用贡献毛益分析法，通过计算贡献毛益，选择贡献毛益最大的产品，从而选择获利最大的产品进行生产。

情形1：大湾区某企业生产甲、乙两种产品，甲产品的单价为15元/件，乙产品的单价为28元/件，甲产品单位变动成本为6元/件，乙产品的单位变动成本为12元/件。

（1）假设现有的生产能力可以生产甲产品1 000件，生产乙产品500件，生产甲产品、乙产品不需要追加专属固定成本，问该企业是应该优先生产甲产品还是乙产品？

（2）假设现有的生产能力可以生产甲产品1 000件，生产乙产品500件，生产甲产品、乙产品分别需要追加专属固定成本3 000元、1 000元，问该企业是应该优先生产甲产品还是乙产品？

（3）假设剩余的生产能力有限，生产一件甲产品需要3小时，生产一件乙产品需要8小时，问该企业是应该优先生产甲产品还是乙产品？

分析：（1）对于没有追加专属固定成本的情形，可以通过比较贡献毛益总额的大小来进行择优选择。

贡献毛益总额=销售量×（单价-单位变动成本）

甲产品的贡献毛益总额=1 000×（15-6）=9 000（元）

乙产品的贡献毛益总额=500×（28-12）=8 000（元）

因为甲产品的贡献毛益总额比乙产品的贡献毛益总额大，所以应该优先选择甲产品。

（2）对于追加专属固定成本的情形，可以通过比较剩余贡献毛益大小来进行择优选择。

剩余贡献毛益=贡献毛益总额-专属固定成本

甲产品的剩余贡献毛益=1 000×（15-6）-3 000=6 000（元）

乙产品的剩余贡献毛益=500×（28-12）-1 000=7 000（元）

因为乙产品的剩余贡献毛益比甲产品的剩余贡献毛益大，所以应该优先选择乙产品。

（3）在资源有限，又不追加专属固定成本的情况下，可以通过比较单位资源所提供的贡献毛益的大小来进行择优选择。

单位资源所提供的贡献毛益=单位贡献毛益÷单位产品资源耗用量

甲产品单位工时所提供的贡献毛益=（15-6）÷3=3（元/小时）

乙产品单位工时所提供的贡献毛益=（28-12）÷8=2（元/小时）

因为甲产品单位工时所提供的贡献毛益比乙产品大，所以应该优先选择甲产品来进行生产。

【小思考5-3】

如果生产一种产品是亏损的，那么企业有没有生产这种产品的必要？

提示：亏损产品是否停产的理论。

二、亏损产品是否停产的决策

情形2：大湾区某公司生产甲、乙、丙三种产品，其中丙产品是亏损产品，有关资料见表5-3。

表5-3　**三种产品的相关资料**　单位：元

项目	甲	乙	丙
销售收入	50 000	30 000	30 000
减：变动成本	35 000	12 000	23 000
贡献毛益	15 000	18 000	7 000
减：固定成本	7 000	5 000	8 000
利润	8 000	13 000	-1 000

亏损产品停产后，闲置的生产能力不能用于其他方面，请问丙产品是否应当停产?

分析一：由以上资料可知，丙产品是亏损的，其产生的利润是-1 000元，从表面上看，生产该产品不能给企业产生额外的利润，那是否还要进行生产，来看下面的分析：

方案一，如果不生产丙产品，那么企业只生产甲、乙产品；

方案二，如果生产丙产品，那么企业生产甲、乙、丙三种产品。

将这两个方案的收益来进行对比分析：

无论是否生产丙产品，固定成本始终都会发生，都是非相关成本，可以不予考虑，这样，只有变动成本才是相关产品，所以我们只需要比较两个方案的贡献毛益即可（见表5-4）：

表5-4　**两种选择导致的贡献毛益变动**　单位：元

项目	丙不停产	丙停产
销售收入	110 000	80 000
减：变动成本	70 000	47 000
贡献毛益	40 000	33 000

由以上分析可知，丙不停产，得到的贡献毛益大于丙停产的方案，两者的贡献毛益相差7 000元，而这7 000元，正好就是丙产品的贡献毛益，所以应该继续生产丙产品。

分析二：从另一个角度分析，丙负担的固定成本8 000元为非相关成本，这样，相关成本只有变动成本，生产丙将获得贡献毛益7 000元；如果停产，固定成本不会因停产而改变，只能转由其他产品负担，所以不应停产。

【小思考5-4】

如果丙产品的贡献毛益小于0，那么企业是否应该继续生产?

提示：当贡献毛益小于0时，证明投资就会发生亏损，应该停产。

当剩余生产能力可以转移时，如剩余的生产能力可以对外出租或转产其他产品时，该如何选择?

情形3：在情形2的基础上，如果停产丙产品，剩余的生产能力可以对外出租，租金收入为9 000元，那么企业是应该生产丙产品，还是应该停产丙产品而将剩余的生产能力对外出租？

分析：企业是选择继续生产丙产品还是选择停产丙产品而将剩余的生产能力对外出租，取决于两个方案所带来的收益，哪个大一些就选择哪一个方案。对外出租，租金收入为9 000元，而继续生产丙产品，其所能提供的贡献毛益为7 000元，小于对外出租所产生的租金收入，所以应该对外出租。

由此，得到结论：当剩余生产能力可以转移时，应该比较转移所带来的收益与亏损产品所提供的贡献毛益总额的大小。

当剩余生产能力可以转移时，应该比较转移所带来的收益与亏损产品所提供的贡献毛益总额的大小。

三、零部件自制与购买决策分析

企业在生产过程中所需的一些零部件，可以通过自制或者外购来获得。如果自制和购买的零部件的质量都符合标准，并且供应及时，那么到底是自制还是外购，则需要对两者的成本进行比较后才能做出决策。

对于零部件是自制还是外购，属于“互斥型方案”，在对成本进行考虑时，由于原有的固定成本属于非相关成本，所以不需要考虑，只需要考虑相关成本即可。

1.零部件购买，但不减少固定成本

如果对外购买零部件，企业原有的剩余生产能力不能转移，即不能加以利用；而自制也不需要添加专属设备，即不会增加专属成本。此时，原有的固定成本就属于非相关成本，只需要比较自制的单位变动成本与外购的单价即可。

情形4：大湾区某公司每年需要零部件5 000件，如果购买，购买单价为32元/件，如果以现有的生产能力生产，则零部件的单位变动成本为30元/件，固定成本总额为150 000元，则该厂的零部件是自制还是外购？

分析：对于自制与外购两个方案来说，固定成本是共同发生的成本，因而是非相关成本，可以不予考虑，只需考虑它们的单位变动成本与买价即可。

外购单价为32元/件，自制单位变动成本为30元/件，小于外购单价，因此应该自制。

2.零部件自制，但需增加专属固定成本

如果零部件自制，那么需要增加一笔专属的固定成本，而外购，则没有这笔专属的固定成本，即自制的相关成本为变动成本加上专属的固定成本，外购的相关成本仍然为买价。如果自制增加的成本大于购买增加的成本，那么选择购买，反之选择自制。

情形5：接情形4，如果自制需要追加专属固定成本12 000元，那么此时应该外购还是自制？

分析：采用比较法来进行选择：

自制增加的成本=5 000×30+12 000=162 000（元）

外购增加的成本=5 000×32=160 000（元）

外购需要增加的成本小于自制需要增加的成本，因此应该选择外购。

如果需要量是不确定的，那么此时可以选择临界成本法。

情形6：大湾区某公司每年需要零部件，如果购买，那么购买单价为32元/件；如果以现有的生产能力生产，那么零部件的单位变动成本为30元/件，需要追加专属的固定成本为12 000元，则该厂的零部件是自制还是外购？

分析：

设x为零件的年需要量，则：

自制增加的成本=12 000+30x

购买增加的成本=32x

12 000+30x=32x

成本平衡点x=6 000件

图解法具体如图5-3所示。

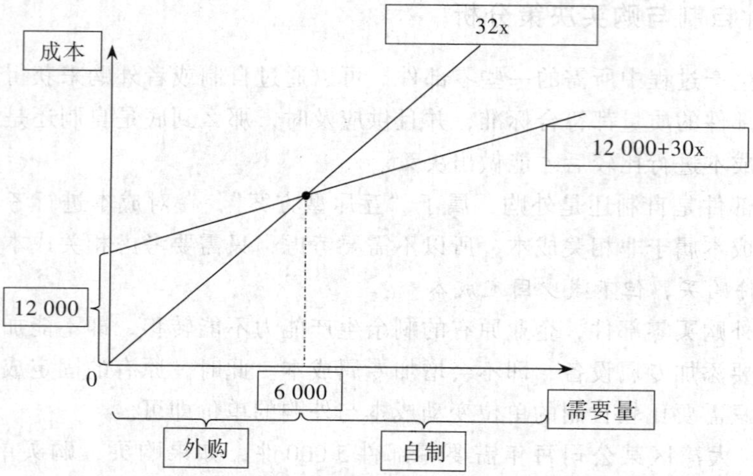

图5-3　购买与自制成本无差别点示意图

由图5-3可知，当0<x<6 000件时，选择外购；

当x=6 000件时，自制与外购均可；

当x>6 000件时，选择自制。

3.购买零部件，闲置的设备或生产能力可以转移，有其他收入

情形7：大湾区某公司每年需要零部件，如果购买，那么购买单价为32元/件，剩余的生产能力可以对外出租，租金为4 000元；如果以现有的生产能力生产，那么零部件的单位变动成本为30元/件，需要追加专属的固定成本12 000元，则该厂的零部件是自制还是外购？

分析：如果购买，那么以剩余的生产能力对外出租的租金作为自制的机会成本。设x为零件的年需要量，则：

自制增加的成本=12 000+4 000+30x

购买增加的成本=32x

16 000+30x=32x

成本平衡点x=8 000件

由上图可知，当0<x<8 000件时，选择外购；

当x=8 000件时，自制与外购均可；

当x>8 000件时，选择自制。

图解法具体如图5-4所示。

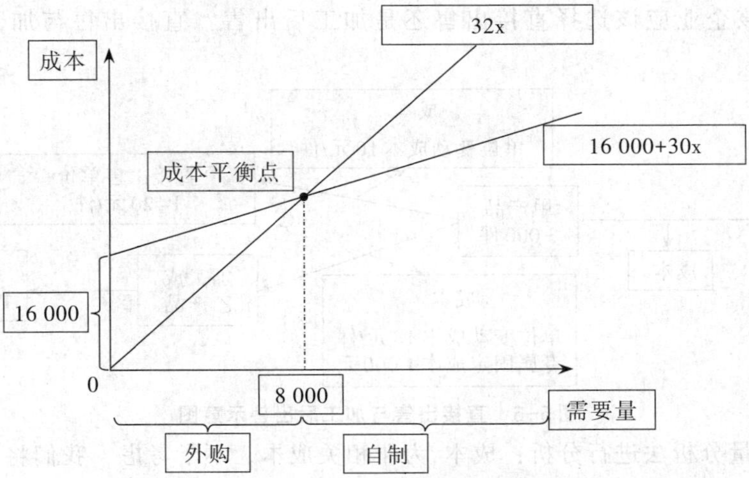

图5-4　购买与自制成本无差别点示意图

四、半成品、联产品是否进一步加工的决策

产品的生产一般有多道工序，其中有的工序产生的半产品可直接对外出售，这时候就存在一个决策问题，是直接出售半成品还是加工成产成品再对外出售。

还有许多企业，在同一生产过程中，可以生产出多种经济价值较高的产品——联产品。例如，原油在提炼的过程中会提炼出各种等级的汽油、煤油等产品，这些产品既可以作为商品直接出售，又可以进一步加工出售。

对这类问题，属于半成品、联产品是否进一步加工决策分析的内容。在该决策分析中，不论是半成品还是联产品，进一步加工前的成本均是非相关成本，所以只需要考虑进一步加工后增加的收入是否超过增加的成本，如果前者大于后者，那么应该进一步加工；反之，应该作为半成品出售。其决策分析可以采用差量分析法来进行，其原理和基本程序如图5-5所示。

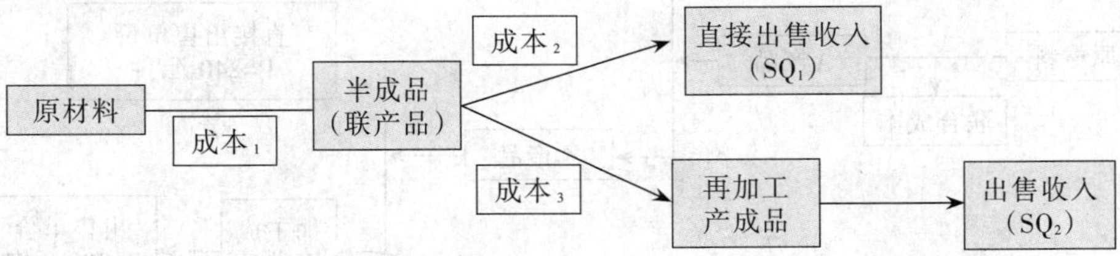

差量收入=收入（SQ_2）-收入（SQ_1）

差量成本=成本$_3$-成本$_2$

差量利润=差量收入-差量成本

当利润>0时，进一步加工；反之，直接出售。

图5-5　差量分析原理及基本过程

1.半产品的出售或进一步加工的选择

情形8：大湾区某企业每年生产、销售甲产品3 000件，每件单位变动成本为10元/件，每件固定成本为2元/件，售价为20元/件，如果进一步加工成乙产品，售价可提高到30元/件，但单位变动成本需增加至18元/件，另外需要追加专属固定成本1 000元。该企业应该选择直接出售还是加工后出售？直接出售与加工后出售如图5-6所示。

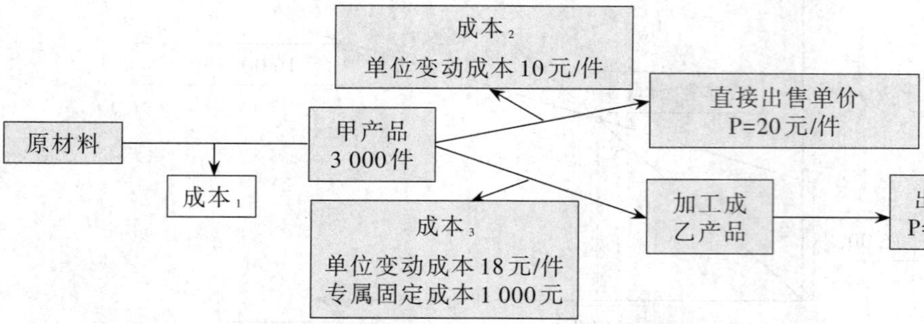

图5-6　直接出售与加工后出售示意图

采用差量分析法进行分析：成本$_1$为非相关成本，不予考虑，我们将加工出售与直接出售进行比较，计算它们之间的差量。

差量收入=3 000×30-3 000×20=30 000（元）

差量成本=3 000×18+1 000-3 000×10=25 000（元）

差量利润=差量收入-差量成本=30 000-25 000=5 000（元）>0

根据以上分析，应该选择加工出售。

2.联产品是否进一步加工

情形9：大湾区某企业生产的A产品在继续加工过程中，可分离出甲、乙两种联产品，A产品售价为200元/件，单位变动成本为150元/件，甲产品分离后即予以销售，单位售价为150元/件；乙产品单位售价为240元/件，乙产品可进一步加工成丙产品出售，丙产品售价为300元/件，需要追加单位变动成本40元/件，问乙产品是否需要进一步加工成丙产品出售。联产品是否深加工如图5-7所示。

分析：

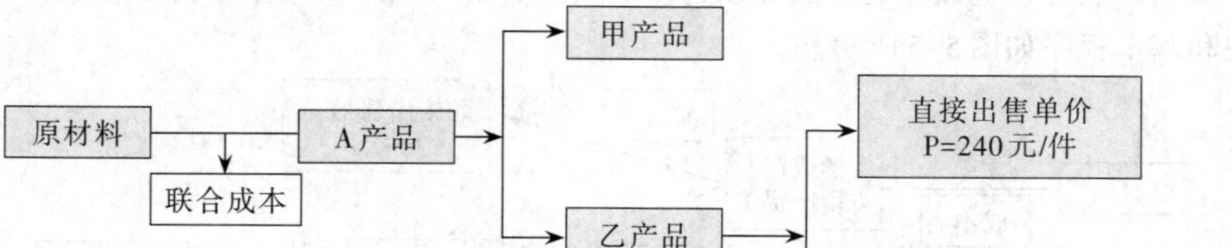

图5-7　联产品是否深加工示意图

由图5-7可知，联合成本为非相关成本：

差量收入=300-240=60（元）

差量成本=40元

差量利润=差量收入-差量成本=60-40=20（元）>0

根据以上分析，应选择加工出售。

五、是否接受某一特殊订单的决策

企业在满足了正常渠道的销售需要后，生产能力还有剩余，此时遇到一些出价较低的订货，要考虑能否接受。这种特殊条件下的订货就称为特殊订单。是否接受这一特殊订单，可根据实际情况的不同有所区别。

1.利用暂时闲置的生产能力而不减少正常销售，且不追加专属成本，剩余生产能力也无法转移

情形10：大湾区某小型制造企业只生产甲产品，生产能力为300件，正常的销量为200件，固定成本为6 000元，单位变动成本为30元/件，正常售价为75元/件，现有某顾客想订货80件，但其出价仅为50元/件，是否应该接受该特殊订单。

解析：剩余的生产能力为100件，而特殊订单为80件，没有超过剩余的生产能力。

无论是否接受这项特殊订单，固定成本6 000元都会发生，所以对于接受与否，可以不考虑该项成本。表5-5分析给出了两种选择的营业利润分析。

表5-5 **两种选择的营业利润分析** 单位：元

项目	正常销售（200件）	接受特殊订单
销售收入	15 000	19 000
变动成本	6 000	8 400
贡献毛益	9 000	10 600
固定成本	6 000	6 000
营业利润	3 000	4 600

由表5-5可知，接受特殊订单后，营业利润比正常销售时的利润多1 600元，所以应该接受特殊订单，这1 600元正好是特殊订单80件所提供的贡献毛益，即80×（50-30）=1 600（元）。

从另一个角度分析，决策分析示意图如图5-8所示。

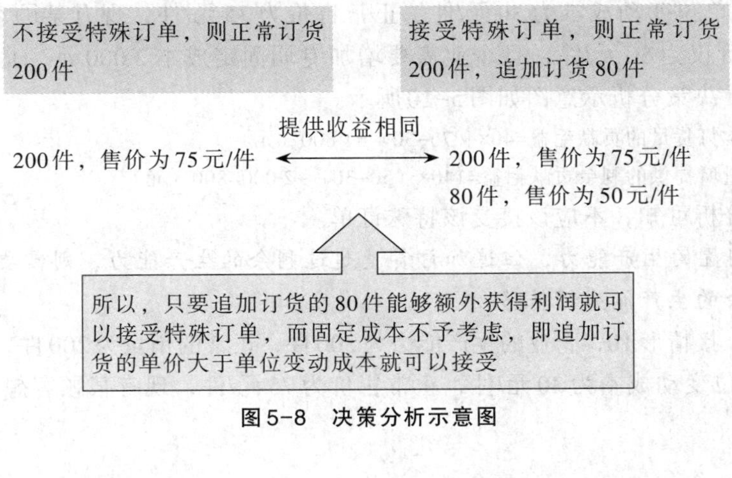

图5-8 决策分析示意图

由图5-8可知，在此种情况下，只要追加订货的单价大于单位变动成本则应该接受此特殊订单。

2.利用闲置的生产能力，但追加订货量超过剩余的生产能力，则需要减少正常订货量

情形11：接情形10，企业的生产能力为300件，正常的销量为200件，固定成本为6 000元，单位变动成本为30元/件，正常售价为75元/件，现有某顾客想订货140件，但其出价仅为50元/件，是否应该接受该特殊订单？决策分析示意图如图5-9所示。

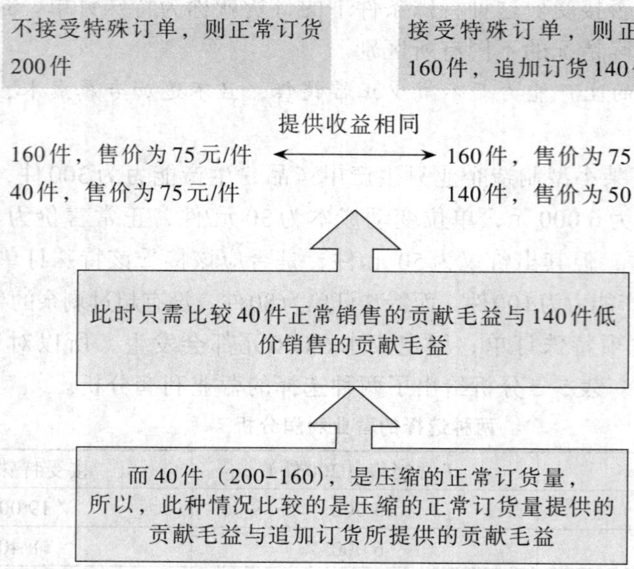

图5-9 决策分析示意图

压缩的正常订货量的贡献毛益=40×（75-30）=1 800（元）

追加订货量所提供的贡献毛益=140×（50-30）=2 800（元）

由以上分析可知，应该接受该特殊订单。

3.利用闲置的生产能力，但追加订货量超过剩余的生产能力，则需要减少正常订货量，且需要追加专属固定成本

情形12：接情形10，企业的生产能力为300件，正常的销量为200件，固定成本为6 000元，单位变动成本为30元/件，正常售价为75元/件，现有某顾客想订货140件，但其出价仅为50元/件，且企业需要增加专属固定成本2 000元，是否应该接受该特殊订单？决策分析示意图如图5-10所示。

压缩的正常订货量的贡献毛益=40×（75-30）=1 800（元）

追加订货量所提供的剩余贡献毛益=140×（50-30）-2 000=800（元）

由以上分析可知，不应该接受该特殊订单。

4.利用闲置的生产能力，但追加订货量超过剩余的生产能力，则需要减少正常订货量，且剩余的生产能力可转移

情形13：接情形10，企业的生产能力为300件，正常的销量为200件，固定成本为6 000元，单位变动成本为30元/件，正常售价为75元/件，现有某顾客想订货140件，

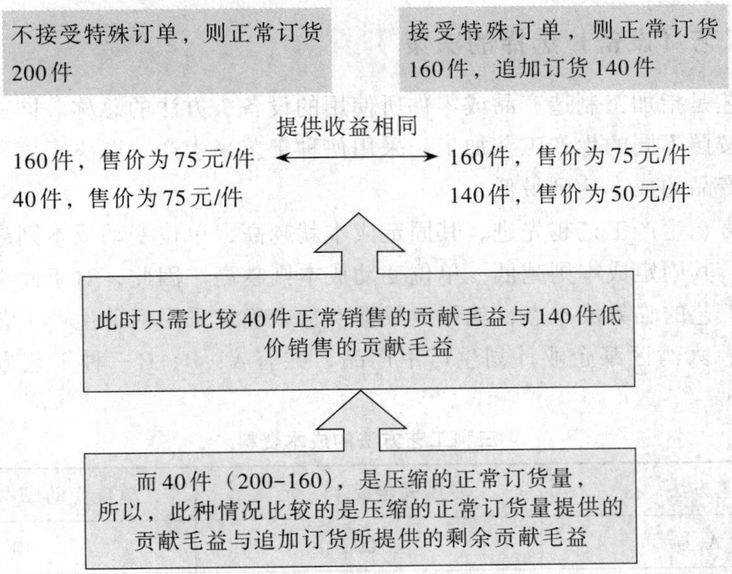

图5-10　决策分析示意图

但其出价仅为50元/件，且企业剩余生产能力可以对外出租，租金收入为1 500元，是否应该接受该特殊订单？

此种情况下的租金收入可以视为接受特殊订单的机会成本。决策分析示意图如图5-11所示。

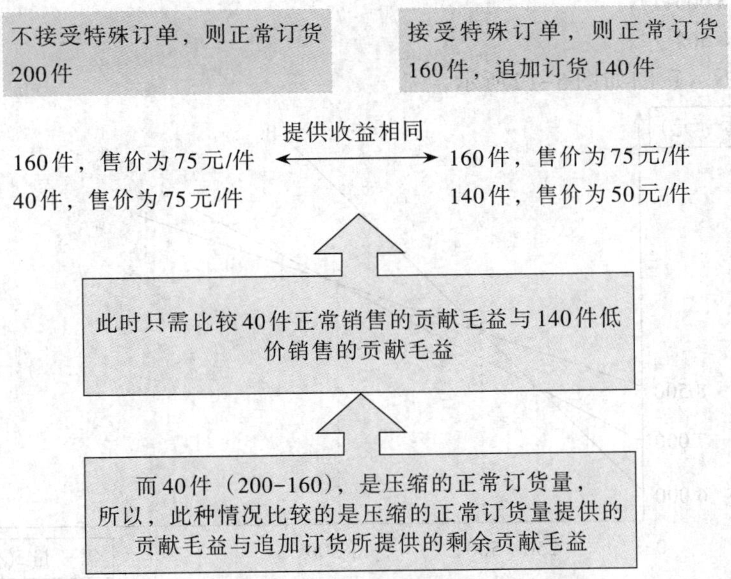

图5-11　决策分析示意图

压缩的正常订货量的贡献毛益=40×（75-30）=1 800（元）

追加订货量所提供的剩余贡献毛益=140×（50-30）-1 500=1 300（元）

由以上分析可知，不应该接受该特殊订单。

六、生产工艺（设备）选择的决策

生产工艺是指加工制造产品或零件所使用的设备、方法的总称。同一种产品或零件往往可以按照不同的生产工艺加工，采用何种工艺来生产，取决于该种工艺是否能够使生产该产品的成本达到最低。

一般而言，生产工艺越先进，其固定成本就越高，单位变动成本则越低；而生产工艺越落后，其固定成本则越低，单位变动成本则越高。因此，对于此类决策，只需要确定不同工艺的临界成本点，就可以根据产量来确定采用何种生产工艺最有利。

情形14：大湾区某企业计划生产甲产品，共有A、B、C三种工艺方法，其成本资料见表5-6。

表5-6　　三种工艺方法的成本资料

工艺方法	专属固定成本（元）	单位变动成本（元/件）
A	7 000	13
B	6 000	17
C	8 500	12

分析：

A的成本=7 000+13x

B的成本=6 000+17x

C的成本=8 500+12x

成本分析示意图如图5-12所示。

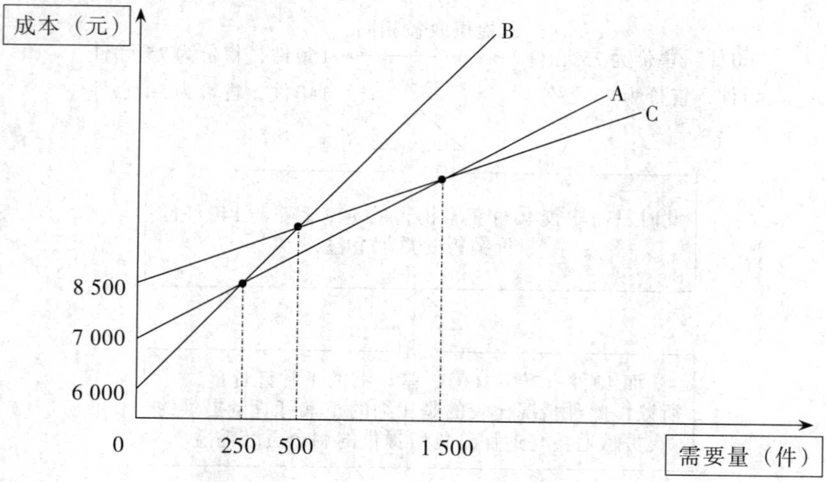

图5-12　成本分析示意图

由上图可知：

AB的成本无差别点为250件；AC的成本无差别点为1 500件；BC的成本无差别点为500件。

整个需要量区域被划为4个区域：0～250件；250～500件；500～1 500件及

1 500件以上四个区域，从上图可以得到：

当$0<x\leq 250$件时，选择B方案；

当$250\leq x\leq 1\,500$件时，选择A方案；

当$x\geq 1\,500$件时，选择C方案。

话题3　定价决策

企业盈利水平的高低与商品价格制定是否合理有很大的关系，因为商品的成本、价格、利润这三者之间是相互依存，息息相关的，价格的高低对商品的供求关系影响较大。价格制定是否合理，对企业的利润影响较大，直接会影响企业的生存和发展。

小视频16

定价决策的方法主要有：全部成本定价法、边际成本定价法。

一、全部成本定价法

全部成本定价法是指按照产品的全部成本（包括生产成本和期间费用）增加一定比例的利润作为产品销售价格的一种方法，又称完全成本定价法。

单价=（全部成本+目标利润）÷产品产量 =单位全部成本×（1+成本利润率）

成本利润率是企业实现利润占全部成本的比率，成本利润率一般根据企业的目标利润来定。

情形1：大湾区某企业生产甲产品，其成本资料如下，单位变动成本为25元/件，固定成本总额为300 000元，假设该产品的成本利润率为10%，则当全部产量分别为10 000件，20 000件，30 000件时的销售价格分别为多少？

具体分析见表5-7。

表5-7　三种产量的销售单价分析　单位：元/件

产量	10 000件	20 000件	30 000件
单位变动成本	25	25	25
单位固定成本	30	15	10
单位全部成本	55	40	35
利润加成	5.5	4	3.5
单价	60.5	44	38.5

计算结果表明，当甲产品的产量分别为10 000件，20 000件，30 000件时，其销售单价分别为60.5元/件，44元/件，38.5元/件。

二、边际成本定价法

边际成本是指每增加一个单位产品销售所增加的总成本；边际收入是指每增加一个单位产品销售所增加的总收入。边际成本定价法是指将某产品的边际成本等于（趋近于）边际收入时的价格作为该产品销售价格的一种定价方法。

其原理是：当边际成本等于（或趋近于）边际收入时，即边际利润等于0时，利润达到最大值。

边际成本定价法分两种情况：

1.如果收入与成本的模型是连续函数，那么边际成本、边际收入的计算都用求导的方式计算

情形2：大湾区某企业预计生产甲产品1 000件，总成本Y与销售量x之间的函数关系为$Y=0.005x^2+6x+300$。则该公司的最优售价为多少？

分析：设售价为p，销售收入=px，则：

边际收入=p

边际成本=0.01x+6

当边际收入=边际成本时，利润最大。

令：p=0.01x+6

当x=1 000件时，p=16元/件。

2.如果收入与成本的模型是离散函数，那么采用原始定义通过编制表格逐步寻求边际利润=0的点

情形3：大湾区某企业销售甲产品，固定成本为5 000元，单位变动成本为8元/件，通过产品市场预测分析，取得的相关资料见表5-8。

表5-8 不同价格水平的相关资料

价格（元/件）	100	95	90	85	80	75	70	65	60	55
销售量（件）	150	175	200	225	250	275	300	325	350	375
销售收入（元）	15 000	16 625	18 000	19 125	20 000	20 625	21 000	21 125	21 000	20 625

根据上述资料进行整理，得到的数据见表5-9：

表5-9 相关分析计算表 金额单位：元

销售量（件）	价格（元/件）	销售收入	边际收入	总成本	边际成本	边际利润	利润
150	100	15 000	—	6 200	—		8 800
175	95	16 625	1 625	6 400	200	1 425	10 225
200	90	18 000	1 375	6 600	200	1 175	11 400
225	85	19 125	1 125	6 800	200	925	12 325
250	80	20 000	875	7 000	200	675	13 000
275	75	20 625	625	7 200	200	425	13 425
300	70	21 000	375	7 400	200	175	13 600
325	65	21 125	125	7 600	200	−75	13 525
350	60	21 000	−125	7 800	200	−325	13 200
375	55	20 625	−375	8 000	200	−575	12 625

从以上计算结果可以看出：随着销售量的不断增加，边际利润不断降低，当利润总额不断增加，边际利润为负数时，企业的利润总额开始降低，因此，本例的最高价格应该在65～70元/件，如果将300～325件之间的销售量进一步进行细分，即可确定最优价格。具体计算过程见表5-10：

表5-10　**相关分析计算表**　金额单位：元

销售量（件）	价格（元/件）	销售收入	边际收入	总成本	边际成本	边际利润	利润
300	70	21 000	—	7 400	—	—	13 600
305	69	21 045	45	7 440	40	5	13 605
310	68	21 080	35	7 480	40	−5	13 600
315	67	21 105	25	7 520	40	−15	13 585
320	66	21 120	15	7 560	40	−25	13 560
325	65	21 125	5	7 600	40	−35	13 525

从以上计算结果可以看出：当销售量为305件，价格为69元/件时，边际收入最接近边际成本，此时的利润最大，为13 605元。所以，甲产品的最优售价为69元/件。

专题总结：

本专题重点讲述短期经营决策及定价决策相关实务，要求学习者从投入–产出的角度分析某项决策的盈亏情况，进而决定是否实行该项决策，各种决策相对独立，彼此间相互影响小，周期短，因此不需要考虑货币折现方面的问题。

专题练习

一、单项选择题

1.在不存在专属成本的情况下，通过比较不同方案的（　　）来进行择优决策。

A.边际贡献总额　　B.剩余边际贡献总额

C.单位边际贡献　　D.单位剩余边际贡献

2.当利润实现最大化时，边际成本与边际收入的关系是（　　）。

A.边际收入大于边际成本　　B.边际收入小于边际成本

C.边际收入等于边际成本　　D.边际收入与边际成本无关

3.在确定型决策中，当需要量不确定的时候一般采取的方法是（　　）。

A.差量分析法　　B.大中取大法

C.概率分析法　　D.临界成本法

4.某公司只生产一种产品，其正常售价为20元/件，单位变动成本为10元/件，单位固定成本为8元/件，现有一批2 000件该产品的追加订货，其专属固定成本为4 000元，则接受该批订货的最低价格为（　　）元/件。

A.10　　B.18　　C.12　　D.20

5.某产品的单位成本为：直接材料12元/件，直接人工16元/件，变动制造费用10元/件，固定制造费用14元/件。在完全成本法下，成本加成率为10%，该产品的单位售价应定为（　　）元/件。

A.41.8　　B.57.2　　C.98.8　　D.76

6.设某企业需要甲零件，若外购为10元/件，若自制，则单位变动成本为6元/件，且需要为此每年追加10 000元的专属成本，则外购与自制成本相同时的产量是（　　）件。

A.2 500　　B.3 000　　C.2 000　　D.1 800

7.某一企业用剩余生产能力生产甲、乙、丙三种产品，它们的单位贡献毛益分别是200元/件、180元/件和160元/件，生产一件产品所需要的机器小时分别是4小时、3小时和2小时，则应增产哪一种产品（　　）。

A.甲　　B.乙　　C.丙　　D.难以确定

8.在短期经营决策中，企业不接受特殊订单的原因是买方出价低于（　　）。

A.正常价格　　B.单位产品成本　　C.单位变动成本　　D.单位固定成本

9.在产销平衡的情况下，一个企业同时生产多种产品，其中一种单位贡献毛益为正的产品最终变为亏损产品，其根本原因在于（　　）。

A.该产品分担的固定成本相对较高

B.该产品总成本太高

C.该产品存在严重积压

D.该产品销量太小

10.在有关产品是否进行深加工决策中，深加工前的半产品成本属于（　　）。

A.估算成本

B.重置成本

C.机会成本

D.非相关成本

5.1

二、多项选择题

1.用贡献毛益法进行决策分析时，必须以（　　）判断备选方案的优劣。

A.贡献毛益总额

B.单位资源贡献毛益

C.单位贡献毛益

D.剩余贡献毛益

2.当企业的剩余生产能力无法转移时，亏损产品不应停产的条件有（　　）。

A.该亏损产品的变动成本率大于1

B.该亏损产品的变动成本率小于1

C.该亏损产品的贡献毛益大于零

D.该亏损产品的单位贡献毛益大于零

3.在对亏损产品进行变动成本分析之后，可以作出（　　）的选择。

A.停产　　B.继续生产　　C.转产　　D.出租

4.完全成本定价法中的成本包括（　　）。

A.变动性生产成本　　B.固定性制造费用

C.期间成本　　D.只包括生产成本

5.在半成品进一步深加工决策中，差量成本的构成项目有（　　）。

A.原有生产能力的维持成本

B.新增专属固定成本

C.半成品自制成本

D.继续深加工的变动成本

5.2

三、判断题

1.如果一个产品是亏损的，那么这个产品没有生产的必要。（　　）

2.成本无差别点法适用于收入成本型方案。（　　）

3.在收入成本型方案中，可以直接比较单位贡献毛益来进行择优选择。（　　）

4.成本是构成产品价格的基本因素，也是制定价格的最低要求。（　　）

5.差量分析法只适用于两个方案之间的比较。（　　）

5.3

四、计算题

1.某企业计划生产某种产品，经研究，现拟有半机械化、机械化和自动化三种备选方案，有关资料见表5-11：

表5-11 **各种方案成本数据**

工艺方案	固定性工艺成本（元/年）	单位变动性工艺成本（元/台）
半机械化	16 000	60
机械化	36 000	40
自动化	90 000	10

企业应采用哪种工艺方案生产某种产品，使成本总额达到最低？

2. 晓华有限责任公司生产A产品，最大生产能力为21 000台，正常订货量为20 000台，剩余生产能力可对外承揽加工，可得收入10 000元，该产品单价为150元/台，单位变动成本为100元/台，现有一客户以130元/台的单价追加订货4 000台，可压缩正常订货量，但由于该批订货有特殊要求，因此需要晓华有限责任公司投入20 000元购入一台设备。

要求：(1) 该公司是否应该接受这批订货？

(2) 可接受的最低售价应为多少？

5.4

专题六　长期投资决策

思政园地

长期投资决策考虑的重点是净现值、净现值率、现值指数、内含报酬率、年金净流量等系列指标，分析要点是投资项目获得回报的效率，这也从侧面反映了国家或社区在进行一项基础设施建设时，会把项目在未来若干时期的现金流折现到现阶段，并跟现阶段的投资额进行对比，以分析资金回笼的状况及效率，从而判断基础建设的可行性；然而，如果这项建设关系到国计民生，能给人民群众带来巨大的好处，例如投资建医院、学校、公园等，那么就不能仅将相关投资指标作为考虑重点，而更应该考虑其带来的社会福利。

现代企业的经营活动，不仅局限于在现有技术装备和经营条件的范围内，为了适应今后若干年生产经营上的长远需要，企业还必须进行厂房设备的更新、改建、扩建等问题。这类为了在以后若干年获得更多收益而投入大量资金（资本），以增加生产经营能力的经营活动，称为长期投资。企业在长期投资活动中关于资金使用方向和使用效果的决策，就成为长期投资决策。长期投资涉及的资金数额通常较大，并且还具有风险高、周期长、不可逆转等特征。因此，长期投资决策是否正确对企业的生死存亡有着决定性作用。本专题涉及的长期投资主要包括项目投资与证券投资。项目投资是指将资金直接投放于生产经营实体性资产，以形成生产能力，如购买设备，建造厂房等；证券投资是指企业进行金融投资所形成的资产，如购买股票、债券等经济行为。

话题1　项目投资决策的指标

小视频17　　小视频18

项目投资决策分析是通过计算各种指标进行投资效益的评价，评价时常用的指标通常分为两类：静态投资指标与动态投资指标。静态投资指标是指没有考虑货币时间价值因素的指标，主要包括：投资回收期和投资报酬率。动态投资指标是指考虑了货币时间价值因素的指标，主要包括：净现值、现值指数、内含报酬率、年金净流量。

一、静态投资指标

1.投资回收期

投资回收期是指从投资方案实施到收回初始投资所需要的时间，即能够使与该方案相关的累计现金流入量等于累计现金流出量的时间。投资回收期的计算分两种：

（1）当经营期年现金净流量相等时，投资回收期的计算公式：

投资回收期=投资总额÷年现金净流量

（2）当经营期年现金净流量不相等时，先计算逐年累计的现金净流量，投资回收期为累计现金净流量与原始投资额达到相等时所需要的时间。投资回收期越短，收回原始投资额的速度就越快，投资方案在未来时期承担的风险就越低。

情形1：大湾区某企业现有三种方案进行投资，有关数据见表6-1：

表6-1　　三种方案的相关资料表　　单位：万元

时间（年）		0	1	2	3	4	5
A方案	净利润		2 100	2 100	2 100	2 100	2 100
	现金净流量	（10 000）	4 000	4 000	4 000	4 000	4 000
B方案	净利润		1 600	2 000	2 200	2 500	3 000
	现金净流量	（11 000）	2 000	3 000	4 000	5 000	5 000
C方案	净利润		1 800	2 000	2 000	2 800	
	现金净流量	（10 000）	2 000	3 000	5 000	1 000	

A方案每年的现金净流量相同，则：

A方案的投资回收期=10 000÷4 000=2.5（年）

B方案每年的现金净流量不相同，其投资回收期的计算方式见表6-2：

表6-2　**两个方案的投资回收期计算表**　单位：万元

	时间（年）	现金净流量	回收额	未回收额	回收时间
B方案	0	（11 000）			
	1	2 000	2 000	9 000	1
	2	3 000	3 000	6 000	1
	3	4 000	4 000	2 000	1
	4	5 000	5 000	—	0.4
C方案	0	（10 000）			
	1	2 000	2 000	8 000	1
	2	3 000	3 000	5 000	1
	3	5 000	5 000	—	1

从表可6-2中以看出，前3年B方案累计收回：2 000+3 000+4 000=9 000（万元），还剩下2 000万元（11 000-9 000）则在第4年收回，第4年的现金净流量为5 000万元，则：

B方案的投资回收期=3+2 000÷5 000=3.4（年）

C方案的投资回收期为3年。

从该例中可以看出，A方案的投资回收期最短，能最快收回投资；C方案的投资回收期次之；B方案的投资回收期最长。

投资回收期计算简单，容易理解。但是该方法最大的缺陷在于没有考虑货币时间价值；也没有考虑投资回收期以后的现金流量，如B方案和C方案，C方案的投资回收期略短于B方案，但B方案在投资回收期后的现金流量要优于C方案。在实际工作中，长期投资往往看重的是较为丰厚的长久收益，对于这种类型的项目，用投资回收期来进行择优选择，就显得不足。

2.投资报酬率

投资报酬率又称投资利润率或会计利润率，是年平均利润额与投资总额的百分比，其计算公式为：

投资利润率=年平均利润额÷投资总额×100%

根据情形1资料，计算A、B、C三个方案的投资利润率

A方案的投资利润率=2 100÷10 000=21%

B方案的年平均利润=（1 600+2 000+2 200+2 500+3 000）÷5=2 260（万元）

B方案的投资利润率=2 260÷11 000=20.55%

C方案的年平均利润=（1 800+2 000+2 000+2 800）÷4=2 150（万元）

C方案的投资利润率=2 150÷10 000=21.5%

由以上计算可以看出，C方案的投资报酬率最高，A方案次之，B方案的投资报酬率最低。

投资报酬率和投资回收期一样，计算简单、容易掌握，但是其最大的缺点仍然是没有考虑货币时间价值。

二、动态投资指标

1.净现值

净现值（NPV）是指在方案的整个实施运行过程中，所有现金净流入年份的现值之和与所有现金净流出年份的现值之和的差额，其公式为：

$$净现值=\sum_{t=1}^{n}\frac{I_t}{(1+i)^t}-\sum_{t=1}^{n}\frac{O_t}{(1+i)^t}$$

式中，n为项目实施运行的时间（年份），I_t为项目在实施第t年的净现金流入值；O_t为项目在实施第t年的净现金流出值；i为预定的贴现率。

（1）计算净现值的步骤。

第一，计算现金净流量；

第二，求现金净流量的现值；

第三，计算净现值。

（2）净现值的运用标准。

如果净现值大于或等于0，那么表明该项目的投资报酬率大于或等于预定的报酬率，方案是可行的；反之，方案则不可行。

根据前例的资料，设定预定的报酬率为10%，则三个方案的净现值为：

NPV_A=4 000×（P/A，10%，5）-10 000

=4 000×3.7908-10 000

=5 163.2（万元）

NPV_B=2 000×（P/F，10%，1）+3 000×（P/F，10%，2）+4 000×（P/F，10%，3）+5 000×（P/F，10%，4）+5 000×（P/F，10%，5）-11 000

=2 000×0.9091+3 000×0.8264+4 000×0.7513+5 000×0.6830+5 000×0.6209-11 000

=2 822.1（万元）

NPV_C=2 000×（P/F，10%，1）+3 000×（P/F，10%，2）+5 000×（P/F，10%，3）+1 000×（P/F，10%，4）-10 000

=2 000×0.9091+3 000×0.8264+5 000×0.7513+1 000×0.6830-10 000

=-1 263.1（万元）

由以上计算可知，C方案的净现值小于零，说明该方案的报酬率小于预定的报酬率10%，因此应该放弃C方案。A方案与B方案的净现值都大于零，表明两个方案都是可行的。A方案的净现值大于B方案的净现值，但是，两个方案的原始投资额不相同，它们的净现值是不可比的，因此，不能用净现值来衡量两个方案的优劣程度。

（3）净现值法的优缺点。

净现值法的优点主要体现在：一是综合考虑了货币时间价值，能较合理地反映投资项目的真正经济价值；二是考虑了项目计算期内全部的现金净流量，体现了流动性与收益性的统一；三是考虑了投资的风险性。

净现值法的缺点主要是无法直接反映投资项目的实际投资报酬率水平，并且当各项目原始投资额不等时，难以进行择优选择。

2.现值指数（PB）

现值指数又称获利能力指数，是指按照一定贴现率计算的各年现金净流入量的现值和与各年现金净流出量的现值和的比值，其公式为：

$$现值指数=\frac{\sum 各年现金净流入量现值}{\sum 各年现金净流出量现值}=\frac{\sum_{t=1}^{n}\frac{I_t}{(1+i)^t}}{\sum_{t=1}^{n}\frac{O_t}{(1+i)^t}}$$

式中，n，i，I_t和O_t的含义与净现值公式中的相同。

（1）现值指数的运用标准

现值指数（PVI）如果大于或等于1，那么方案可行；反之，方案不可行。当在多个可行的备选方案中择优选择时，现值指数最大的为最优方案。现值指数越大，说明投资效益越高。

根据前例的资料，仍设定预定的报酬率为10%，则三个方案的现值指数为：

现值指数（A）=15 163.2÷10 000=1.5163

现值指数（B）=13 822.1÷11 000=1.2566

现值指数（C）=8 736.9÷10 000=0.8737

A、B两个方案的现值指数均大于1，表明其报酬率已超过预定的贴现率，这两个方案是可行的；C方案的现值指数小于1，则该方案不可行。A方案的现值指数大于B方案，表明A方案优于B方案。

（2）现值指数的优缺点

现值指数的优点与净现值基本相同，一是综合考虑了货币时间价值，能较合理地反映投资项目的真正经济价值；二是考虑了项目计算期内全部的现金净流量，体现了流动性与收益性的统一；三是考虑了投资的风险性。

现值指数的缺陷是不能反映投资项目的实际报酬率水平。

用现值指数来衡量总投资额不相等的若干可行性方案并进行择优选择，其准确性较高。

3.内含报酬率

内含报酬率（IRR）又称内部收益率，反映了方案本身实际达到的报酬率，是指投资项目在计算期内各年现金净流入量现值和与现金净流出量现值和相等时的贴现率，即能够使项目的净现值为零时的贴现率，其公式为：

$$\sum_{t=1}^{n}\frac{I_t}{(1+i)^t}=\sum_{t=1}^{n}\frac{O_t}{(1+i)^t}$$

（1）内含报酬率的计算方法

内含报酬率的计算比较复杂，通常采用插入法与逐步测试法两种方法。

①插入法。

该种方法适用于规则的现金流，即各年的现金净流量都相等，全部投资均于建设起点一次投入，且建设期为零。

②逐步测试法。

逐步测试法适用于不规则的现金流，该方法的程序是：

先估计一个贴现率i_1，计算其净现值，如果净现值大于0，那么说明内含报酬率IRR大于i_1；再估计一个贴现率i_2，计算其净现值，如果净现值小于0，那么说明内含报酬率IRR小于i_2，则实际的内含报酬率介于i_1与i_2之间。如此反复测试，寻找出使净现值由正到负或由负到正且接近零的两个贴现率，然后再采用插入法计算得出该方案的内含报酬率。

（2）内含报酬率的运用标准

如果内含报酬率大于或等于预定的投资报酬率，那么方案可行；如果内含报酬率小于预定的投资报酬率，那么方案不可行。内含报酬率越大，投资效益越高。

前例情形1中的A方案为规则的现金流，根据内含报酬率的定义可得：

NPV_A=4 000×（P/A，i，5）-10 000=0

（P/A，i，5）=2.5

查表可知：

（P/A，25%，5）=2.689

（P/A，30%，5）=2.435

用插入法：

$$\frac{IRR_A-25\%}{30\%-25\%}=\frac{2.5-2.689}{2.435-2.689}$$

IRR_A=28.72%

前例情形1中的B方案为不规则的现金流，则采用逐步测试法来计算内含报酬率，计算如下：

假设B方案i为20%，此时它的净现值为：

NPV_B=2 000×（P/F，20%，1）+3 000×（P/F，20%，2）+4 000×（P/F，20%，3）+5 000×（P/F，20%，4）+5 000×（P/F，20%，5）-11 000=484

假设i=24%，则：

NPV_B=-1 516

采用插入法：

$$\frac{IRR-24\%}{24\%-20\%}=\frac{0-(-1516)}{-1516-484}$$

则IRR_B=20.968%

由以上计算结果可知，A方案的内含报酬率大于B方案的内含报酬率，则A方案优于B方案。

（3）内含报酬率的优缺点

内含报酬率的优点主要体现在：比较客观，不受行业基准报酬率高低的影响，另外，可以从动态上直接反映投资项目的实际报酬率水平。

其缺点主要是计算过程比较麻烦。

4.年金净流量

年金净流量（ANCF）是指项目期内全部现金净流量的总现值或总终值折算为等额年金的平均现金净流量，年金净流量的计算公式为：

$$年金净流量=\frac{现金净流量总现值}{年金现值系数}=\frac{现金净流量总终值}{年金终值系数}$$

年金净流量的运用标准：

与净现值指标一样，如果年金净流量的结果大于或等于零，那么说明每年平均的现金流入量大于或等于年平均的现金流出量；如果方案的投资报酬率大于或等于所要求的报酬率，那么方案可行；反之，方案不可行。

以情形1中的A方案、B方案为例，

$$ANCF_A=\frac{NPVA}{(P/A,10\%,5)}=5\ 163.2\div3.7908=1\ 362.03$$

$$ANCF_B=\frac{NPVA}{(P/A,10\%,5)}=2\ 822.1\div3.7908=744.46$$

A、B两个方案的年金净流量大于零，两个方案都可行，在A、B两个方案择优选择时，A方案的年金净流量大于B方案，所以A方案优于B方案。

年金净流量法是净现值法的辅助方法，当多个方案寿命期相同时，该方法实质上就是净现值法。该方法适用于期限不同的投资方案决策。

话题2 项目投资决策实务

小视频19 小视频20 小视频21 小视频22

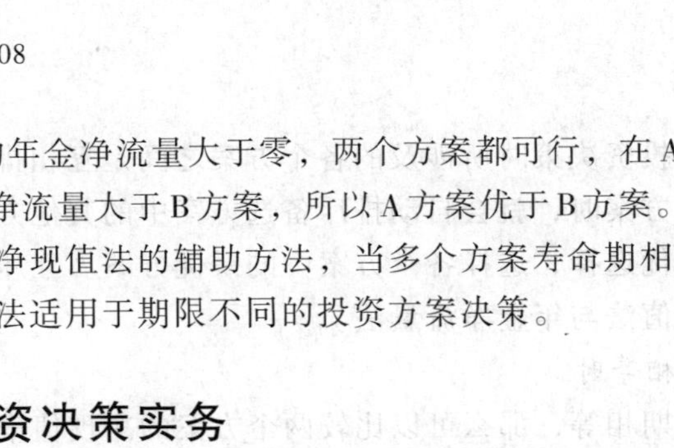

大湾区某企业在长期经营的过程中，决定要扩大生产能力，可以扩建厂房，也可以购买设备，企业进行决策的时候，应该考虑净现值、现值指数、内含报酬率等因素。

一、独立方案决策

独立方案决策又称接受或者拒绝方案决策，是指两个或两个以上项目互不依赖，各方案的决策也是独立的，只需评价方案本身是否可行即可。在独立方案中，选择某一方案并不排斥选择另一方案，如是否扩建厂房，是否购买设备，只考虑方案本身是否具有经济价值。

对于独立方案中的任何一个方案，都存在着“接受”或“拒绝”的选择。只有具备财务可行性的方案，才可以接受；反之，不具备可行性的方案，不接受。

独立方案的投资决策，常用到的指标是净现值、现值指数、内含报酬率指标，如果评价指标满足NPV≥0，PVI≥1，IRR≥i（行业基准报酬率），那么项目具有财务可行性；反之，则不可行。事实上，当NPV≥0时，PVI≥1，IRR≥i，这几个指标在可行性评价方面得到的结论是一致的。这几个指标的计算在前面例子中已经涉及。

二、互斥方案决策

互斥方案是指在投资决策时所涉及的各个方案之间是互相排斥，不能并存的，采用备选方案中的一个方案时，就会自动排斥备选方案中的其他方案。因此，互斥方案在决策时其实就是择优选择，选择各个方案中的最优方案。互斥方案常采用的方法是净现值法、差额净现值法与年金净流量法。

1.项目的寿命期相等时

如果项目的寿命期相等，那么可以比较两个方案的净现值来择优选择，也可以采用两个方案的差额净现值（△NPV）来进行择优选择。差额净现值是指在计算两个方案的差额现金净流量（△NCF）的基础上，计算出△NPV，进而选择最优方案。在此方法下，△NPV≥0，则选择前一个方案；反之，则选择后一个方案。差额净现值的计算过程同净现值的计算过程一样，只是依据的是差量现金净流量。

2.项目寿命期不相等时

如果互斥项目的寿命期不相同，那么此时可以采用年金净流量法来进行择优选择。在该种方法下，年金净流量最大的方案为最优方案。

三、项目投资决策的具体实务

1.固定资产购买或租赁决策

在进行固定资产租赁或购买决策时，由于使用的设备是相同的，因此设备的生产能力与产品的销售价格相同，同时设备的运行费用也是一样的，所以只需要考虑两种方案的现金流量的差额，主要有：成本的差额以及成本对企业所得税所产生的影响的差额，设备的残值收入。

固定资产的购买与租赁相比，购买所涉及的现金流量有：购买支出、设备的折旧抵税（折旧影响利润，使企业得到纳税利益）、设备到期的残值变现收入。租赁主要涉及的是租赁费用，以及租赁费使企业少缴纳的所得税。

情形1：大湾区某企业在生产中需要一种设备。若企业自己购买，需支付设备价款200 000元。该设备预计可使用9年，预计净残值率为10%。若企业采用租赁的方式，每年将支付25 000元的租赁费用，租赁期为9年。假设折现率为8%，所得税税率为25%。试采用净现值法做出购买还是租赁的决策。

分析：

假设购买设备：

设备买价=200 000元

设备残值的价值=200 000×10%=20 000（元）

设备残值的现值=20 000×（P/F，8%，9）=20 000×0.500=10 000（元）

年折旧额节税=［（200 000-20 000）÷9］×25%=5 000（元）

年折旧额节税现值=5 000×（P/A，8%，9）=5 000×6.246=31 230（元）

年总成本的现值=200 000-10 000-31 230=158 770（元）

假设租赁设备：

租赁费用的现值=25 000×（1-25%）×（P/A，8%，9）=18 750×6.246=117 112.5（元）

由以上结果可知，购买设备成本的净现值大于租赁设备的成本的净现值，因此应该租赁设备。

2. 固定资产是否更新决策

固定资产是否更新决策，涉及是继续使用旧设备还是购买新设备的问题，进行择优选择时，首先要考虑两个方案的现金净流量，然后采用适当的方法来进行择优选择。

采购新设备要考虑到：设备的买价，同时旧设备会变现，就有变现收入，变现时会涉及所得税、设备运行过程中的现金净流量、期末时设备的残值收入。

继续使用旧设备需要考虑到：设备运行过程中的现金净流量，有没有修理费，期末设备变现的收入。

在进行择优选择时要考虑到：如果新旧设备剩余使用年限相同，那么可以采用差额净现值法；如果新旧设备剩余使用年限不相同，那么可以采用年金净流量法。

（1）新旧设备剩余使用年限相同

情形2：大湾区某企业经营某种产品，其年产（销）量10 000件，现因故拟对用于该产品加工的某项设备进行更新。该企业预计投资报酬率12%，所得税税率25%，设备按直线法计提折旧，相关资料见表6-3。

现要求确定，该企业应否对现有（在用）旧设备进行更新？

分析：计算各期间使用旧设备和购买新设备的差量现金净流量。

①计算新设备取代旧设备的现金流量的差额。

买价：22 500元

变价收入：3 000元

表6-3　　两种选择的相关资料分析　　金额单位：元

项目	在用旧设备	拟购新设备
原价	12 150	22 500
预计使用年限（年）	14	10
已经使用年限（年）	4	0
预计残值	600	1 500
每年计提折旧	825	2 100
账面净值	8 850	22 500
目前作价	3 000	—
成本降低额（元/件）	—	0.28
价格提高额（元/件）	—	0.22

账面损失抵税=（8 850−3 000）×25%=1 462.5（元）

现金流出量=22 500−3 000−1 462.5=18 037.5（元）

②计算旧设备更新后的现金净流量的差额。

差量收入=0.22×10 000=2 200（元）

差量成本= −0.28×10 000= −2 800（元）

差量折旧=2 100−825=1 275（元）

差量现金净流量=（2 200+2 800−1 275）×（1−25%）+1 275=4 068.75（元）

③项目终结点现金净流量的差额。

4 068.75+1 500−600=4 968.75（元）

④计算旧设备更新后的净现值增量。

4 068.75×（P/A，12%，10）+900×（P/F，12%，10）−18 037.5=5 241.55 > 0

计算结果表明，应该选择购买新设备。

（2）新旧设备剩余使用年限不同

情形3：大湾区某企业准备对已使用多年的旧设备予以更新或继续使用，相关资料见表6-4。该公司要求投资报酬率达到15%，问该企业是应该使用旧设备还是更新？

表6-4　　两种选择的相关资料分析　　金额单位：万元

项目	旧设备	新设备	项目	旧设备	新设备
原价	22	30	账面价值	9.5	30
预计使用年限（年）	8	10	变现价值	4.5	0
已使用年限（年）	5	0	年营业现金净流量	5	7
预计残值	2	1			
年计提折旧额	2.5	2.9			

分析：因为两个方案的有效期不同，所以采用年金净流量法来对备选方案分析。

使用旧设备的年金净流量=$5+\dfrac{2}{(F_A/A,15\%,3)}$=5+2÷3.473=5.58（万元）

使用新设备初始阶段的现金净流量=-30+4.5+（9.5-4.5）×25%= -24.25（万元）

使用新设备方案的年金净流量=7+1÷（F_A/A，15%，10）-24.25÷（P_A/A，15%，10）

=7+1÷20.304-24.25÷5.0188=2.22（万元）

计算结果表明，应该选择继续使用旧设备。

3.设备是大修还是购买决策

大修与购买的决策就是在是否购买设备决策的基础上，考虑了如果使用旧设备涉及大修理费用的问题。

情形4：大湾区某企业有一台旧设备，需要大修理后才能继续使用，工程技术人员经过分析后提出两个方案：一是进行大修理；二是不修理，购买一台新设备替换旧设备。两个方案的有关数据见表6-5。

表6-5 两个方案的相关资料分析 金额单位：元

项目	旧设备	新设备	项目	旧设备	新设备
原始价值	27 500	34 000	大修理支出	6 000	0
预计使用年限（年）	10	8	最终残值	2 500	2 000
已使用年限（年）	6	0	目前变现价值	12 500	32 000
尚可使用年限（年）	4	8	年运行成本	8 500	50 000

假定企业采用直线法折旧，适用的所得税税率为25%，要求的最低投资报酬率为10%，设备大修理支出的摊销年限为4年，试做出对设备进行大修还是更新的决策。

分析：先计算出两个方案的营业现金净流量：

$NCF_{(大修)}$ = -8 500×（1-25%）+［（27 500-2 500）÷10 +6 000÷4］×25%= -5 375（元）

$NCF_{(更新)}$ = -5 000×（1-25%）+（34 000-2 000）÷8×25%= -2 750（元）

再计算两个方案的平均年成本：

大修方案的平均年成本= 5 375+（12 500+6 000）÷（P_A/A，10%，4）-2 500÷（F_A/A，10%，4）

= 5 375 +5 836.15 -538.68= 10 672.47（元）

更新方案的平均年成本= 2 750+34 000÷（P_A/A，10%，8）-2 000÷（F_A/A，10%，8）

= 2 750 +6 373.13 -174.89= 8 948.24（元）

通过以上计算可知，更新旧设备的平均年成本较低，不宜对旧设备进行大修。

4.自建或购买决策

对于固定资产企业可以自建，也可以通过购买取得，在进行择优选择时，首先应该考虑到两者的现金流量不同，然后再采用合适的指标来选择。

计算自建与购买决策的现金流量要考虑以下几个方面：两者的投资额，两者的生产规模，生产出来的产品单位变动成本，固定资产的使用年限，以及期满固定资产残值。

情形5：大湾区某企业生产甲产品，目前每年正常生产能力为1 000件。现因甲产品市场供不应求，该企业准备扩充生产能力，以增加产量，经研究，拟定两个备选方案，即自行建造或直接购买某种生产设备，资料见表6-6：

表6-6 两种选择的相关资料分析 金额单位：元

项目	自建	购买
投资额	210 000	240 000
年生产量（件）	1 800	2 000
单位售价	100	100
单位变动性生产成本	58	54
单位变动性销售费用	4	6
期满设备残值	2 000	5 000
效用期（年）	8	10

按直线法计提折旧，预定投资报酬率15%，所得税税率25%，试做出自行建造还是直接购买生产设备的决策。

分析：计算自建方案的年等额净现值。

（1）初始现金流量= -210 000元

（2）经营期现金净流量

固定资产折旧=（210 000-2 000）÷8=26 000（元）

税前利润=1 800×（100-58-4）-26 000=42 400（元）

税后利润=42 400×（1-25%）=31 800（元）

经营期现金净流量=31 800 + 26 000=57 800（元）

项目终结点残值收入=2 000元

年等额净现值=57 800-210 000÷（P_A/A，15%，8）+2 000÷（F_A/A，15%，8）

=57 800-46 798.74+145.70=11 146.96（元）

计算购买方案的现金净流量及年等额净现值。

（1）初始现金流量=-240 000元

（2）经营期现金净流量

固定资产折旧=（240 000-5 000）÷10=23 500（元）

税前利润=2 000×（100-54-6）-23 500=56 500（元）

税后利润=56 500×（1-25%）=42 375（元）

经营期现金净流量=42 375+23 500=65 875（元）

项目终结点残值收入=5 000元

年等额净现值=65 875-240 000÷（P_A/A，15%，10）+5 000÷（F_A/A，15%，10）

=65 875-47 820.20+246.26=18 301.06（元）

计算结果表明，应该选择购买新设备。

特别提示：

在实务中，项目投资决策，对于互斥方案，进行择优选择时，应根据以下步骤来进行：

1.看项目的寿命期，根据项目的寿命期来选择适当的方法。如果项目寿命期相同，那么选择计算△NPV；如果项目寿命期不相同，那么选择计算ANCF。

2.对于项目寿命期不相同的情况，计算各项目的现金净流量（NCF）；对于项目寿命期相同的情况，则计算差量现金净流量（△NCF）。

3.对于项目寿命期不相同的情况，计算NPV；对于项目寿命期相同的情况，计算△NPV。

4.对于项目寿命期不相同的情况，计算ANPV，选择ANPV大的方案；对于项目寿命期相同的情况，若△NPV≥0，则选择前一个方案；反之，选择后一个方案。

话题3 证券投资管理

证券投资是企业进行金融投资所形成的资产，证券投资与项目投资不同，证券投资是将资金用于购买如股票、债券等的投资。

一、股票投资

1.股票投资的相关概念

（1）股票的票面价值

股票的票面价值是按照企业的净资产状况与发行数量确定的。

（2）股票的市场价格

股票的市场价格是指股票上市后在市场交易的价格。

（3）股票的价值

股票的价值又称股票的内在价值或理论价值，是指预期的未来现金流入的现值，是股票的真实价值。

（4）股利

股利是指股份公司将其税后利润分配给股东的一种投资报酬，包括股息和红利两部分。

（5）股票预期报酬率

股票预期报酬率是指投资者期望在持股期间所获收益与投入资本之比。

2.股票投资的价值

股票投资的价值是指当投资者投资股票时，预期获得的未来现金流量的现值，又称内在价值、理论价格。

（1）股票估价基本模型

投资者投资股票时，不仅希望获得股利，而且希望在未来出售股票时股价能上涨，从而获得差价收益。其估价模型为：

V=股票未来现金流量的现值和

$$V=\frac{D_1}{1+k}+\frac{D_2}{(1+k)^2}+\dots+\frac{D_n}{(1+k)^n}+V_n\cdot(P/F,k,n)$$

式中，V为股票内在价值，D为股票股利，K为折现率，V_n为股票出售的价格。

从理论上说，如果股东长期持有股票，不中途转让，股票投资就没有到期日，那么股票的估价模型则为：

$$V=\frac{D_1}{1+k}+\frac{D_2}{(1+k)^2}+\cdots+\frac{D_n}{(1+k)^n}$$

（2）常用的股票估价模式

①长期持有股票，股利稳定不变的模式，即零增长模式。

如果公司未来发放的股利相等，并且投资者准备永久持有，那么股票价值为：

$$V=\sum_{t=1}^{\infty}\frac{D}{(1+k)^t}$$

因为是无限期持有，即：

$$V=\frac{D}{k}$$

情形1：大湾区某公司欲购入某股票准备长期持有，该股票每年股利固定不变，预计未来的股利为每股3元，期望回报率为10%，该股票目前市场价格为每股25元，该公司是否能买进？

$$V=\frac{3}{10\%}=30\text{（元/股）}$$

该股票市场价格为每股25元，说明其价值被低估，可以买进。

②长期持有股票，股利固定增长的模式。

一般来说，公司留存的收益会扩大公司的资本额，从而会创造更多的盈余，进而引起下期股利的增长。假设本期的股利为D_0，未来各期的股利增长率为g，根据股票估价基本模型，股票价值为：

$$V=\sum_{t=1}^{\infty}\frac{D_0(1+g)^t}{(1+k)^t}$$

因为是无限期持有股票，上述公式可以简化为：

$$V=\frac{D_1}{k-g}$$

情形2：假定某公司准备购买A公司的股票，并且准备长期持有，要求达到10%的收益率，A公司今年的股利为每股2元，预计未来股利会以5%的速度增长，则A公司股票的价值为：

$$V=\frac{2\times(1+5\%)}{10\%-5\%}=42\text{（元/股）}$$

该股票的内在价值为42元/股，这是该公司购买A公司股票的最高接受价格，如果目前A公司的股票价格低于42元/股，那么A公司的股票是值得购买的；反之，如果A公司的股票价格高于42元/股，那么不应该购买A公司的股票。

3.股票投资的收益率

股票投资的收益由股利收益、股利再投资收益、转让价差收益三部分构成，并且，只要按照货币时间价值的原理计算股票投资收益，就不需要单独考虑再投资收益因素。

股票的内部收益，是使得股票未来现金流量贴现值等于当前购买价格时的贴现率，即股票投资项目的内含报酬率。

$$P=\sum_{t=1}^{n}\frac{D_t}{(1+i)^t}+\frac{F}{(1+i)^n}$$

式中，P为当前股票的购买价格，D_t为各年获得的股利，F为股票的出售价格，i为投资收益率。

只有当股票的内含报酬率高于投资者需求的最低报酬率时，投资者才愿意购买该股票。

情形3：某投资者于2016年5月购入A公司股票1 000股，每股股价10元，A公司2017年、2018年、2019年分别派现金股利每股1元、1.5元、2元，该投资者于2019年5月以每股15元的价格出售A公司股票，则A公司股票的内含报酬率为多少？

$$NPV=\frac{1}{1+i}+\frac{1.5}{(1+i)^2}+\frac{2}{(1+i)^3}+\frac{15}{(1+i)^3}-10=0$$

当i=24%时，NPV=0.6983；

当i=28%时，MPV=-0.1970。

采用插值法计算，i=27.12%。

则A公司股票的内含报酬率为27.12%。

二、债券投资

1.债券投资的相关概念

（1）债券面值

债券面值是指债券票面标明的面额，是债券发行人承诺于将来特定日期偿付给持券人的本金数额。

（2）债券票面利率

债券票面利率是指债券票面标明的利率，是债券发行人预计一年内向持有者支付的利息占票面金额的比率。票面利率与实际利率不同，实际利率是指按复利计算的一年期的利率。债券的计息和付息方式有多种，可能使用单利或复利，利息支付可能分期支付或到期一次还本付息，这使得票面利率可能与实际利率不同。

（3）债券到期日与付息日

债券到期日是指债券发行人偿还债券本金的日期，付息日是指债券发行人按规定的利率和期限向债券持有人支付利息的时间。

2.债券的价值

在债券投资上未来收取的利息的现值与收回的本金的现值和，即为债券的价值。只有当债券的价值大于其购买价格时，该债券才值得投资。

债券估价基本模型为：

$$V=\sum_{t=1}^{n}\frac{I_t}{(1+k)^t}+\frac{F}{(1+k)^n}$$
$$=I\times(P/A,k,n)+F\times(P/F,k,n)$$

式中，V为债券的价值；I为债券各期利息；F为债券面值；K为市场利率或投资人要求的必要收益率。

情形4：某债券面值1 000元，期限5年，票面利率为15%，每年年末支付利息，当前市场利率为12%，计算债券价值。

V = 1 000 × 15% × (P/A,12%,5) + 1 000 ×(P/F, 12%,5)

=150×3.6048+1 000×0.5674

=1 108.12（元）

3.债券投资的收益率

债券投资的收益是指投资者投资债券所获得的全部投资报酬，由名义利息收益、利息再投资收益、价差收益三部分构成。

债券的内部收益率是指按照当前市场价格购买债券并持有至到期日或转让日所产生的预期报酬率，也就是债券投资项目的内含报酬率。该内部收益率贴现所决定的债券内在价值，刚好等于债券的目前购买价格。

债券真正的内在价值是按照市场利率贴现所计算的内在价值，如果按照市场利率贴现所计算的内在价值大于按内部收益率贴现所计算的内在价值时，那么债券的内部收益率才会大于市场利率，此时，投资债券才是可行的。

情形5：大湾区某公司以2 100元购买了面值为2 000元的债券，债券票面利率为10%，每年付息一次，3年后到期，到期归还本金，该公司将该债券持有至到期，计算该债券的到期收益率。

2 000×10%×（P/A，i，3）+2 000×（P/F，i，3）=2 100

当i=10%时，等式右方=1 999.98；

当i=8%时，等式右方=2 103.02。

采用插值法计算，

i=8.06%

到期收益率指标能够反映债券投资的真实收益率，如果高于投资者要求的最低报酬率，那么能够进行投资；反之，不能够进行投资。

专题总结：

本专题重点讲述长期投资决策指标及相关实务，要求学习者从净现值率、现值指数、投资回收期、内含报酬率等方面分析某项决策的长期现金流量状况，同时要考虑资金时间价值，这是创业者在投资决策中要考虑的重点问题。

专题练习

一、单项选择题

1.现值指数（ ）就表明该项目具有可行性，对企业有利。

A.大于1 B.小于1 C.大于0 D.小于0

2.计算一个项目的投资回收期，应考虑的因素是（ ）。

A.贴现率 B.使用寿命 C.年现金流量 D.资本成本

3.假设有甲、乙两个互斥项目，项目计算期不同，则选优的标准是（ ）。

A.净现值最大 B.净现值率最大 C.会计收益率最大 D.年均净现值最大

4.当内含报酬率大于行业基准报酬率时，净现值（ ）。

A.大于0 B.小于1 C.等于0 D.小于0

5.某投资项目，若用10%作为贴现率，其净现值为250元，若用12%作为贴现率，其净现值为-120元，则该项目的内含报酬率为（ ）。

A.8.65% B.13.85% C.11.35% D.12.35%

6.旧设备的变现价值，应作为继续使用旧设备的（ ）。

A.付现成本 B.无关成本 C.相关成本 D.机会成本

7.下列长期投资决策评价指标，需要以已知的行业基准折现率作为计算依据的是（ ）。

A.内含报酬率 B.投资回收期 C.投资利润率 D.获利指数

8.当利用获利指数法评价投资决策时，贴现率的高低对方案的优先次序（ ）。

A.没有影响 B.有影响 C.成正比 D.成反比

9.投资者期望获得的投资报酬率水平的影响因素是（ ）。

A.社会平均利润率 B.企业利润

C.企业收入 D.项目内部报酬率

10.某投资者欲购入某股票准备长期持有，该股票每年股利固定不变，预计未来每股股例为3元，期望回报率为10%，该股票目前市场价格为每股25元，该股票的内在价值是每股多少（ ）元？

A.30 B.25

C.7.5 D.22

6.1

二、多项选择题

1.投资决策分析使用的静态投资指标主要有（ ）。

A.静态投资回收期 B.投资报酬率

C.净现值 D.内含报酬率

2.影响设备是购买还是租赁的因素包括（ ）。

A.租赁费用 B.设备的折旧抵税

C. 设备的残值变现　　　　　　　　　　D. 新设备的买价

3. 下列几个因素，影响投资项目内含报酬率的有（　　）。

A. 投资项目的使用年限　　　　　　　　B. 建设期的长短

C. 资本成本　　　　　　　　　　　　　D. 投资的投入方式

4. 若一个投资项目的净现值大于零，则可能说明该项目（　　）。

A. 是可行的　　　　　　　　　　　　　B. 内含报酬率高于行业基准报酬率

C. 投资额少　　　　　　　　　　　　　D. 风险高

5. 对于是否继续使用旧设备的决策方案，其现金流出量包括（　　）。

A. 旧设备变现价值

B. 旧设备变现损失

C. 新设备的买价

D. 年运行成本

6.2

三、判断题

1. 由于折旧会减少所得税，因此应将其视为现金流出量。（　　）

2. 在互斥方案中，两个方案的项目使用年限不同，可以通过比较净现值来进行择优选择。（　　）

3. 债券的票面利率就是其实际利率。（　　）

4. 一个净现值较大的投资方案，其内含报酬率一定高于资本成本。（　　）

5. 股票预期报酬率是指投资者期望在持股期间所获收益与投入资本之比。（　　）

6.3

四、计算题

1. 向阳有限责任公司拟投产一款新产品，需要购置一套专用设备，价款900 000元，采用直线法计提折旧，预计使用5年，期满无残值。该产品预计销售单价为30元/件，单位变动成本为20元/件，每年不包括折旧费的固定成本为600 000元，所得税税率为25%，要求的最低报酬率为12%。若以净现值为评价标准，年平均销售量至少达到多少，购置设备才可行？

2. 某企业在生产中需要一种设备。若企业自己购买，需支付设备价款120 000元。该设备预计可使用6年，预计净残值率为5%。若企业采用租赁的方式，每年将支付20 000元的租赁费用，租赁期为6年。假设折现率为10%，所得税税率为25%。试采用净现值法做出购买还是租赁的决策。（最终结果保留两位小数点）

6.4

专题七　营运资金管理

思政园地

不论是现金管理，还是债权债务管理，又或者是存货管理，都应该遵循综合平衡、稳步前进的原则，既不能太冒进，把企业所有能力彻底用完，又不能太保守，白白浪费本该抓住的发展机遇，应该综合分析、评估自身的各种因素，选择最佳平衡点，以达到最优解。

粤港澳大湾区是指由广东省9个城市和香港特别行政区、澳门特别行政区组成的城市群。近几年，建设粤港澳大湾区既是新时代赋予企业家的使命，又是广大中小企业在新经济环境下转型发展的巨大机遇。随着粤港澳大湾区的建设被提升到国家战略的层面，身处该区域的各大企业都跃跃欲试，试图抓住这个千载难逢的好机会。那么，为了帮助企业从众多竞争者中脱颖而出，财务人员能为企业做点什么呢？

这一章，我们将从营运资本管理的角度来谈谈财务人员所需熟知的专业知识。一个企业的发展壮大，除了决策者要有尖锐的眼光抓住机遇外，企业财务人员优秀的资金管理能力也是不可或缺的。在资金管理中，企业对营运资本的管理尤为重要。营运资本是在企业资金总体中最具有活力的一部分，并且企业的生存和发展在很大程度上取决于营运资本的运转情况。面对日益激烈的竞争环境，企业的财务人员必须在盈利性和风险性之间进行权衡并作出合理选择。那么，如果你是企业的财务人员，你该如何对营运资金进行科学地管理呢？

话题1 营运资本管理策略

营运资本是指流动资产和流动负债的差额，是投入日常经营活动的资本。一般来说，营运资本管理既包括营运资本投资管理，又包括营运资本筹资管理。那么，企业在这两方面的管理会有哪些策略呢？

通常，我们可以根据一定的指标将营运资本管理策略分为三大类，分别是保守型、激进型、适中型。

一、营运资本投资策略

针对投资策略，主要考察两个指标，即“短缺成本”和“持有成本”。短缺成本是指随着流动资产投资水平降低而增加的成本，例如，当企业选择持有少量现金时，若出现意外事件导致现金短缺，企业就不得不采取临时出售有价证券或紧急借款的方式来获得现金，由此承担的证券交易成本或较高的利息便可归于短缺成本。持有成本则是指随着流动资产投资上升而增加的成本，例如，当企业选择持有大量现金时，企业便失去了将这些现金投资出去赚取收益的机会，这些失去的投资机会便可算作是持有成本。

1.保守型

保守型投资策略一般表现为持有成本较高，即企业选择持有较多的现金、有价证券、存货等流动资产，从而失去资金的机会成本。当然，除了机会成本，持有成本也存在其他形式，比如存货管理的成本。

2.激进型

激进型投资策略则是企业尽最大努力少持有现金、有价证券、存货等流动资产，以此节约流动资产的持有成本，与此同时，企业要承担较高的风险，比如企业可能因发生资金断裂、经营中断等状况而承担较高的短缺成本。

3.适中型

适中型投资策略则是介于保守型投资策略与激进型投资策略之间的投资方式，是指短缺成本和持有成本之和最小化的投资策略，一般表现为短缺成本与持有成本大体一致，亦可称为最佳投资规模。

【小思考7-1】

在上述理论中，往往假设影响流动资产的诸多因素都是确定并已知的，由此我们就能计算出特定企业所需的流动资产投资额。但是在现实生活中，影响流动资产的因素，包括流动资产周转天数、销售额、销售增长率、成本等，都是不确定的。也就是说，在实际运营中企业的流动资产是随时可能波动的。那么，面对这种不确定性，企业该如何确定流动资产投资额呢？是多投资一些还是少投资一些呢？

提示：可以从各种投资收益概率的角度思考。

二、营运资本筹资策略

营运资本筹资策略是指企业如何为流动资产（波动性流动资产和稳定性流动资产）筹集资金。具体来说，企业可以选择采用短期资金、长期资金以及同时采用不同比例的短期资金及长期资金。为了更好地判断企业筹资策略的稳健程度，我们可用"易变现率"这个指标来衡量。

易变现率是指经营流动资产中的长期筹资来源资金的占比，公式如下：

$$易变现率=\frac{股东权益+长期债务+经营性流动负债-长期资产}{经营性流动资产}$$

根据易变现率指标的大小，可将营运资本筹资策略分为三大类：

1.保守型筹资策略

企业选择保守型筹资策略时，流动资产的易变现率较大。其特点是短期金融负债只融通部分波动性流动资产，剩余波动性流动资产和全部稳定性流动资产由长期资金来源来支持。在这种做法下，企业无法偿还到期债务的风险较低，同时受到短期利率变动的影响也较小；但是相对地，由于长期负债的资本成本一般高于短期负债的资本成本，因此企业要承担较高的融资成本，进而会降低企业的收益。

2.激进型筹资策略

激进型筹资策略与保守型筹资策略不同，其易变现率一般小于100%，其特点是短期金融负债不但要融通全部流动资产，而且要解决部分长期资产的资金需求。选择这种做法，企业需要有较强的筹资能力，因其无法偿还到期债务的风险较高，同时其受到短期利率变动的影响也较大；相对的是因短期负债的资本成本一般低于长期负债的资本成本，企业承担的融资成本较低，进而会提高企业的收益。所以，激进型筹资策略是一种收益性和风险性都较高的策略，少数风险偏好型企业愿意选择此种策略。

3.适中型筹资策略

适中型筹资策略则是介于保守型筹资策略与激进型筹资策略之间的筹资方式，企业严格遵循"短期资产搭配短期资金，长期资产搭配长期资金"的原则，其特点是短期负债解决波动性流动资产的资金需求，而长期负债则负责解决稳定性流动资产及长期资产的资金需求。这种按照资产的投资持续时间去安排对应时间的资金的做法，有利于企业降低偿债风险和利率风险，是理论上最合适的筹资方式。

根据上述描述，我们可将其归纳如下（见表7–1）：

表7–1　**营运资本筹资策略分类表**

<table>
<tr><th>项目</th><th>特点</th><th colspan="2">易变现率</th></tr>
<tr><td rowspan="2">保守型</td><td>资本成本高，风险、收益较低。在该策略下，短期金融负债只融通部分波动性资产的资金需求，剩余波动性资产及全部稳定性资产由长期资金提供支持</td><td rowspan="2">在营业低谷时易变现率大于1</td><td rowspan="6">在营业高峰期，易变现率均小于1，并且数值越小，风险越高</td></tr>
<tr><td>长期资产+稳定性流动资产<股东权益+长期负债+经营性流动负债</td></tr>
<tr><td rowspan="2">激进型</td><td>资本成本低，风险、收益较高。在该策略下，短期金融负债不仅融通临时性资产的资金需求，而且需解决部分长期资产的资金需要</td><td rowspan="2">在营业低谷时易变现率小于1</td></tr>
<tr><td>长期资产+稳定性流动资产>股东权益+长期负债+经营性流动负债</td></tr>
<tr><td rowspan="2">适中型</td><td>短期投资由短期资金支持，长期投资由长期资金支持，尽可能贯彻筹资的匹配原则</td><td rowspan="2">在营业低谷时易变现率等于1</td></tr>
<tr><td>长期资产+稳定性流动资产=股东权益+长期负债+经营性流动负债</td></tr>
</table>

但是在现实操作中，适中型筹资策略却不一定是最佳筹资策略：一方面，企业无法做到资金的完全匹配；另一方面，企业可以预测市场利率的趋势，当整个投资有效期中短期负债的资本成本低于长期负债时，部分企业可选择较多地使用短期资金。

情形1：位于粤港澳大湾区的甲公司是一家生产和销售保暖羽绒服的企业。因公司产品的物理特性，公司的生产具有季节性。2021年夏季是其生产经营淡季，公司经营状态良好，表7–2是甲公司2021年6月30日的资产负债表（简表），请问甲公司此时采取的营运资本筹资策略是怎样的呢？

表7–2　**甲公司资产负债表（简表）**

2021年6月30日　　单位：万元

资产	金额	负债及所有者权益	金额
货币资金	90	应付票据	200
交易性金融资产	80	长期借款	300
应收票据	180	股东权益	600
存货	150		
固定资产	600		
资产总计	1 100	负债及所有者权益总计	1 100

分析：稳定性流动资产和长期资产=1 100−80=1 020（万元）；自发性负债、长期负债和股东权益=1 100万元。1 100万元>1 020万元，即易变现率大于1。在经营淡季时，甲公司的短期金融负债只融通部分波动性流动资产的资金需要，另一部分波动性流动资产和全部稳定性流动资产则由长期资金来支持，属于保守型筹资策略。

话题2　现金管理

小视频23

一、现金管理的目标

现金，包括企业的库存现金、各种形式的银行存款、银行本票和银行汇票，是企业流动资产中流动性最强的资产，被所有企业普遍接受，可用来购买商品、货物、劳务或偿还债务。那么，企业为什么需要对现金进行管理呢？

情形1：甲公司是一家民营企业，每月公司都要留存一笔现金，用于支付部分员工的工资。该部分员工因个人偏好、行动不便等原因，只愿意接受现金。

情形2：乙公司是一家运输企业，因公司业务性质原因，需要常年持有一笔应急资金用于应付突发的意外事件。某日，车辆在运输货物的途中发生火灾，车上的货物都被大火烧没了，乙公司迅速拿出应急资金处理该事件，并最终顺利渡过这关。

情形3：丙公司是一家投资企业，常年持有一笔闲置的投资基金，用于投资重大事项。2019 年12月初，国内新闻首次播出新冠肺炎的消息，丙公司当机立断拿出这笔资金投资了一家纺织企业用于口罩生产。果不其然，在12月底，疫情大暴发，丙公司投资的企业口罩销售收益甚好，丙公司也因此名利双收。

从以上情形可知，企业持有现金的原因主要有三个：一是为了满足现实交易的需求；二是为了预防意外情况；三是为了抓住不寻常的投资机会。

二、现金管理的方法

目前，现金管理的办法一般有以下四种：

1.力争现金流量同步

如果企业能尽量使它的现金流入与现金流出发生的时间趋于一致，那么就可以使其所持的交易性现金余额达到最低水平。

2.使用现金浮游量

从企业开出支票到收票人收到支票并存入银行，再到银行将款项划出企业账户，中间往往需要一段时间。在这段时间内，现金的占用称为现金浮游量。而企业可以在这段时间适当利用这笔资金，从而达到资金利用最大化的目的。

3.加速收款

企业需要尽快收回账上的应收账款。为了吸引客户，扩大销售，企业往往会推出一些销售策略、信用政策等。而这些以促销为目的的策略往往会增加企业的应收账款，从而减少企业的现金流入。所以，企业需要在这两者间找到平衡点，同时达到吸引顾客和缩短回款时间的目的。

4.推迟应付账款的支付

此处是指企业在不影响自身信誉的前提下，充分利用供货方提供的信用优惠，尽可能推迟应付账款的支付。比如，当亟需现金时，企业可以选择放弃供货方的折扣优惠，在信用期的最后一天付款；当现金充裕时，企业可以选择提前付款以享受供货方的折扣优惠。

三、最佳现金持有量的分析

那么，我们该如何确定企业的最佳现金持有量呢？从理论上来说，一般有三种方式，分别是成本分析模式、存货模式和随机模式。

假如，甲公司出纳员小王刚毕业参加工作，在日常的工作中非常注意积极思考问题。一天，为了减少公司闲置的资金，财务经理吩咐小王将部分现金放入银行理财，部分用于购置短期债券。

情形1：假设甲公司在制定现金持有策略时有四种现金持有方案可供选择，四种方案的各种成本见表7–3。请问，甲公司该选择哪种方案最合适？

表7–3　　**四种方案的成本分析**　　单位：元

方案	A	B	C	D
现金持有量	30 000	60 000	90 000	120 000
管理成本	20 000	20 000	20 000	20 000
短缺成本	15 000	6 500	1 000	0
机会成本	3 600	7 200	10 800	14 400

针对情形1，我们可以采用成本分析模式计算企业的最佳现金持有量。成本分析模式是通过分析持有现金的成本，寻找成本最低的现金持有量。企业持有现金的成本主要有三种，即管理成本、短缺成本和机会成本。

1.管理成本

企业持有现金，存放于企业内部，势必需要购买保险柜或安排员工对其进行保管，相应就会发生管理员工资、保险柜费用等管理费用。这笔管理费用对于企业来说是一笔固定成本，其成本高低与现金持有量无显著比例关系。

2.短缺成本

现金的短缺成本是指企业有时因缺乏现金而不能应付意外发出事件所带来的损失或者是短期内为获取短缺资金而需付出的成本。一般来说，短缺成本与现金持有量成反比，即企业所持有现金量越高，短缺成本越低。

3.机会成本

现金是对企业资金的占用，企业选择持有现金，意味着其放弃了将该部分资金投资于其他项目所带来的收益，也就是说持有现金是有机会成本的。为了生产经营，企业有必要持有一定的现金，但是若现金持有过多，企业为此付出的机会成本将大幅度提高。

运用此种方法分析计算可得，C方案的总成本最低，故甲公司选择C方案最为合适，此时该企业所需付出的成本总额为31 800元。现金管理成本汇总表见表7-4。

表7-4 **现金管理成本汇总表** 单位：元

方案	A	B	C	D
现金持有量	30 000	60 000	90 000	120 000
管理成本	20 000	20 000	20 000	20 000
短缺成本	15 000	6 500	1 000	0
机会成本	3 600	7 200	10 800	14 400
总成本	38 600	33 700	31 800	34 400

为了更形象地描述这个结果，我们还可以利用折线图来展示，如图7-1所示。

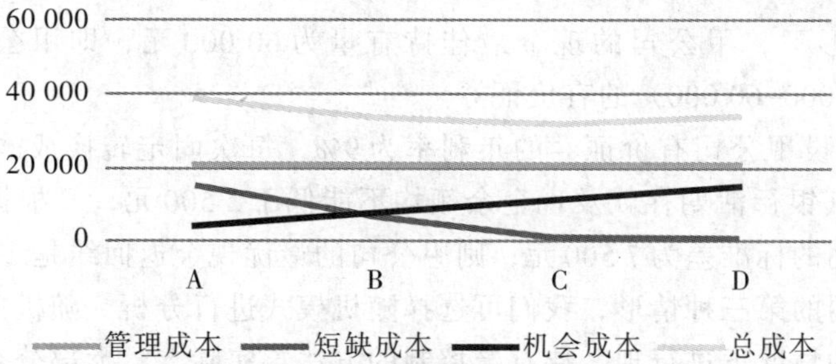

图7-1 甲公司现金管理成本图

从图7-1可看出，若企业平时持有较多的现金，则会降低现金的短缺成本，但同时现金占用的机会成本会增加；若企业平时仅持有少量的现金，则会增加现金的短缺成本，减少现金占用的机会成本；且无论持有多少现金，企业都需要承担现金的管理成本。

情形2：为了维持生产经营，甲公司每月都持有一定量的现金。为提高该部分资金的盈利性，公司财务人员每月根据实际的现金需求将部分资金用于购买部分有价证券，在需要时再将其卖出转换为现金。已知甲公司每月平均现金需求量为10万元，有价证券的月利率为1%，其转换成本为180元/次，一年按照360天计算，若甲公司每月对现金管理相关成本的控制目标金额为600元，则甲公司每月购买多少有价证券最合适？

针对甲公司的第二种情形，我们可选择存货模式进行分析。在该模式下，企业将持有现金的可控成本分为交易成本和机会成本两大类。交易成本是指企业将有价证券转换为现金所付出的成本，其大小与现金转换的次数和每次的转换量有关。

在一定时期内，我们假定企业的现金使用量确定且每次现金转换的成本是不变的。在此前提下，企业持有的有价证券总金额越大，企业转换后可使用的现金金额就越大，也就是说企业需要转换的次数就越少，对于交易成本来说，就是企业将有价证券转换现金的交易成本越小；相反，若企业持有的有价证券总金额较小，企业转换后可使用的现金金额就较小，也就是说企业需要比较频繁地进行转换，换而言之，企业将有价证券转换现金的交易成本将更高。而机会成本则是指企业持有现金及将现金投资于有价证券而放弃其他投资项目所带来收益的成本。

为了更加简单明了，我们用公式来表达：首先假设一定时期内企业的现金需求总量为T，企业现金持有量为C，每次出售有价证券获取现金的交易成本为F，持有现金及有价证券的机会成本率为k，则：

（1）一定时期内出售有价证券的总交易成本=（T÷C）×F

（2）一定时期内持有现金的总机会成本=（C÷2）×K

（3）总成本=（T÷C）×F+（C÷2）×K

根据该分析方法，我们可列公式如下：

600=（100 000÷C）×180+C÷2×1%

解公式得：

C=60 000元

在这种情形下，甲公司的现金最佳持有量为60 000元，即甲公司每月可购买40 000元（100 000−60 000）的有价证券。

情形3：假设甲公司有价证券的年利率为9%，每次固定转换成本为54元，公司认为任何时候其银行活期存款及现金余额均不能低于2 500元，又根据以往经验测算出现金余额波动的标准差为7 500元，则甲公司的最优现金返回线是多少？

对于甲公司的第三种情形，我们可选择随机模式进行分析。随机模式是在现金需求量难以预知的情况下进行现金持有量控制的方法。实际上，大部分企业的现金需求量往往波动大且难以预知，但企业可以根据历史经验和实际情况测算出一个现金持有量的控制范围，并将现金持有量控制在该范围内。当企业的现金持有量达到控制范围的上限时，用现金购买有价证券使现金下降；当现金持有量低于控制范围下限时，出售有价证券换回现金；当现金持有量处于该范围内时，无须进行现金与有价证券的交换。

在此模式下，我们假设现金持有量的上限为H，现金持有量的下限为L，现金返回线为R，每次有价证券的固定转换成本为b，有价证券的日利息率为i，δ为预期每日现金余额标准差，则：

$$R=\sqrt[3]{\frac{3b\delta^2}{4i}}+L$$

$$H=3R-2L$$

代入情形3，可得：

$$R=\sqrt[3]{\frac{3\times54\times7\,500\times7\,500}{4\times9\div360}}+2\,500=7\,000\text{（元）}$$

$$H=3R-2L=3\times7\,000-2\times2\,500=16\,000\text{（元）}$$

所以，甲公司的最优现金返回线是7 000元，现金持有量的上限为16 000元。也就是说，当甲公司持有的现金金额超过16 237元时，甲公司可以用闲置的部分现金购置有价证券，使得公司持有的现金金额回到现金最优返回线7 000元处。

话题3 应收账款管理

一、应收账款管理的目的

一方面是竞争环境迫使应收账款的发生。市场上存在着激烈的竞争，而竞争迫使各大企业以各种手段扩大销售，比如投放广告、提供售后服务、赊销等。赊销是其中最常见的一种，也是导致企业产生应收账款的原因。试想，顾客在购买产品时，在其他条件（包括产品质量、售后服务等）一样的情况下，若企业额外为顾客提供更长的付款时间，其吸引力势必大于其他企业。自然而然，赊销政策受到了大多数企业的青睐，顾客可以从赊销中得到好处，企业也能因此扩大销售额。

另一方面是销售与收款时间往往不同步。对于非零售企业，货款结算通常要走大量审批流程，货款结算时间较长，商品成交的时间往往与企业收到货款的时间不一致。在未收到货款前，销售企业只好先把货款记在应收项目。

为了扩大销售，企业实施应收账款信用政策，而应收账款信用政策会带来应收账款，应收账款的存在可能带来坏账损失，所以企业非常有必要在应收账款信用政策所增加的盈利和应收账款信用政策所需的成本之间做出权衡。只有应收账款信用政策所增加的盈利大于所需的成本时，实施该应收账款政策才是明智的。因此，为了达到获利的目标，企业很有必要对应收账款进行管理。

二、应收账款管理的方法

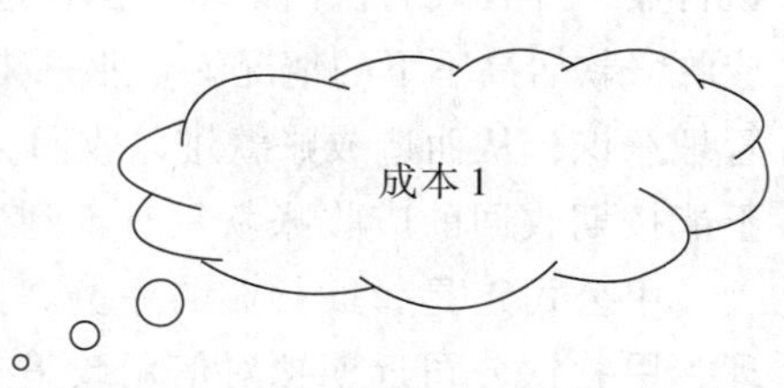

在应收账款发生后，企业应采取各种措施，尽量争取按期收回货款，否则时间越长，坏账发生的概率越高，企业蒙受的损失也越大。这些措施包括应收账款的监督工作以及收款政策的制定执行。比如，为了促进销售，A公司制定信用政策时，同时明确了公司的现金折扣政策为“0.8/30，n/60”。可见，为了加快应收款项的收回，减少坏账，A公司宁愿放弃一部分利润。

三、信用政策的分析

1.信用期间

信用期间是指企业给予客户的付款期间。信用期间的长短会影响企业的收入和成本。在激烈的竞争中，若信用期间较短，则不足以吸引客户；若盲目放宽信用期，虽有利于促销，但可能造成信用政策所增加的盈利小于实施该政策所需的成本，得不偿失。随着信用期间的延长，企业的销售收入将会增加，相应地，企业的应收账款、收账费用及坏账损失都会随之增加，也就是说实施该信用政策的成本在增加。因此，信用期的确定需要深入分析不同信用期间对企业收入和成本的影响。

2.信用标准

信用标准是指顾客为获得企业的交易信用所应具备的条件。严格来说，如果顾客达不到信用标准，就不能享受企业的信用或者只能享受较低的信用优惠。当然，在某些情况下，顾客也可以通过特殊审批来获得享受企业交易信用的条件。

3.现金折扣政策

现金折扣是企业对顾客在价格上所做的折减。企业向顾客提供这种价格上的优惠，主要是为了吸引顾客为享受价格优惠而提前付款，缩短企业的平均收款期。现金折扣的表现形式一般为符号形式，如A公司的现金折扣政策“0.8/30，n/60”，“0.8/30”代表若顾客在30天内付款，可享受0.8%的价格优惠，即只需支付货款的99.2%，如货物原价款为100万元，15天内付款则只需支付100×99.2%=99.2（万元）；“n/60”代表A公司的底线是60天内付款，此时不可享受任何价格优惠。

案例分析7-1 甲餐饮公司的信用政策选择[①]

近几年，在扩大内需的促进下，餐饮行业成为国内消费需求中发展速度最快、增长速度最高的行业。整个餐饮行业从基础薄弱逐步发展成为在扩大内需、促进消费、稳定增长、惠及民生等各个方面都具有举足轻重作用的重要产业。随着餐饮行业的繁荣发展，餐饮行业内部的竞争也日益激烈。为了在竞争中求发展，以赊销方式促销已成为我国餐饮行业一种有效的营销策略。但是这种营销方式在扩大收入的同时，也造成了餐饮企业应收账款居高不下的情况。企业一味追求收入的增加，对应收账款往往没有严格的全面管理意识，从而造成账款难以收回，最终变成坏账、死账的现象。有关统计资料表明，不能按期收回的应收账款只有不到20%的额度是因为客户财务状况原因造成的。

甲公司正是餐饮行业的一员。为了在保住销量的前提下改善公司对应收账款的管理，甲餐饮公司近期拟对信用政策进行修改。目前公司尚有两个方案可供选择，方案一是信用期30天，方案二是信用期60天。同时为了加速现金回流，公司领导层决定

---

① 文章部分参考：佚名. 餐饮应收账款管理案例分析［EB/OL］.［2016-01-01］. https：//wenku.baidu.com/view/1a16eebb856a561252d36f86.html.

给予“0.8/30，n/60”的现金折扣，销售经理预估会有一半的顾客会选择享受现金折扣优惠。假设风险投资的必要报酬率为15%，其他信息见表7-5。现在甲公司领导拟从中选择一种信用政策执行，若财务经理要你推荐其中一种并说明理由，你会推荐甲公司领导选择哪种信用政策呢？

表7-5 **甲公司信用政策信息表** 金额单位：元

信用期项目	30天	60天
销售量	5 000	7 000
销售额（单价：100元/件）	500 000	700 000
销售成本：		
变动成本（每件60元）	300 000	420 000
固定成本	100 000	100 000
毛利	100 000	180 000
可能发生的坏账损失	8 000	14 000
可能发生的收账费用	5 000	7 000

通过上述知识点的复习，我们来对比分析一下方案一和方案二所带来的收入与成本差异。

（1）计算收益的增加

收益的增加=销售量的增加×单位边际贡献

=（7 000−5 000）×（100−60）=80 000（元）

（2）计算成本的增加

a.应收款占用资金的应计利息的增加

方案一的应计利息=500 000÷360×30×（60÷100）×15%=3 750（元）

方案二的平均收现期=30×50%+60×50%=45（天）

方案二的应计利息=700 000÷360×45×（60÷100）×15%=7 875（元）

增加额=7 875−3 750=4 125（元）

b.收款费用的增加

增加额=7 000−5 000=2 000（元）

c.坏账损失的增加

增加额=14 000−8 000=6 000（元）

d.现金折扣成本的增加

增加额=700 000×0.8%×50%−500 000×0×0=2 800（元）

（3）计算税前损益

税前损益=80 000−（4 125+2 000+6 000+2 800）=65 075（元）

以上结果表明，方案二比方案一更划算，故应选择方案二。

话题4 短期债务管理

一、短期债务筹资的特点

短期债务筹资所筹资金的可使用时间较短，一般不超过1年，其一般具备以下特点：筹资速度快，容易取得；筹资富有弹性，筹资成本相对较低；筹资风险较高。

二、短期债务筹资的方式

短期债务筹资的方式一般有商业信用和短期借款两种。

1.商业信用

商业信用是指企业之间在商品交易时由于延期付款或预收货款所形成的借贷关系，是企业可控制的自发行为，在商业活动中运用广泛，在企业的短期负债筹资中占有相当大的比例。商业信用的具体形式包括应付账款、应付票据、预收账款等。

（1）应付账款

应付账款是指企业购买商品或劳务时应付但暂未付的款项。这是一种双赢的方式，对于销售企业来说，采用这种方式可以达到促销的目的，而对于买方企业来说，延期付款使得企业短期资金的安排更加灵活。

与应收账款相对应，应付账款也有付款期、现金折扣等信用条件，可以分为三类：一是免费信用，即买方企业在规定的折扣期内享受折扣而获得的信用；二是有代价信用，即买方企业放弃现金折扣而获得的信用；三是展期信用，即买方企业超过规定信用期时间付款而获得的信用。

（2）应付票据

应付票据是指企业购买商品或劳务时开具的反映债权债务关系的票据，包括商业承兑票据和银行承兑票据。应付票据的支付期限一般不超过6个月，根据是否计息还可分为计息和不计息两种，其计息利率一般低于银行短期借款利率，且手续相对简单。

（3）预付账款

预付账款是因卖方企业在交付货物之前向买方企业预先收取的部分或全部货款形成的。一般来说，销售生产周期大、资金需求量大的货物会采取预先支付货款的方式，比如生产销售大型游轮、航母等。另外，若卖方企业所销售的产品稀缺、供不应求时也会出现预付款方式，比如2020年新冠肺炎疫情期间生产销售医用口罩等。

2.短期借款

短期借款是指企业向银行和其他非银行金融机构借入的偿还期限在1年以内的借款。短期借款的优点是灵活简便，缺点是短期内要归还，提升了短期偿债风险。短期借款按照利息支付方式的不同可分为收款法借款、贴现法借款和加息法借款。

案例分析7-2[①]

粤港澳大湾区的某公司是一家服装生产企业，服装生产依赖某种染料，年需求量相对较高。2020年3月，公司计划购入100万元该染料，对方给予“2/10，n/50”的

① 闫华红，东奥会计在线组．2019年注册会计师考试应试指导及全真模拟测试 财务成本管理：上下册［M］．北京：北京科学技术出版社，2019.

信用条件，请问该企业是否应该提前付款以享受现金折扣？

情形1：在上述案例题中，若该企业在10天内付款，便享受了10天的免费信用期，并且还获得了现金折扣2万元（100×2%=2），免费信用额为98万元。

情形2：若该企业选择放弃现金折扣，即在10天后50天内付款，企业要承担因放弃现金折扣而造成的隐含利息成本，可按以下公式计算放弃现金折扣成本：

放弃现金折扣成本=折扣百分比÷（1−折扣百分比）×360÷（信用期−折扣期）

代入公式，得：

该企业放弃现金折扣成本=2%÷（1−2%）×360÷（50−10）=18.37%

根据公式可知，放弃现金折扣的成本与折扣百分比、折扣期正向相关，与信用期反向相关，即企业在放弃现金折扣的情况下，折扣百分比越大，折扣期越长，其放弃折扣的成本越高；而推迟付款的时间越长，其成本就会越低。此外，在附有信用条件的情况下，因为获得不同信用要负担不同的代价，买方企业便要在是否利用信用以及利用哪种信用之间做出决策。

情形3：假设该企业在购置产品时缺乏闲置资金，该企业可以根据情况选择放弃现金折扣、延期支付货款或者向银行借款在折扣期内支付货款。一般来说，当同期的银行短期借款年利率小于18.4%时，该企业应该选择向银行借款，以便在折扣期内支付货款享受现金折扣；反之，当同期的银行短期借款年利率大于18.4%时，该企业应该放弃现金折扣选择延期付款。此外，当企业资金实在紧缺时，该企业还可以选择展期付款，不过这可能导致企业因信誉恶化而丧失供应商甚至贷款资格，需谨慎决定。

情形4：假设企业在购置产品时有足够的资金支付货款，该企业可以根据情况选择在折扣期内支付货款或者延期支付货款而将资金投资于其他项目。当企业所能获得的投资报酬率高于18.4%时，该企业应该放弃现金折扣延期付款而选择去追求更高的投资收益；反之，企业应该选择享受现金折扣，并及时在折扣期内支付货款。

情形5：在其他条件相同的前提下，若另外一家供应商提出“1/10，n/40”的信用条件，则该企业该选择哪家供应商呢？

根据情形2的公式计算可得，其信用成本=1%÷（1−1%）×360÷（40−10）=12.12%。因此，当面对两家以上提供不同信用条件的卖方企业时，该企业需要通过衡量放弃现金折扣的成本大小，选择信用成本较低的一家或者是所获收益最大的一家。

话题5　存货管理

一、存货概述

存货是指企业在日常的生产经营活动中持有的以备在生产过程中耗用的材料、物料、在产品或出售的半成品和产成品等，一般可以分成三大类：原材料存货、在产品存货和产成品存货。例如，制衣厂日常备着的布料、样衣、成衣等。

小视频24

企业储存必要的存货主要有三点原因：一是为了保证日常生产和销售的顺利进行，成批生产、成批销售；二是为了均衡生产，降低生产成本；三是为了应对意外事件，可谓“手里有粮，心中不慌”。一般来说，企业的存货在营运资金中占比过半，尤其是制造业企业，存货利用的好坏对企业财务状况的影响极大。因此，加强存货的管理是营运资金管理的一项重要内容。进行存货管理的主要目的是控制存货水平，在充分发挥存货作用的基础上尽可能降低存货成本。

二、存货成本

存货成本主要包括采购成本、订货成本和储存成本等。

1.采购成本

采购成本是指企业在采购时发生的成本，比如买价、运杂费、保险费等。采购成本一般与采购数量成正比例变化。采购成本的高低取决于企业讨价还价的能力，企业可货比三家，寻找性价比最高的供应商。

2.订货成本

订货成本是指为了订购材料、商品而发生的成本。订货成本一般与订货的数量不成比例关系，而是与订货的次数有关。降低订货成本的关键是大批量采购，减少订货次数。但同时企业应当考虑由于存货储存过多、时间过长而导致变质或毁损的损失。

3.储存成本

储存成本是指企业在持有存货的过程中发生的仓储费、搬运费、保险费以及占用资金的成本。储存成本一般与储存存货的数量有关，存货数量越多，储存成本越高。因此为了降低储存成本，企业不宜过量采购，避免积压大量存货。但同时企业需要考虑由于存货储备不足无法满足日常生产和销售的需要而带来的损失。

三、存货管理

为了降低持有存货的成本，企业需要进行存货管理，解决“应当订购多少存货”及“何时开始订货”的问题。这对于维持企业的正常生产经营活动、降低营运成本及资金占用水平具有重要的意义。

情形1：甲公司全年需要某零件20 000件，每次订货的成本为500元，每件存货的年储存成本为5元。请问甲公司应当订购多少存货？从何时开始订货？

在此情形下，企业可以使用最广为人知的存货管理模型——经济订购批量模型（EOQ）。经济订购批量模型的目标是尝试求出使得一定期间内储存成本和订购成本总和最低的采购批量。其模型的假设如下：

（1）能够及时补充存货，即企业需要订货时能够立刻购买到足够的存货。

（2）所订购的存货能够一次性到位，不需要陆续入库。

（3）没有缺货成本。

（4）没有固定订货成本和固定储存成本。

（5）需求量稳定且能准确预测。

（6）存货供应稳定且单价不变。

（7）企业现金充足，不会因为现金短缺而影响进货。

在上述假设的基础上，我们假设甲公司全年的某零件需求量为D，每批订货量为Q，每批订货成本为K，每件存货的年储存成本为C，则有：

订购批数=D/Q

平均库存量=Q/2

订货成本=D/Q · K

储存成本=Q/2 · C

总相关成本 TC=D/Q · K+Q/2 · C

代入情形1的数值可得：

总相关成本 TC=20 000÷Q×500+Q÷2×5

根据数学知识可知，求总相关成本TC的最小值可令总成本TC的一阶导数为零，即：

总相关成本 TC'=（20 000÷Q×500+Q÷2×5）'=5÷2−2 000×500÷Q^2=0

可得经济订货量 $Q=\sqrt{\frac{2DK}{C}}=\sqrt{\frac{2\times 20\,000\times 500}{5}}=2\,000$（件）

订购批数=D/Q=20 000÷2 000=10（次）

所以，甲公司全年应当采购10次，每次采购2 000件，此时存货的订购成本和储存成本之和是最小的。

情形2：乙公司有5种布料，共占用资金50万元。乙公司按照每种布料占用资金的金额大小，将其划分为A、B、C三类进行管理，见表7-6。

表7-6　**乙公司存货分类控制表**　金额单位：万元

布料编号	占用资金金额	类别	数量（匹）	占存货总数的比例	占存货总资金的比例
1	28	A	18 000	20%	56%
2	2	C	30 000	33%	4%
3	12	A	12 000	13%	24%
4	6	B	20 000	22%	12%
5	2	C	40 000	11%	4%

在此情形下，乙公司使用了ABC分类管理法。ABC分类管理法是根据一定的标准，按照重要性原则（主要是占用资金的比例），将存货分为A、B、C三类，分别实行不同的管理。在情形2中，企业应当集中力量对A类存货进行重点管理，虽然A类数量相对少（30 000匹），但占用的资金比例高（80%），应对其进出仓严格进行控制，妥善保管；而C类存货虽然数量最多（70 000匹），但其价值占比低（8%），只需适当关注即可，不值得企业花费过多人力、物力、财力去管控；B类存货则处于两者之间，企业也应当给予一定的重视，但也不必像对待A类存货一样严格。

除以上情形外，还有一种存货管理办法是零库存（JIT）管理。零库存（JIT）管理一般用于管理衍生需求的存货，比如依赖计划生产汽车零配件。这种方法始于日本，并在日本的制造业中得到有效使用，其管理目标是使这类存货最小化，从而使周转率最大化。也就是说，在零库存（JIT）管理方式下，企业的存货水平仅能满足现时的产品需求。该方法强调只有在使用之前才要求供应商送货，要求企业的物资供应、生产和销售形成连续的同步运转，从而尽可能消除企业内部存在的浪费。若要实现零库存（JIT）管理，企业需要具备强大的规划能力、信息获取能力和协调管理能力，并且由于此方法要求企业经常订货和购货，因此企业需要与供应商紧密合作，这是零库存（JIT）管理方法成功的关键。

专题总结:

本专题重点讲述现金、应收账款、存货等营运资金管理，学习者要在分析营运成本的过程中树立一种平衡理念，做到既保持营运资本具有一定的存储量，又保证营运资本在经济体中的活力，以达到综合成本最小化，利润最大化。

专题练习

一、单项选择题

1.在以下营运资本筹资策略中，临时性负债占全部资金来源比例最高的是（　　）。

A.适中型筹资策略　　B.保守型筹资策略

C.激进型筹资策略　　D.紧缩型筹资策略

2.在各种持有现金的原因中，属于应付未来现金流入和流出随机波动的需求是（　　）。

A.投机性需求　　B.预防性需求

C.交易性需求　　D.长期投资需求

3.企业为了使其持有的交易性现金余额降到最低水平，可采取（　　）措施。

A.加速收款　　B.使用现金浮游量

C.力争现金流量同步　　D.推迟应付账款的支付

4.某企业采用随机模式对现金持有量进行控制，当现金持有量达到上限时，企业要投资10万元用于购买有价证券，企业认为无论何时，现金持有量不能低于2万元。若该企业目前的现金余额为17万元，则企业需要投资有价证券（　　）万元。

A.0　　B.7　　C.10　　D.15

5.在确定最佳现金持有量时，成本分析模式、存货模式和随机模式均需要考虑的因素是（　　）。

A.交易成本　　B.现金短缺成本

C.现金管理成本　　D.持有现金的机会成本

6.信用条件的基本表达方式是“3/15，n/60”，意思是若顾客在（　　）天内付款，可享受3%的价格优惠。

A.10　　B.15　　C.n　　D.60

7.机会成本与现金持有量成（　　）变化。

A.正比例　　B.反比例

C.不成比例　　D.以上都不正确

8.某企业年初从银行贷款800万元，期限1年，贷款利率为10%，银行要求企业按照贷款限额的15%保持补偿性余额，存款利率为2%，请问该借款的有效年利率为（　　）。

A.11.41%　　B.11.76%　　C.12.00%　　D.12.11%

9.甲公司按照“2/20，n/60”的条件从乙公司购入价值1 000万元的货物，由于资金调度紧张，甲公司放弃了获取2%的现金折扣的机会。假设按单利计算，且一年有360天，请问，甲公司为此承担的放弃现金折扣的成本是（　　）。

A.18.37%　　B.12.00%　　C.2.00%　　D.12.24%

10.应收账款的信用标准一般可用（　　）指标表示。

7.1

A.应收账款收现保证率

B.客户资信程度

C.应收账款周转率

D.预期的坏账损失率

二、多项选择题

1.商业信用的具体形式包括（　　）。

A.应付账款　　B.应付票据

C.预收账款　　D.长期借款

2.确定企业的最佳现金持有量的方法一般有（　　）。

A.成本分析模式　　B.对比模式

C.存货模式　　D.随机模式

3.下列关于筹资策略的说法正确的是（　　）。

A.在保守型筹资策略下，短期金融负债只融通部分波动性流动资产，剩余波动性流动资产和全部稳定性流动资产由长期资金来源来支持

B.在激进型筹资策略下，短期金融负债不但要融通全部流动资产，而且要解决部分长期资产的资金需求

C.在适中型筹资策略下，短期负债解决波动性流动资产的资金需求，而长期负债则解决稳定性流动资产及长期资产的资金需求

D.无论何种筹资策略，波动性流动资产的资金来源只能是临时性负债

4.短期借款按照利息支付方式的不同可分为（　　）。

A.收款法借款

B.贴现法借款

C.信用借款

D.加息法借款

5.按照随机模式，确定现金存量的下限时，应考虑的因素有（　　）。

7.2

A.有价证券的日利息率

B.有价证券的每次转换成本

C.管理人员对风险的态度

D.企业每日最低现金需要

三、判断题

1.适中型筹资策略有利于企业降低偿债风险和利率风险，是理论上最合适的筹资方式。（　　）

2.现金的机会成本是指企业有时因缺乏现金而不能应付意外事件所带来的损失或者是短期内为获取短缺资金而需付出的成本。（　　）

3.只有应收账款信用政策所增加的盈利大于所需的成本时，实施该应收账款政策才是明智的。（　　）

4. 短期筹资速度快，容易取得；筹资富有弹性，筹资成本较低；筹资风险较高。（　　）

5. 随着信用期间的缩短，企业的销售收入将会增加，相应地，企业的应收账款、收账费用及坏账损失都会随之减少。（　　）

7.3

四、计算题

1. 甲企业每月平均现金需要量为10万元，有价证券的月利率为1%，假定企业管理相关总成本的控制目标为600元。一年按360天计算，且公司采用存货模式确定最佳现金持有量。

要求：（1）计算在最佳现金持有量下有价证券的每次转换成本。

（2）计算每月最佳现金余额。

2. 乙公司是一家汽配制造公司，近期公司的销售量迅速增加。为满足生产和销售需求，乙公司需要筹集资金495 000元用于增加存货，占用期限为30天。现在有两个方案可选：

方案1：利用供应商提供的商业信用，选择放弃信用折扣，信用条件为“2/10，n/40”。

方案2：向银行贷款，借款期限为30天，年利率为8%。银行要求的补偿性余额为借款额的2%。

（1）请问选择方案1，其放弃现金折扣的机会成本是多少？（按照单利计算且一年按照360天计算）

（2）请问选择方案2，乙公司的借款总额和该笔借款的有效年利率各是多少？

7.4

专题八 成本计算

思政园地

企业在进行辅助生产成本分配时，首先进行辅助部门间的交叉分配，再把成本分配到各生产单元，形成各产品的基本生产成本，说明事物间是彼此联系的，因此这就要求我们任何时候学会辩证统一看待问题，从全局思考，把事物看成相互联系的有机整体；同样的道理，任何人都不能脱离社会群体单独存在，大学生进行人生规划时应当把个人发展与社会进步结合起来，思考如何与同事或朋友交流合作，如何在平凡的岗位做出贡献。

成本是企业为了实现现在或者未来经济利益目标所支付的现金或现金等价物。因为不同的目的和需求，成本也有多种分类。

话题1　成本分类

一、制造成本与非制造成本

制造成本包括直接材料成本、直接人工成本和制造费用；非制造成本包括销售费用、管理费用和财务费用。直接材料成本是指能够追溯到每个产品，并构成产品实体的材料成本，如制造裙子所用的布料。直接人工成本是指能够直接追溯到每个产品的人工成本，如缝制裙子工人的工资、福利等。制造费用是指除直接材料和直接人工之外的所有制造成本，如质量检测人员的工资等。

二、产品成本和期间费用

按照传统产业依据费用的发生与产品的关系可以将成本划分为产品成本和期间费用。产品成本是指与产品的生产直接相关的成本，包括在产品生产过程中耗用的直接材料成本、直接人工成本和制造费用等。期间费用是指企业在生产经营过程中发生的与该会计期间的销售、管理、经营等活动相关的成本，如销售费用、管理费用和财务费用等。

三、直接成本和间接成本

成本按照其计入成本对象的方式分为直接成本和间接成本，直接成本是与成本对象直接相关的、可以用经济合理方式追溯到成本对象的那些成本。间接成本是指在与成本对象相关联的成本中不能用经济合理的方式追溯到成本对象的那些成本。

话题2　生产费用的归集与分配

产品成本核算的过程实际上是通过多次的成本归集和分配，最终计算出产品总成本和单位成本的过程。成本计算一般以制造业为例，在制造产品的过程中，企业会发生生产费用和非生产费用。生产费用是指产品在生产过程中耗用的材料、人工、燃料动力和制造费用等；非生产费用是指行政部门等发生的管理费用、销售费用和财务费用。接下来，我们通过一个案例来熟悉生产费用如何进行归集与分配。

情形1[①]：A公司是一家生产制造小汽车的企业。2021年4月，第一生产车间领用某种原材料3 000千克，单价30元/千克，原材料成本合计90 000元，分别投产于甲产品500件，乙产品400件。甲产品消耗定额为2.1千克/件，乙产品消耗定额为1.125千克/件，第一车间有189名员工，工人工资按时计薪，每工时薪金15元。当月，生

① 闫华红，东奥会计在线组．2019年注册会计师考试应试指导及全真模拟测试 财务成本管理：上下册［M］．北京：北京科学技术出版社，2019.

产甲产品的实用人工工时为42 000小时，生产乙产品实用人工工时为21 000小时，本月发生制造费用32 130元。同时，A公司还设有运输和修理两个辅助生产车间，该月运输车间共发生成本28 800元，提供运输劳务4 800千米；修理车间共发生成本19 440元，提供修理劳务540小时。已知，第一生产车间甲产品当月耗用运输车间劳务2 700千米，耗用修理车间劳务200小时；乙产品当月耗用运输车间劳务1 200千米，耗用修理车间劳务120小时；行政部门耗用运输车间劳务300千米，耗用修理车间劳务80小时；而运输车间耗用修理车间140小时，同时为修理车间提供了600千米的劳务。请计算甲产品、乙产品的产品成本，并绘制一份产品成本计算表。

分析：

（1）直接材料的归集与分配（见表8-1）

表8-1 **直接材料成本计算表** 金额单位：元

项目	甲产品	乙产品	合计
产量（件）	500	400	900
消耗定额（千克/件）	2.1	1.125	
分配率	90 000÷（500×2.1+400×1.125）=60	90 000÷（500×2.1+400×1.125）=60	
金额	63 000	27 000	90 000

上述产品耗用的原材料，应记入“生产成本”科目及所属明细账的借方，一般会按照项目不同分别反映，如直接材料、燃料、配件等。根据直接材料计算成本表的计算结果，可得到分录：

借：生产成本——基本生产成本（甲产品） 63 000

　　　　　——基本生产成本（乙产品） 27 000

　贷：原材料 90 000

原材料成本除了按照该案例的分配方法——消耗定额分配法外，还可以采用其他方法，比如按照产量分配，按照重量分配，按照体积分配等。

（2）直接人工的归集与分配（见表8-2）

表8-2 **直接人工成本计算表** 金额单位：元

项目	甲产品	乙产品	合计
耗时（小时）	42 000	21 000	63 000
时薪（元/小时）	15	15	
金额	630 000	315 000	945 000

上述产品耗用的人工成本，应记入“生产成本”科目及所属明细账的借方，一般会按照项目的不同分别反映，如工资、福利、职工教育经费等。根据表8-2的计算结果，可得到分录：

借：生产成本——基本生产成本（甲产品） 630 000
——基本生产成本（乙产品） 315 000
贷：应付职工薪酬 945 000

由于工资制度的不同，生产工人的工资费用计入产品成本的方法也不同。在计件工资制度下，生产工人的工资费用通常是根据产量凭证计算工资费用并直接计入产品成本；在计时工资制度下，生产工人的工资往往是按照时长来分配的，若该工人只生产单一产品，则可直接计入该产品的人工成本；若其参与多种产品的生产，则需采用合理的分配方法在各种产品间分配。特别注意，此处的工资费用不仅是指狭义的工资，而且包括职工福利、社会保险、工会经费及职工教育费等。若题中出现相关费用，也须与工资一并进行分配。在企业实际财务管理中，每月月末，财务人员往往需要根据生产部门提供的生产工时记录单和工资结算单编制各部门的"工资费用分配表"，以及汇总编制"工资及其他职工薪酬分配汇总表"。

（3）制造费用的归集与分配（见表8-3）

表8-3 **制造费用计算表** 金额单位：元

项目	甲产品	乙产品	合计
耗用人工工时	42 000	21 000	63 000
分配率	32 130÷（42 000+21 000）=0.51		
金额	21 420	10 710	32 130

上述产品耗用的制造费用，应记入"生产成本"科目及所属明细账的借方，一般会按照项目不同分别反映。根据直接制造费用计算表的计算结果，可得到分录：

借：生产成本——基本生产成本（甲产品） 21 420
——基本生产成本（乙产品） 10 710
贷：制造费用 32 130

在本案例中，A公司按照产品的实用工时来分配制造费用。其实除了这种方法之外，制造费用还可以按照其他比例分配。一般来说，当企业生产车间统计了比较准确的实用人工工时，企业可以采用案例中的A公司所用方法进行分配；若生产车间缺乏此类统计资料，但可以制定比较准确的定额人工工时时，则就可以按照定额人工工时的比例进行分配。此外，在机械化程度较高的生产车间，制造费用还可以按照机器工时进行分配，这样会使得分配结果更加准确。获得分配结果后，该费用还需要记入"生产成本"的借方，并根据实际情况挂在各产品成本项目下。

（4）辅助生产费用的归集与分配

从该案例中可见，辅助生产车间的存在主要是为了基本生产服务的。有的辅助生产车间只提供一种劳务或产品，比如A公司的运输车间提供运输服务，修理车间提供修理服务；有的却能同时生产多种产品或提供多种劳务，比如从事工具、模具、备件的制造等辅助生产。当然，有的辅助车间生产的产品也可对外销售。

在本案例中，A公司的辅助生产车间主要是为第一车间提供运输及修理劳务，其次为行政部门提供少部分劳务。同时，两个辅助生产车间还互相提供劳务。在这种情况下，辅助生产成本就可能需要在不同辅助生产车间之间进行分配。一般来说，若辅助生产车间之间互相提供产品或劳务不多，对产品制造成本的影响不大时，为了简化计算工作，企业可以采用直接分配法分配辅助生产成本，即辅助生产成本不在辅助车间之间分配，而是直接分配到基本生产车间。

我们尝试采用直接分配法分配A公司运输车间和修理车间的辅助生产成本，见表8-4。

表8-4 **辅助生产成本分配表** 金额单位：元

项目	项目	甲产品	乙产品	小计	管理费用	合计
运输车间	耗用量（千米）	2 700	1 200	3 900	300	4 200
	分配率（元/千米）	28 800÷4 200≈6.8571				
	金额	18 514.7	8 228.52	26 742.69	2 057.31	28 800
修理车间	耗用量（小时）	200	120	320	80	400
	分配率（元/小时）	19 440÷400=48.6				
	金额	9 720	5 832	15 552	3 888	19 440
金额合计		28 234.17	14 060.52	42 294.69	5 945.31	48 240

上述产品耗用的辅助生产费用，应记入“生产成本”科目及所属明细账的借方，一般会按照辅助生产费用的不同分别反映，如运输费用、修理费用等。然后基本生产车间产品所耗用的费用转入各产品明细下，行政部分耗用的辅助生产费用直接转入“管理费用”。根据辅助生产费用计算表的计算结果，可得到分录：

借：生产成本——基本生产成本（甲产品）　　28 234.17
　　　　　　——基本生产成本（乙产品）　　14 060.52
　　管理费用　　5 945.31
　贷：生产成本——辅助生产成本（运输费用）　　28 800
　　　　　　　——辅助生产成本（修理费用）　　19 440

除了直接分配法，辅助生产成本还能通过交互分配法进行分配。交互分配法是对各辅助生产车间的成本费用进行两次分配的方法，适用于各辅助生产车间互相提供产品或劳务量差异较大的企业。具体来说，首先根据各辅助生产车间互相提供产品或劳务的数量和交互分配前的单位成本，在辅助生产车间进行一次交互分配；然后将各辅助生产费用交互分配后的实际费用再按对外提供产品或劳务量和交互分配后的单位，在辅助生产车间以外的各受益单位进行一次对外分配。

沿用上个案例，采用交互分配法分配辅助生产成本，并编制“辅助生产成本分配表”，见表8-5。

表8-5　　**辅助生产成本分配表**　　金额单位：元

项目	运输车间			修理车间			合计
待分配费用	耗用量	分配率	金额	耗用量	分配率	金额	金额
对内分配一运输				600	28 800÷4 800	3 600	3 600
对内分配一修理	140	19 440÷540	5 040				5 040
对外分配辅助费用合计金额	28 800−3 600+5 040=30 240			19 440+3 600−5 040=18 000			
对外一甲产品	2 700	30 240÷4 200	19 440	200	18 000÷400	9 000	28 440
对外一乙产品	1 200	30 240÷4 200	8 640	120	18 000÷400	5 400	14 040
小计	3 900	7.2	28 080	320	45	14 400	42 480
对外一管理费用	300	30 240÷4 200	2 160	80	18 000÷400	3 600	5 760
合计	4 200	7.2	30 240	400	45	18 000	48 240

根据上述辅助生产费用计算表的计算结果，可得到分录：

（1）交互分配

借：生产成本——辅助生产成本（运输费用）　　5 040

　　　　　　——辅助生产成本（修理费用）　　3 600

　贷：生产成本——辅助生产成本（运输费用）　　3 600

　　　　　　　——辅助生产成本（修理费用）　　5 040

（2）对外分配

借：生产成本——基本生产成本（甲产品）　　28 440

　　　　　　——基本生产成本（乙产品）　　14 040

　　管理费用　　5 760

　贷：生产成本——辅助生产成本（运输费用）　　30 240

　　　　　　　——辅助生产成本（修理费用）　　18 000

从上述计算过程可看到，交互分配法提高了分配结果的准确性，但是各辅助生产成本要计算两个单位成本，进行两次分配，从而增加了计算工作量。

话题3　在产品、完工产品以及联产品的成本分配方法

一、在产品和产成品的成本分配

当企业同时存在产成品和在产品时，我们需要采用合理的方式将成本在在产品和产成品之间进行分配。

情形1：甲企业生产销售A产品，A产品的生产需要经过两道工序，其中第一道

工序20小时，第二道工序30小时。2021年8月，第一生产车间投产A产品60件。经费用归集，第一生产车间当月生产A产品一共耗费12 880元。月末A产品完工30件，10件尚在第一道工序加工，剩余产品停留第二道工序加工。已知两道工序在产品的完工程度均为50%，且月初在产品为零，请问甲企业8月末完工产品的成本是多少？

分析：上述情形要求我们使用约当产量法进行在产品和产成品之间的成本分配。约当产量法是指在产品按其完工程度相当于完工产品的数量计算成本。公式如下：

在产品约当产量=在产品数量×完工程度

单位成本=（月初在产品成本+本月发生费用）÷（在产品约当产量+完工产品数量）

完工产品成本=单位成本×完工产品数量

月末在产品成本=单位成本×在产品约当产量

代入情形1，计算可得：

在产品约当产量= 10×20×50%÷50 +20×（20+30×50%）÷50=16（件）

单位成本=12 880÷（30+16）=280（元/件）

完工产品成本=280×30=8 400（元）

所以，甲企业8月末完工产品的成本是8 400元。

其实，除了上述比较常考的约当产量法，在产品和完工产品的分配方法还有很多种，比如不计算在产品成本法、在产品成本按年初数固定计算法、定额比例法、定额成本法等。

1.不计算在产品成本法

这种方法是一种虽然月末存在在产品，但是不将其列为成本分配对象的方法，适合月末在产品数量很少、总价值很低且各月在产品数量比较稳定的企业。

在产品成本=0

当月完工产品成本=当月发生的全部生产耗费

2.在产品成本按照年初数固定计算法

当企业的月末在产品数量较小，或者每个月在产品数量变动不大时，为了简化核算工作，企业可以将年初的在产品成本视为每月的在产品成本。当然，若企业采用这种方法，每到年终，企业都需要重新盘点在产品数量，并根据在产品实际数量调整在产品成本，以免影响成本计算的正确性。

3.定额成本法

定额成本法是指直接依据企业制定的在产品单位定额成本确定月末在产品成本的方法，适用于月末在产品数量稳定或数量较少且制定了比较准确的消耗定额的企业。

月末在产品成本=月末在产品数量×在产品定额单位成本

当月完工产品成本=月初在产品成本+当月发生的全部生产耗费-月末在产品成本

4.定额比例法

定额比例法是指以消耗定额为比例分配在产品和产成品成本的方法，适用于在产品数量变动较大并且制定了比较准确的消耗定额的企业。一般来说，材料费用按定额消耗量比例分配，其他费用则习惯按定额工时比例进行分配。其他费用的分配可参考材料成本的分配。

$$\text{材料分配率}=\left(\text{月初在产品实际成本}+\text{当月发生的全部生产耗费}\right)\div\left(\text{月末在产品定额材料成本}+\text{月末完工产品定额材料成本}\right)$$

月末在产品材料成本=月末在产品材料定额成本×材料分配率

当月完工产品材料成本=月末完工产品材料定额成本×材料分配率

二、联产品的成本分配

除了在产品和完工产品的成本分配，部分企业还会涉及联产品的成本分配。

情形2[①]：粤港澳大湾区某企业生产猪肉加工品用于供应超市和餐馆。1月份，该企业生产加工出猪排3 000千克，鲜肉肠6 000千克，腌猪腿1 000千克，其余为损耗废料。该月一共耗用14 000千克猪肉，加上将整头猪进行宰、剁的人工成本和其他相关费用，总共耗费成本160 000元。当月，猪排的价格为20元/千克，鲜肉肠的价格为25元/千克，腌猪腿的价格为49元/千克。要求分别使用实物数量法和分离点售价法分配相关成本，并确定猪排、鲜肉肠和腌肉腿的单位成本。

该案例考察的知识点是联产品的成本分配。在该案例中，猪排、鲜肉肠和腌猪腿都是用原料经过一定的生产过程制作而成的，三者属于联产品的关系，符合联产品的定义，即使用同种原料，经过同一生产过程同时生产出来的两种或两种以上数量的主要产品。联产品在分离后，有的可以直接销售，有的需要进一步加工才可供出售。在分离点以前发生的成本，叫作联合成本，需要在各种联产品之间以合理的方式进行分配。一般有以下两种方法：

1.实物数量法

实物数量法是以产品的实物数量或者重量为依据进行联合成本分配的。这种方法适合价格不稳定或者无法直接确定的产品，比如一些分离后无法直接出售的产品。

单位数量或重量成本=联合成本÷各联产品的总数量或总重量

根据上述案例资料，计算可得：

单位重量成本=160 000÷（3 000+6 000+1 000）=16（元/千克）

猪排的成本=16×3 000=48 000（元）

鲜肉肠的成本=16×6 000=96 000（元）

腌猪腿的成本=16×1 000=16 000（元）

从生活常识来看，猪排、鲜肉肠、腌猪腿的单位成本是不可能一样的，因此我们可以判断该企业的联产品以重量为基础进行联合成本分配是不合适的。由此看来，实物重量法并不适合所有企业的联合成本分配。

2.分离点售价法

为了更合理地分配联合成本，我们可以采用分离点售价法分配联合成本。分离点售价法是指以分离点上每种产品的销售价格或可变现净值为基础进行分配的一种方法。公式如下：

分配率=联合成本÷各联产品的总销售价格或可变现净值

---

① 闫华红，东奥会计在线组. 2019年注册会计师考试应试指导及全真模拟测试 财务成本管理：上下册［M］. 北京：北京科学技术出版社，2019.

沿用上述资料，采用分离点售价法分配联合成本如下：

分配率=160 000÷（3 000×20+6 000×25+1 000×49）≈0.62

猪排的成本=0.62×3 000×20=37 200（元）

鲜肉肠的成本=0.62×6 000×25=93 000（元）

腌猪腿的成本=0.62×1 000×49=30 380（元）

对比两种方式分配成本的结果，可以看到在分离点售价法下，猪排和腌猪腿的成本发生了明显变化。因此，为了准确地对联合成本进行分配，我们需要根据企业具体的经营情况判断采用何种方式。

话题4　产品成本的计算方法

小视频26　　小视频27

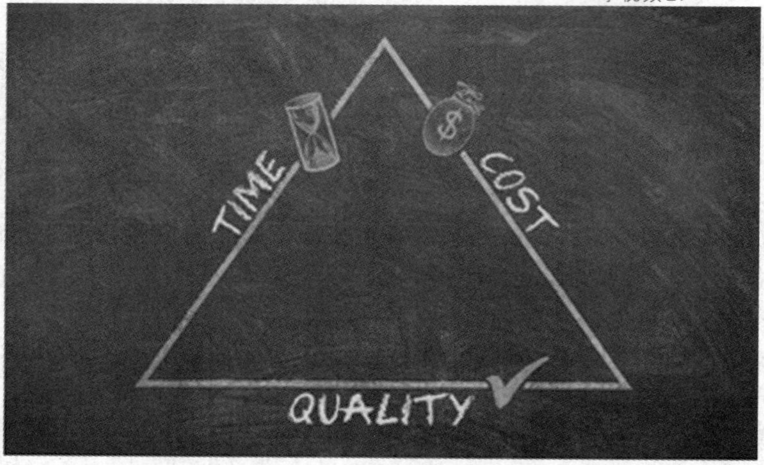

在确定产品成本计算方法之前，我们要先了解企业生产组织以及生产工艺过程的特点。生产特点、管理要求不同的企业，其成本计算方法也有所不同。一般来说，受生产特点和管理要求的影响，成本计算对象主要有三种形式：产品品种、产品生产步骤以及产品批别，对应的成本计算方法分别是品种法、分步法和分批法。

情形1[①]：甲公司2021年10月生产了A、B两种产品。A产品系生产开始时一次投料、逐步加工，月末完工1 200件，在产品400件，在产品完工程度为50%；B产品系随加工进度逐步投料，月末完工700件，在产品200件，在产品完工程度为80%。要求按照品种法分别计算A产品、B产品的本月完工产品及月末在产品成本，并编制完工入库的会计分录。月初在产品成本表见表8-6，本月发生费用表见表8-7。

---

① 闫华红，东奥会计在线组. 2019年注册会计师考试应试指导及全真模拟测试 财务成本管理：上下册[M]. 北京：北京科学技术出版社，2019.

表 8-6　　　　月初在产品成本表　　　　单位：元

产品名称	直接材料	直接人工	制造费用
A产品	17 420	13 580	5 800
B产品	16 540	2 448	5 838

表 8-7　　　　本月发生费用表　　　　单位：元

产品名称	直接材料	直接人工	制造费用
A产品	68 980	28 420	11 000
B产品	34 200	12 000	14 200

上述案例要求使用品种法计算产品成本。那么，什么是品种法呢？其特点是什么呢？品种法的成本计算对象是产品品种。这种方法适用于大量大批的单步骤生产企业。这类企业生产产品时往往不能从技术上将生产技术过程划分为几个具体步骤。或者说，虽然公司可以按步骤计算产品成本，但公司内部管理并不要求按步骤管理，为了简化计算过程，便可不划分。它是产品成本计算方法中最基础的一种，其成本计算方式最具有代表性且相比其他方法更为简单。A产品成本计算表见表 8-8，B产品成本计算表见表 8-9。

表 8-8　　　　A产品成本计算表　　　　金额单位：元

项目	直接材料	直接人工	制造费用	合计
月初在产品成本	17 420	13 580	5 800	36 800
本月发生成本	68 980	28 420	11 000	108 400
合计	86 400	42 000	16 800	145 200
分配率	86 400÷（1 200+400）=54	42 000÷（1 200+400×50%）=30	16 800÷（1 200+400×50%）=12	96
完工产品成本	64 800	36 000	14 400	115 200
单位成本	54	30	12	96
月末在产品成本	21 600	6 000	2 400	30 000

表 8-9　　　　B产品成本计算表　　　　金额单位：元

项目	直接材料	直接人工	制造费用	合计
月初在产品成本	16 540	2 448	5 838	24 826
本月发生成本	34 200	12 000	14 200	60 400
合计	50 740	14 448	20 038	85 226
分配率	50 740÷（700+200×80%）=59	14 448÷（700+200×80%）=16.8	20 038÷（700+200×80%）=23.3	99.1
完工产品成本	41 300	11 760	16 310	69 370
单位成本	59	16.8	23.3	99.1
月末在产品成本	9 440	2 688	3 728	15 856

根据以上计算结果，月末编制入库会计分录如下：

借：库存商品——A产品　　115 200

　　　　　　——B产品　　69 370

　贷：生产成本——基本生产成本（A产品）　　115 200

　　　　　　　——基本生产成本（B产品）　　69 370

情形2：乙企业按照购货单位的要求，组织小批生产C、D两种产品，并采用分批法计算产品成本。10月，该企业投产C产品20件，批号为1001，11月全部完工。其中，C产品10月发生材料成本20 000元，人工费用800元，制造费用5 500元；11月发生材料成本5 000元，人工费用1 200元，制造费用8 000元。11月，该企业投产D产品60件，批号为1101，当月完工40件并交货，还有20件尚未完工。D产品11月发生材料成本408 000元，原料于开始生产时一次性投入；人工费用5 520元，制造费用42 320元。其中，15件在产品处于第一道工序，完工程度为20%；5件在产品处于第二道工序，完工程度为60%。按照分批法计算C、D产品11月的成本。

情形2就是我们要学习的第二种成本计算方法——分批法。分批法是指按照产品批别归集生产费用、计算产品成本的方法。由于大多数批别是根据销货订单确定的，因此，这种方法又称订单法。其特点是产品计算期与会计核算报告期不同，与生产周期基本一致，因此一般不存在完工产品和在产品之间分配费用的问题。但是有时同一批产品的生产会跨月份，为了提供月末在产品成本，企业仍需要将费用在完工产品和在产品之间进行分配。这种方法适用于单件小批生产的制造业企业，比如造船业、重型机器设备制造业。此外，一般企业的新产品试制生产、在建工程及设备修理作业也可以采用这种方法。

根据上述信息，我们来计算乙企业1001批和1101批产品的成本，具体见表8-10和表8-11。

表8-10　　**C产品成本计算表**

开工日期：10月1日　　产品名称：C产品

批号：1001　　批量：20件

委托单位：宇宙公司　　完工日期：11月18日

项目	直接材料	直接人工	制造费用	合计
10月末余额	20 000	800	5 500	26 300
11月发生费用	5 000	1 200	8 000	14 200
费用合计	25 000	2 000	13 500	40 500
完工产品成本	25 000	2 000	13 500	40 500
单位成本	1 250	100	675	2 025

表 8-11　　D产品成本计算表

开工日期：11月3日　　产品名称：D产品

批号：1101　　批量：60件

委托单位：嘉佳公司　　完工日期：11月31日

项目	直接材料	直接人工费用	制造费用	合计
11月发生费用	408 000	5 520	42 320	455 840
分配率	408 000÷（40+20）=6 800	5 520÷（40+15×20%+5×60%）=120	42 320÷（40+15×20%+5×60%）=920	
完工产品成本	272 000	4 800	36 800	313 600
单位成本	6 800	120	920	7 840
月末在产品成本	136 000	720	5 520	142 240

根据计算结果，可编制会计分录如下：

借：库存商品——C产品　　40 500

　　　　　——D产品　　313 600

　贷：生产成本——基本生产成本（C产品）　　40 500

　　　　　　——基本生产成本（D产品）　　313 600

情形3：丙公司是一家机械设备制造企业，只生产销售一种产品，生产过程分为两个步骤，第一步骤产出的半成品直接转入第二步骤继续加工，每件半成品可加工成一件产成品。原材料在第一步骤生产开工时一次性投入，各步骤加工成本费用陆续发生。已知丙公司产品成本计算采用平行结转法，月末在产品和完工产品之间采用约当产量法（假设在产品存货发出采用加权平均法），第一步骤和第二步骤月末在产品的完工程度分别为30%和50%。请根据以上信息，编制丙公司的成本计算单并编制产品入库的会计分录。2021年9月，丙公司照计划生产加工该产品，其成本核算资料如下：

（1）月初在产品成本（见表8-12）

表 8-12　　月初在产品成本表　　单位：元

步骤	直接材料	直接人工	制造费用	合计
第一步骤	12 000	6 880	9 554	28 434
第二步骤		5 600	10 200	15 800

（2）本月生产量（见表8-13）

表 8-13　　本月生产量表　　单位：元

步骤	月初在产品数量	本月投产量	本月完工数量	月末在产品数量
第一步骤	50	280	260	70
第二步骤	30	260	240	50

（3）本月发生的费用（见表8-14）

表8-14 **本月费用表** 单位：元

步骤	直接材料	直接人工	制造费用	合计
第一步骤	18 240	14 579	38 962	71 781
第二步骤	0	20 370	59 760	80 130

在该情形下，我们需要使用分步法计算产品成本。分步法是指同时以产品生产步骤和产品品种为成本计算对象，归集和分配生产费用并计算产品成本的方法。它适用于大量大批多步骤生产的制造业企业，比如纺织业、冶金业、汽车制造业等。为了便于考核和分析各种产品及各生产步骤的成本计划执行情况，这类企业在管理上往往既要求按产品品种计算成本，又要求按生产步骤计算成本。

丙公司所用的平行结转分步法，是分步法中的一种计算方法。平行结转分步法是指在计算各步骤成本时，不计算各步骤所产半成品的成本，也不计算各步骤所耗上一步骤的半成品成本，而只计算本步骤发生的各项其他费用和这些费用中计入产品成本的份额，将相同产品的各步骤成本明细账中的这些份额平行结转、汇总计算出该产品的产成品成本。其特点是以各产成品及其经过的各生产步骤中的成本份额为成本计算对象，而各步骤的产品生产费用并不伴随半成品实物的转移而结转。

接下来，我们尝试以平行结转分步法计算丙公司的产品成本。首先，我们需要归集并计算第一生产步骤的成本费用，已知相关成本信息，且在产品与完工产品之间用约当产量法分配成本，具体计算步骤见表8-15：

表8-15 **第一生产步骤成本汇总计算表** 单位：元

项目	直接材料	直接人工	制造费用	合计
月初在产品成本	12 000	6 880	9 554	28 434
本月生产费用	18 240	14 579	38 962	71 781
合计	30 240	21 459	48 516	100 215
分配率	30 240÷（240+50+70）=84	21 459÷（240+50+70×30%）=69	48 516÷（240+50+70×30%）=156	
产成品中本步骤份额	84×240=20 160	69×240=16 560	156×240=37 440	74 160
月末在产品	84×（50+70）=10 080	69×（50+70×30%）=4 899	156×（50+70×30%）=11 076	26 055

其次，我们需要归集并计算第二生产步骤的成本费用，计算结果见表8-16：

表 8-16 **第二生产步骤成本汇总计算表** 单位：元

项目	直接材料	直接人工	制造费用	合计
月初在产品成本		5 600	10 200	15 800
本月生产费用	0	20 370	59 760	80 130
合计	0	25 970	69 960	95 930
分配率		25 970÷（240+50×50%）=98	69 960÷（240+50×50%）=264	
产成品中本步骤份额		98×240=23 520	264×240=63 360	86 880
月末在产品		98×（50×50%）=2 450	264×（50×50%）=6 600	9 050

最后，我们根据第一生产步骤和第二生产步骤的计算结果编制产成品成本汇总表，并计算产成品的单位成本。产成品成本汇总计算表见表 8-17：

表 8-17 **产成品成本汇总计算表** 单位：元

项目	直接材料	直接人工	制造费用	合计
第一生产步骤	20 160	16 560	37 440	74 160
第二生产步骤	0	23 520	63 360	86 880
合计	20 160	40 080	100 800	161 040
单位成本	84	167	420	671

根据产成品成本计算结果，可编制产品入库分录如下：

（1）产成品分配的成本费用

借：生产成本——基本生产成本（原材料） 20 160
　　　　　——基本生产成本（职工薪酬） 40 080
　　　　　——基本生产成本（制造费用） 100 800
　贷：原材料 20 160
　　　应付职工薪酬 40 080
　　　制造费用 100 800

（2）产品入库

借：库存商品 161 040
　贷：生产成本——基本生产成本（原材料） 20 160
　　　　　　——基本生产成本（职工薪酬） 40 080
　　　　　　——基本生产成本（制造费用） 100 800

通过丙公司案例的计算分析，我们已经对平行结转分步法有了一定的了解。从以上计算过程来看，平行结转分步法能够直接提供按原始成本项目（原材料、人工费用、制造费用等）反映的产品成本资料，产品的成本结构清晰，计算相对便捷；此外，企业的各生产步骤还可以同时归集成本费用进行产成品成本计算，然后平行汇总计入产成品成本，节约了时间。

那这种计算方式是否有什么缺点呢？从丙公司的计算结果来看：首先，因该方法的半成品成本不能随实物的转移而结转，所以我们无从知道各步骤的在产品成本，显然这种计算方式不利于企业对各步骤在产品进行实物及资金管理；其次，我们可以发现，第二生产步骤的成本费用并没有包含从第一生产步骤转来的半成品成本，因此不利于企业管理者对各步骤进行成本管理。

其实，为了满足企业管理者对半成品成本、在产品管理的需求，分步法还有另一种方法——逐步结转分步法。

逐步结转分步法是指按照产品的加工顺序，逐步计算并结转半成品成本，直到最后加工步骤才能计算产成品成本的方法。它是按照产品加工顺序先计算第一生产步骤的半成品成本，然后结转给第二个加工步骤，也就是说第二个加工步骤需把第一生产步骤转来的半成品计入该步骤的成本费用进行产成品分配，如此逐步转移累计，直到最后一个步骤才能计算出产成品成本。

这种成本计算方法能够为企业管理者提供各步骤半成品的成本资料，且能全面反映各步骤的实际生产耗用水平，从而有利于企业管理者对在产品进行实物数量管理及资金管理。这种方法适用大量大批连续式复杂生产的企业，比如钢铁厂生铁、钢锭的生产，汽车制造企业零部件的生产等。按照成本在下一步骤的成本计算单中的反映方式，逐步结转分步法还可以分为逐步综合结转分步法和逐步分项结转分步法。

【小思考8-1】在实际核算中，利用逐步综合结转分步法计算的产品成本结构往往与产品的实际构成情况不相符。为了使管理层能从整个企业的角度分析及考核产品成本的构成和水平，我们该如何对成本进行还原呢？

提示：成本还原，就是把所耗上一步骤半成品的综合成本还原成原材料、直接人工、制造费用等原始成本项目，从而求得按原始成本项目反映的产品成本资料。

专题总结：

本专题重点讲解产品成本计算的方法——品种法、分批法、分步法，要求学习者掌握各种方法的基本道理，理解成本如何在各种产品之间进行合理分配，遵循收入与成本相匹配的原则，本专题是对成本会计课程的高度概括。

专题练习

一、单项选择题

1.下列各项中不属于应计入制造成本中的直接人工成本的是（　　）。

A.在生产中为生产工人发放的工资费用

B.在生产中为生产工人发放的福利费用

C.在生产中为生产工人发放的奖金

D.在生产中为生产工人发放的维修防护费用

2.与产品成本无关的费用法是（　　）。

A.生产车间耗用的原材料

B.生产车间耗用的低值易耗品

C.生产车间管理人员的工资费用

D.生产车间生产人员的福利费用

3.如果期末在产品成本按定额成本计算，那么实际成本脱离定额的差异会（　　）。

A.完全由完工产品承担

B.完全由在产品承担

C.由完工产品和在产品共同承担

D.由当期损益承担

4.企业在完工产品和在产品之间分配费用，采用在产品成本按年初数固定计算，适用于以下（　　）情况。

A.月末在产品数量很大的产品

B.月末在产品数量为零的产品

C.各月末在产品数量虽多但各月之间在产品数量变动不大的产品

D.各月成本水平相差不大的产品

5.适用于汽车修理企业采用的产品成本计算方法是（　　）。

A.品种法

B.分批法

C.逐步结转分步法

D.平行结转分步法

6.下列关于成本的说法错误的是（　　）。

A.成本可以分为产品成本和期间成本

B.成本可以分为制造成本与非制造成本

C.期间成本不包括生产车间管理人员的费用

D.非制造成本包括销售费用、管理费用和财务费用

7.企业采用交互分配法，辅助生产费用交互分配后的实际费用要用在（　　）分配。

A.各基本生产车间之间

B.各受益单位之间

C.各辅助生产车间之间

D.辅助生产车间以外的各受益单位之间

8.各步骤的产品生产费用并不随半成品实物的转移而结转的分步法是（　　）。

A.按计划成本综合结转分步法

B.逐步综合结转分步法

C.逐步分项结转分步法

D.平行结转分步法

9.公司甲产品单位工时定额为40小时，经过两道工序加工完成，第一道工序的工时定额为20小时，第二道工序的工时定额为60小时。假设本月末第一道工序有在产品20件，平均完成程度为60%；第二道工序有在产品40件，平均完工程度为40%。假设在产品存货发出采取加权平均法，则分配人工费用时在产品的约当产量为（　　）件。

A.23　　B.25　　C.28　　D.30

10.以下企业中，适合使用分步法进行成本核算的有（　　）。

A.大型造船企业

B.汽车制造企业

C.重型机器设备制造企业

D.飞机制造企业

8.1

二、多项选择题

1.用同一种原材料同时生产出几种产品的联产品，在分离前（　　）。

A.直接费用直接计入某种产品成本

B.间接费用分配计入某种产品成本

C.无论是直接生产费用还是间接生产费用都不能直接计入某种产品成本

D.没有直接计入某种产品的费用

2.在产品的成本分配方法有（　　）。

A.不计算在产品成本法

B.定额比例法

C.约当产量法

D.定额成本法

3.以下说法正确的有（　　）。

A.品种法适用于大量大批的单步骤生产企业

B.分批法适用于单件小批生产的企业

C.分步法适用于大量大批多步骤生产的制造企业

D.逐步结转分步法适用于大量大批连续式复杂生产的企业

4.采用分批法计算产品成本，作为某一成本计算对象的批别，可以按照（　　）

确定。

A.同一订单中的多种产品

B.不同订单中的同种产品

C.同一订单中同种产品的组成部分

D.不同订单中的不同产品

5.在下列分步法中，不需要进行成本还原的有（　　）。

A.逐步综合结转分步法

B.逐步分项结转分步法

C.平行结转分步法

D.按计划成本综合结转分步法

8.2

三、判断题

1.不计算在产品成本法适合月末在产品数量很少、总价值很低且各月在产品数量比较稳定的企业。（　　）

2.逐步结转分步法能够为企业管理者提供各步骤半成品的成本资料，但不能全面反映各步骤的实际生产耗用水平。（　　）

8.3

3.在分离点以前发生的成本，叫作联合成本，需要在各种联产品之间以合理的方式进行分配。（　　）

4.品种法的成本计算对象是产品品种，这种方法适用于大量大批的单步骤生产企业。（　　）

5.分离点售价法是指以分离点上每种产品的销售价格或可变现净值为基础进行分配的一种方法。（　　）

四、计算题

1.甲公司设有运输和修理两个辅助生产车间，运输车间的成本按照运输千米比例分配，修理车间的成本按照修理工时比例分配。该公司2021年9月有关辅助生产费用资料如下：

（1）运输车间本月共发生成本22 500元，提供运输劳务5 000千米；修理车间本月共发生成本240 000元，提供修理劳务640小时。

（2）运输车间耗用修理车间劳务40小时，修理车间耗用运输车间劳务500千米。

（3）基本生产车间耗用运输部门车间劳务2 550千米，耗用修理车间劳务320小时。

（4）行政管理部门耗用运输部门车间劳务1 950千米，耗用修理车间劳务280小时。

要求：

（1）采用直接分配法，编制甲公司的辅助生产费用分配表（见表8-18），并编制辅助生产费用分配的会计分录。

表 8-18 **辅助生产费用分配表（直接分配法）** 金额单位：元

辅助生产车间		运输	修理	合计
待分配成本				
对外提供劳务数量				
单位成本				
基本生产车间	耗用数量			
	分配金额			
行政管理部门	耗用数量			
	分配金额			
合计				

（2）采用交互分配法编制甲公司的辅助生产费用分配表（见表 8-19），并编制辅助生产费用分配的会计分录。（分配率保留四位小数，分配金额保留整数）

表 8-19 **辅助生产费用分配表（交互分配法）** 金额单位：元

项目			对外分配		对内分配		合计
辅助生产车间			运输	修理	运输	修理	
待分配成本							
对外提供劳务数量							
单位成本							
辅助生产车间	运输	耗用数量					
		分配金额					
	修理	耗用数量					
		分配金额					
基本生产车间	耗用数量	耗用数量					
	分配金额	分配金额					
行政管理部门	耗用数量	耗用数量					
	分配金额	分配金额					
合计							

2. 甲公司是一家机械制造企业，只生产销售一种产品，生产过程分为两个步骤，第一步骤产出的半成品直接转入第二步骤继续加工，每件半成品加工成一件产成品，产品成本计算采用逐步综合结转分步法，月末完工产品和在产品之间采用约当产量法（假设在产品存货发出采用加权平均法）分配生产成本。第一步骤耗用的原材料在生

产开工时一次性投入，各个生产步骤加工成本费用陆续发生，第一步骤和第二步骤月末在产品完工程度均为本步骤的50%。

2021年6月的成本核算资料如下：

（1）月初在产品成本（见表8-20）。

表8-20 **月初在产品成本核算表** 单位：元

步骤	半成品	直接材料	直接人工	制造费用	合计
第一步骤		3 750	2 800	4 550	11 100
第二步骤	6 000	1 800	780	2 300	10 880

（2）本月生产量（见表8-21）。

表8-21 **本月生产量核算表** 单位：元

步骤	月初在产品数量	本月投产量	本月完工数量	月末在产品数量
第一步骤	60	270	280	50
第二步骤	20	280	270	30

（3）本月发生的生产费用（见表8-22）。

表8-22 **本月生产费用核算表** 单位：元

步骤	直接材料	直接人工	制造费用	合计
第一步骤	16 050	24 650	241 200	281 900
第二步骤	40 950	20 595	61 825	123 370

要求：

（1）编制第一、二步骤成本计算单（不用列出计算过程），见表8-23和表8-24。

表8-23 **第一步骤成本计算单** 单位：元

项目	直接材料	直接人工	制造费用	合计
月初在产品成本				
本月生产费用				
合计				
分配率				
完工半成品转出				
月末在产品				

表8-24 **第二步骤成本计算单** 单位：元

项目	直接材料	直接人工	制造费用	合计
月初在产品成本				
本月生产费用				
合计				
分配率				
完工半成品转出				
月末在产品				

（2）编制产品成本还原计算表（见表8-25）。

表 8-25 **产品成本还原计算表** 单位：元

项目	半成品	直接材料	直接人工	制造费用	合计
还原前产品成本					
本月所生产半成品成本					
成本还原					
还原后产品成本					
还原后产成品单位成本					

8.4

专题九　纳税筹划

思政园地

纳税筹划是一门学问，合理进行规划能够为企业节税并实现利润提升，美化企业财务报表，然而我们要时刻牢记法律法规及伦理道德的约束，时刻思考自身行为会给社会或其他企业带来的影响，树立良好的大局意识，而不能单纯地追求自身利益最大化。

税收作为企业的客观理财环境之一，企业如果没有良好的税收筹划，那么就不能有效地安排税务事项，也就谈不上有效地财务管理，因此更无法达到理想的企业财务目标。对于追求价值最大化的企业来说，如何在税法许可的前提下，实现税收负担最低或最适宜，也就成为企业税收筹划的重心所在。企业通过充分利用各种有利的税收政策，合理进行财务协调和会计处理，从而巧妙地安排税收方案。

如何在依法纳税的同时合理利用税收杠杆，从而最大限度地谋取经济利益？

话题1 什么是纳税筹划

一、纳税筹划的概念

1.纳税筹划的概念

纳税筹划是一个新概念，目前各界对纳税筹划的定义并不统一，但是其内涵是基本一致的：纳税筹划是指纳税人为达到减轻税收负担和实现税收零风险的目的，在税法允许的范围内，对企业的经营、投资、理财、组织、交易等各项活动进行事先安排的过程。该定义明确表示了纳税筹划的目的：减轻税收负担；实现税收零风险。如果企业开展纳税筹划活动后，却没有减轻税收负担，那么其纳税筹划活动是失败的；但是，如果企业在减轻税收负担的同时，税收风险却大幅度提升，那么其纳税筹划活动同样也是不成功的。

纳税筹划究竟能给企业带来什么效益？以下举例说明。

案例9-1[①]

甲公司为家具生产企业，每年从农民手中收购经农民加工的板材1 500万元。假设农民加工这1 500万元的板材实际耗用树木的成本为1 000万元。甲公司每年销售家具，取得不含税销售收入3 800万元，销售家具适用的增值税税率为13%，其他可抵扣进项税额为110万元。

要求：请对上述业务进行纳筹划。

方案一：甲公司从农民手中收购经农民加工的板材。

应纳增值税=3 800×13%-110=384（元）

方案二：甲公司直接收购树木，然后雇佣农民加工板材（原木的扣除率是10%)。

应纳增值税=3 800×13%-1 000×10%-110=284（元）

结论：方案二比方案一少缴纳增值税100万元（384-284），因此应当选择方案二。

---

① 参考：梁文涛. 纳税筹划［M］. 北京：中国人民大学出版社，2020.

由此例可说明，企业通过纳税筹划，可以达到节税，减少税收负担，降低企业成本，增加企业利润的效果。

2.纳税筹划的意义

从纳税筹划的概念中可以看出：从短期看，企业进行纳税筹划的目的是通过对经营活动的安排，减少缴税，节约成本支出，以提高企业的经济效益；从长期看，企业自觉地把税法的各种要求贯彻到其各项经营活动之中，使得企业的纳税观念、守法意识都得到强化，控制税收零风险。因此，无论从短期来看还是从长期来看，企业进行纳税筹划都是具有现实意义的。

3.减轻税收负担的含义

减轻税收负担包括三方面含义：绝对减少税负；相对减少税负；延缓纳税。

（1）绝对减少税负。

绝对减少税负表现为税收负担额的直接减少。例如，企业去年缴税1 000万元，今年纳税筹划以后缴税800万元，则直接减少税负200万元。

（2）相对减少税负。

相对减少税负需要把纳税额与企业的各项经营业绩挂钩。例如，如果某企业今年的销售额比去年有了相当大的提高，在这种情况下，绝对数的减少并不能完全反映纳税筹划的效果。所以，通常以税收负担率来衡量是否相对减少了税负。

税收负担率，是指宏观的税收负担率。利用企业税收负担率来分析企业的税收负担问题，具有实际意义，一般用来进行纵向和横向的比较，如与同行业对比，与企业前后各期对比，如一般工业企业的税收负担率约为3%，商业企业的税收负担率约为1%等。

（3）延缓纳税。

在长期的计划经济条件下，企业一般不在乎延缓纳税，认为通过一切方法，把年初应缴纳的部分税收推迟到年末缴纳，并不能起到节税的效果。这种观点并不正确，因为把年初的税款合法地推迟到年末缴纳，企业就取得了用这笔税款作为资金使用一年的价值，从这个意义上来说，纳税筹划也取得了很好的效果。

4.涉税零风险的含义

涉税零风险是指纳税人账目清楚，缴纳税款及时、足额，不会出现任何关于税收方面的处罚，纳税申报正确，即在税收方面没有任何风险，或风险极小可以忽略不计的一种状态。

减轻税收负担是纳税筹划的第一个目的，纳税筹划的第二个目的是税收零风险。税收零风险是指税务稽查无任何问题。对于中小企业而言，税收风险意识普遍淡薄，缺乏税收风险防范意识，等到出现税收风险问题，才体会到控制税收风险的重要性。为什么企业从前普遍不重视税收风险控制，而现在却越来越重视？因为，在金税三期系统没有上线之前，企业的税收日常审查工作，全部依靠税务人员，由于企业众多，税务人员有限，因此很难做到对所有企业进行监管，只能抓大放小，管好大企业，兼顾中小企业。自从金税三期系统上线后，税务部门每天都在对所有企业进行动态大数据分析，比如分析各项指标是否配比（水电费、人工费、场地费、业务招待费等费用与收入是否配比），如果系统发现异常，那么系统会及时提示税务人员进行核查，严重的会被税务稽查。企业在接受税务稽查时，会面临着三种不同性质的稽查：日常稽查、专项稽查、举报稽查。

二、纳税筹划的常见方法

1.税率差异技术

税率差异技术是指根据税率的差别进行税收计算，选择节税的方案。例如，土地增值税实行4级超率累进税率，即：增值额未超过扣除项目金额50%的部分，税率为30%；增值额超过扣除项目金额50%、未超过100%的部分，税率为40%；增值额超过扣除项目金额100%、未超过200%的部分，税率为50%；增值额超过扣除项目金额200%的部分，税率为60%。同时，《中华人民共和国土地增值税法》（征求意见稿）还规定：纳税人建造保障性住房出售，增值额未超过扣除项目金额20%的，免征土地增值税。

2.筹划法

筹划法是指利用税制要素进行税务筹划的方法，主要可以从以下两方面着手：

（1）找出不属于征税范围的内容。任何税种都明确规定了征税对象。进行税务筹划要利用这些规定做反向思维，找出不属于征税范围的内容，然后利用这些规定开展筹划工作。例如，某企业有一项专利技术要转让，有两家公司想购买这项专利技术，两家都出价1 000万元：一家是外国公司，购买后在境外使用；另一家是国内公司，购买后在境内使用。如果转让的无形资产不在境内使用，那么就不属于在中华人民共和国境内转让无形资产，从而不需要缴纳增值税，因此，从税收筹划角度考虑，该企业的专利技术应该转让给外国公司。

（2）找出有利于延迟纳税的税法规定，并依此签订对外销售合同。签订对自己有利的销售合同，延迟纳税义务。例如，某企业签订了一份1 000万元的销售合同，如果是直接收款合同，那么在对方资金周转不灵的情况下必定会迟延付款，但企业仍需根据合同规定确认收入并计算缴纳税金，这就会给企业造成纳税压力。如果企业根据购货企业的财务状况签订分期付款销售合同分期确认收入，分期计算缴纳税金，那么就可以达到迟延纳税、缓解企业纳税压力的目的。

3.分拆与合并技术

分拆与合并技术是指在合法、合理的情况下，使所得收入、财产在两个乃至更多的纳税人之间进行分割或将两个乃至更多的纳税人的所得收入、财产合并，为少数纳税人所有，从而最大化节税的技术。

（1）利用分拆技术的筹划。企业所得税一般都是累进税率，计税基础越大适用的边际税率越高。如果将应纳税所得额在两个或更多的纳税人之间进行分割，那么可以减少计税基础，从而降低边际适用税率，实现节减税款。

（2）采用企业合并技术的筹划。相关联的两家企业，当一个企业盈利，另一个企业亏损时，盈利企业需要缴纳所得税，而亏损企业的亏损却迟迟得不到弥补，这对两家关联企业整体构成了损失。在这种情况下，企业就可以利用合并技术进行筹划，来减少缴纳企业所得税，即将两家企业合并为一家企业，从而达到整体节减税款的目的。

如果甲企业年应纳税所得额为1 000万元，乙企业累计亏损910万元，那么甲乙企业合并前分别缴纳所得税250万元和0。我国税法规定盈利企业兼并亏损企业，可以用亏损企业的累计亏损额抵减盈利企业的利润。现甲企业兼并乙企业，甲乙企业合并后应纳税所得额90万元，应纳企业所得税22.5万元，比合并前少纳税250−22.5=227.5（万元）。可见，选择适当的企业合并，可以大大降低企业的税负，给企业带来更大的利润，从而达到合理节税的目的。

4.组织形式筹划

在有些情况下，对一种企业组织形式无法进行筹划，而必须通过另行设立企业形式才能够实现税务筹划的目的，这样的纳税筹划方法即组织形式筹划法。因此，组织形式筹划法又称业务拆分筹划法。组织形式筹划法经常用于以下两种情况：

（1）对企业的混合销售行为的组织形式进行筹划。《中华人民共和国增值税暂行条例》规定，对从事货物生产、批发或零售的企业发生的混合销售行为，视同销售货物，应当一并按高税率征收增值税。此时，企业的混合销售行为既发生了高税率的销售货物行为，又发生了低税率的劳务行为，如果一并按高税率缴纳增值税则会增加企业的税收负担，如某大型工业企业，拥有自己的运输车队，除了购买材料自行运输，还可以提供销售送货上门服务，销售价包括运输费用，按规定属于混合销售行为，统一按销售商品13%的税率征收增值税，如果将该企业的运输部门成立一家运输公司，其交通运输的增值税税率为9%，那么可以大大降低增值税税率。

（2）为减少企业的计税收入进行的组织形式筹划。不管是增值税还是营业税都规定对企业收取的全部价款和价外费用一并计算纳税。

话题2　增值税的纳税筹划

小视频29　　小视频30

增值税作为流转税，是任何企业都必须面对的，如果企业没有很好地进行税收筹

划，那么就不能有效地安排税务事项，从而就谈不上节约增值税税负，也无法达到理想的企业财务目标。对于追求价值最大化的企业来说，如何在税法许可的情况下，实现增值税税负最低或最恰当，也就成为企业税收筹划必须考虑的重点所在。增值税纳税筹划主要包括：纳税人身份选择的纳税筹划、采购行为的纳税筹划、销售行为的纳税筹划、增值税延迟缴纳的纳税筹划等。

如何依法缴纳增值税并能利用增值税税收优惠政策为企业谋取最大限度的经济利益？

一、纳税人身份选择的纳税筹划

1.根据毛利率选择纳税人身份

增值税的纳税人分为一般纳税人和小规模纳税人，一般纳税人要求年不含税销售额（营业额）500万元以上，年不含税销售额（营业额）500万元以下的为小规模纳税人。从纳税筹划的角度看，企业是选择作为一般纳税人还是作为小规模纳税人，可以根据企业的毛利率确定。2019年5月增值税改革后，当毛利率为23.08%时（其推导过程略），一般纳税人与小规模纳税人的增值税税负相同；当毛利率大于23.08%时，一般纳税人的增值税税负要重于小规模纳税人的增值税税负；当毛利率小于23.08%时，一般纳税人的增值税税负会轻于小规模纳税人的增值税税负。

案例 9-2[①]

甲公司为一家工业企业，年不含增值税销售额为480万元，现为小规模纳税人，适用3%的增值税征收率。由于其能够按照国家统一的会计制度规定设置账簿，并且能够提供准确的纳税材料，通过促销或要求客户提前采购，年销售额可以达到500万元以上，即可以登记为一般纳税人。若登记为一般纳税人，则销货适用13%的增值税税率。其不含税可抵扣进项金额为350万元，购货适用13%的增值税税率。请问该企业应该如何进行纳税筹划，是作为小规模纳税人好，还是作为一般纳税人好？

判别方法：（1）计算毛利率：毛利率=（不含税销售额-不含税可抵扣购进金额）÷不含税销售额=（S-P）÷S。

（2）计算应纳增值税税额：一般纳税人采用一般计税方法的应纳增值税税额=不含税销售额×销售增值税税率-不含税可抵扣购进金额×购进增值税税率=$S\times T_1-P\times T_2$=（S-P）×13%，因此，$T_1=T_2=13\%$。

小规模纳税人应纳增值税税额=不含税销售额×T_3=$S\times T_3=S\times 3\%$

（3）计算增值税纳税均衡点下的毛利率：令两种纳税人增值税税负相等。

（S-P）×13%=S×3%

（S-P）÷S=3%÷13%=23.08%

因此，税负相等的毛利率为23.08%。

---

① 参考：梁文涛. 纳税筹划［M］. 北京：中国人民大学出版社，2020.

由此得出结论：若 $T_1=13\%$，$T_2=13\%$，$T_3=3\%$，当毛利率等于23.08%时，两者增值税税负相同，这时既可以选择一般纳税人身份，又可以选择小规模纳税人身份；当毛利率小于23.08%时，小规模纳税人的增值税税负重于一般纳税人的增值税税负，这时选择一般纳税人身份是有利的；当毛利率大于23.08%时，一般纳税人的增值税税负重于小规模纳税人的增值税税负，这时选择小规模纳税人身份更有利。

2.根据可抵扣进项税额占销项税额比例选择纳税人身份

当可抵扣进项税额占销项税额比例等于76.92%时，一般纳税人与小规模纳税人的税负相同；当可抵扣进项税额占销项税额比例大于76.92%时，一般纳税人的税负要轻于小规模纳税人的税负；当可抵扣进项税额占销项税额比例小于76.92%时，一般纳税人的税负会重于小规模纳税人的税负。

二、采购行为的纳税筹划

1.进货身份的一般选择

企业是从一般纳税人处购入原材料（商品）节税，还是从小规模纳税人处购入原材料更能节税？比如C企业是一般纳税人，其打算购进一批货物，从一般纳税人处购入此货物，价款为70万元；从小规模纳税人处购入此货物，价款为60万元，该货物的转售价为100万元。C企业应选择小规模纳税人还是一般纳税人？（假定：税金及附加为12%），从一般纳税人处购入货物，C企业缴税：增值税＝（100−70）×13%＝3.9（万元），税金及附加＝3.9×12%＝0.468（万元），企业所得税＝（100−70−0.468）×25%＝7.383（万元），净利润＝100−70−0.468−7.383＝22.149（万元）。如果从小规模纳税人处购进货物，C企业缴税：增值税＝100×13%−0＝13（万元），税金及附加＝13×12%＝1.56（万元），企业所得税＝（100−60−1.56）×25%＝9.61（万元），净利润＝100−60−1.56−9.61＝28.83（万元），另外，小规模纳税人可以去税务局代开增值税专用发票，将进一步降低税负，分析可得：C企业从小规模纳税人处购入商品会取得更多的收益。

2.进货身份的特殊选择（初级农产品的选择）

若涉及农产品，收购初级农产品和收购非初级农产品，其增值税税负相差很大，如何筹划，帮助企业节税？

案例9-3[①]

甲公司为一家家具生产企业，2021年7月从农民手中收购经农民加工过的板材2 400万元，并于当月全部用于家具生产，假设农民加工这2 400万元板材耗用树木的成本为1 600万元。甲公司2021年7月销售家具，取得不含税销售收入7 200万元，销售家具适用的增值税税率为13%，其他可抵扣进项税额为200万元。请对上述业务进

① 参考：梁文涛. 纳税筹划［M］. 北京：中国人民大学出版社，2020.

行纳税筹划。

如果不进行筹划：甲公司从农民手中收购经农民加工过的板材，应纳增值税：7 200×13%-200=736（万元）。

如果经筹划，甲公司直接收购树木然后雇用农民加工成板材，纳税人购进用于生产销售或委托加工13%税率货物的农产品，按照10%的扣除率计算进项税额，应纳增值税=7 200×13%-1 600×10%-200=576（万元），筹划后比筹划前可以节税款736-576=160（万元）。

3. 存货损失的纳税筹划

存货在工业企业、商品流通企业中占流动资产的比例很高，出现存货损失，是否筹划，将直接影响企业的税负。

案例9-4[①]

甲公司为增值税一般纳税人，适用13%的增值税税率。2020年7月甲公司购入一批原材料，不含增值税价格为200万元，取得的增值税专用发票注明的增值税税额为35万元，并认证通过后已经作为进项税额抵扣。2020年12月该批原材料由于仓库发生火灾（因管理不善）导致损失，甲公司对其进行盘存清理，发现有不含增值税价格30万元的原材料经过一定处理后仍能使用，为回笼资金决定变价卖出。2020年12月甲公司其他业务增值税销项税额为100万元，可抵扣进项税额为35万元。请对上述业务进行纳税筹划。

如果不进行筹划：会计核算上按照200万元作为非正常损失。

进项税转出额=200×13%=26（万元）

30万元原材料变价销售的销项税额=30×13%=3.9（万元）

应纳增值税=100+3.9-（35-26）=94.9（万元）

如果进行筹划，那么会计核算上按照170万元（200-30）作为非正常损失。

进项税转出额=170×13%=22.1（万元）

30万元的原材料变价销售的销项税额=30×13%=3.9（万元）

应纳增值税=100+3.9-（35-22.1）=91（万元）

通过纳税筹划，可以节税94.9-91=3.9（万元）。

三、销售行为的纳税筹划

1. 折扣销售的纳税筹划

（1）商业折扣的纳税筹划

对于一些企业来说折扣销售是经常发生的，特别是商品流通企业，如果不对折扣销售进行纳税筹划，那么会增加企业的税负。

---

① 参考：梁文涛. 纳税筹划［M］. 北京：中国人民大学出版社，2020.

案例9-5[①]

甲公司为增值税一般纳税人，为促销商品给予客户以下优惠：凡一次性购买产品达到5万元或5万元以上的（不含增值税），给予价格上5%的折扣。2021年7月甲公司一次性销售给某客户10万元（不含增值税）产品。该产品适用的增值税税率为13%。请对上述经济业务进行纳税筹划。

如果不进行纳税筹划：将原售价金额及增值税、折扣金额及增值税分别在两张发票上开立。税法规定，按原售价缴纳销项税，即销项税为：10×13%=1.3（万元）。

如果进行纳税筹划：将售价和折扣在同一张发票上开立，或按折扣后的金额开票，即应缴纳的增值税销项税为：10×（1-5%）×13%=1.235（万元），经筹划可节税：1.3-1.235=0.065（万元）。

（2）现金折扣的纳税筹划

案例9-6[②]

甲公司2021年7月与购货方签订销售合同金额为600万元（不含增值税），合同约定的付款期为30天。若对方在10天内付款，则给予对方不含税金额20%的销售折扣；若对方在30天内付款，则不给予折扣。该货物适用的增值税税率为13%。请对上述业务进行纳税筹划。

如果不进行纳税筹划：采取销售折扣方式折扣额不能从销售额中扣除，企业应按照600万元全额计算增值税销项税额。

增值税销项税额=600×13%=78（万元）

如果进行纳税筹划：变“销售折扣”为“折扣销售”，甲公司主动压低该批货物的价格，将合同金额降低为500万元（不含增值税），相当于给予对方折扣之后的金额。同时在合同中约定，购货方超过10天付款加收113万元的滞纳金。在这种情况下，甲公司的收入并没有受到实质影响。如果购货方在10天之内付款，则甲公司增值税销项税额=500×13%=65（万元），比不筹划少缴纳增值税78-65=13（万元）。如果购货方没有在10天之内向甲公司付款，那么可向对方收取113万元滞纳金，并以全部价款和价外费用计算增值税销项税额，则甲公司增值税销项税额=［500+113÷（1+13%）］×13%=78（万元），与不筹划的税负是一样的。

① 参考：梁文涛. 纳税筹划［M］. 北京：中国人民大学出版社，2020.
② 参考：梁文涛. 纳税筹划［M］. 北京：中国人民大学出版社，2020.

（3）实物折扣的纳税筹划

商业流通企业，特别是零售企业，实物折扣销售经常发生，有效的实物折扣筹划，可以降低企业的税收负担。

案例9-7[①]

甲公司为增值税一般纳税人，于2020年12月为促销举办赠送活动：凡购买一件价值100万元（不含增值税）A产品的购买方，便能获赠价值10万元（不含增值税）的B产品。A、B产品适用的增值税税率均为13%，假定税务机关认为“买一赠一”销售行为应当视同销售缴纳增值税。请对上述业务进行纳税筹划。

如果不进行纳税筹划，那么销售100万元A产品的增值税销项税额=100×13%=13（万元），赠送10万元B产品视同销售，则赠送B产品增值税销项税额=10×13%=1.3（万元），增值税销项税额合计=13+1.3=14.3（万元）。

如果进行纳税筹划，变“实物折扣”为“价格折扣”（将实物折扣在开发票时变为价格折扣即原价合计110万元，其中，A产品100万元，B产品10万元），打9折后的价格为：99万元（A产品90万元、B产品9万元），且将原价110万元（A产品100万元、B产品10万元）和折扣额11万元（A产品10万元，B产品1万元）在同一张发票的“金额”栏中分别注明，则增值税销项税额=［（100-10）+（10-1）］×13%=12.87（万元）。筹划后比未筹划可节税：14.3-12.87=1.43（万元）。

2.返现销售的纳税筹划

零售企业销售时常会发生返现销售，如不对返现销售进行纳税筹划，会加重企业的税收负担。

案例9-8[②]

甲超市为增值税一般纳税人，2020年12月促销举办“购货满100元（含增值税）返还现金20元”活动。本期销售额合计100万元（含增值税），共返还现金20万元。假设原价为100元（含增值税）的商品成本为60元（含增值税）。另外，甲超市每销售原价为100元（含增值税）的商品，就会发生可在企业所得税前扣除的工资和其他费用6元（不含增值税）。假设甲超市销售和采购商品适用的增值税税率均为13%，城市维护建设税税率为7%，教育费附加征收率为3%，地方教育附加征收率为2%，请对上述业务进行纳税筹划。

---

① 参考：梁文涛．纳税筹划［M］．北京：中国人民大学出版社，2020.

② 参考：梁文涛．纳税筹划［M］．北京：中国人民大学出版社，2020.

如果不进行纳税筹划，那么销售100万元商品应纳增值税=100÷（1+13%）×13%-60÷（1+13%）×13%=4.6018（万元）。

应纳税所得额=100÷（1+13%）-60÷（1+13%）-20-6-4.6018×（7%+3%+2%）=8.846（万元）

应纳企业所得税=8.846×25%=2.2115（万元）

税后利润=8.846-2.2115=6.6345（万元）

如果进行纳税筹划，则变“返还现金”为“价格折扣（折扣销售）”，原价为100元的商品打折后价格为80元，且将销售额100元和折扣额20元在同一张发票的“金额”栏中分别注明。

销售商品应纳增值税=（100-20）÷（1+13%）×13%-60÷（1+13%）×13%=2.3（万元）

应纳税所得额=（100-20）÷（1+13%）-60÷（1+13%）-6-2.3×（7%+3%+2%）=11.423（万元）

应纳企业所得税=11.423×25%=2.856（万元）

税后利润=11.423-2.856=8.567（万元）

结论：筹划后利润比筹划前增加=8.567-6.635=1.932（万元）

四、增值税延迟缴纳的纳税筹划

1.采取直接收款方式销售货物，不论货物是否发出，均为收到销售款或者取得销售款凭据的当天；纳税人在生产经营活动中采取直接收款方式销售货物，已将货物移送对方并暂估销售收入入账，但既未取得销售款或取得销售款凭据也未开具销售发票的，其增值税纳税义务发生时间为取得销售款或取得销售款凭据的当天；先开具发票的，为开具发票的当天。

2.采取托收承付和委托银行收款方式销售货物，为发出货物并办妥托收手续的当天。

3.采取赊销和分期收款方式销售货物，为书面合同约定的收款日期的当天，无书面合同的或者书面合同没有约定收款日期的，为货物发出的当天。

4.采取预收货款方式销售货物，为货物发出的当天，但生产工期超过12个月的大型机械设备、船舶、飞机等货物，为收到预收款或者书面合同约定的收款日期的当天。

5.委托其他纳税人代销货物，为收到代销单位的代销清单或者收到全部或者部分货款的当天；未收到代销清单及货款的，为发出代销货物满180天的当天。

6.销售应税劳务，为提供劳务同时收讫销售款或者取得销售款凭据的当天。

7.纳税人发生除将货物交付其他单位或者个人代销和销售代销货物以外的视同销售货物行为，为货物移送的当天。

思路：推迟纳税义务时间，延迟缴纳税额，企业充分利用货币时间价值，提高资金使用效率。

比如F公司6月发生了三类销售业务，货款共计3 000万元。其中，第一笔500万元，以现金结算；第二笔800万元，验收后收款；第三笔1 700万元，一年后收款。如果企业全部采取直接收款的方式，则应当于当月全部计算销售额，计提销项税额390万元（3 000×13%）；如果对未收到货款不记账，则违反了税法规定，少计销项税额400万元。思路：对未收到的800万元和1 700万元，通过与购买方签订合同，约定收款日期，可以延缓纳税。采用赊销和分期收款的方式，可以为企业节约大量的流动资金。

话题3　消费税的纳税筹划

消费税属价内税，单一环节征收，即消费税纳税行为发生在生产领域（包括生产、委托加工和进口环节），而在以后流通领域或终极消费领域（包括批发、售等环节），由于价款中已包含消费税，因此不必再缴纳消费税（卷烟、金银首饰除外）。

一、消费税计税依据的纳税筹划

企业可设立独立核算的销售公司，先以较低但不违反公平交易的价格将应税消费品销售给其独立核算的销售公司，则消费税以此较低的销售额计征，从而减少应纳消费税税额，然后独立核算的销售公司再以较高的价格对外售出，在此环节只缴纳增值税，不缴纳消费税。

二、消费税加工方式的纳税筹划

纳税人生产的应税消费品，于纳税人销售时纳税。纳税人自产自用的应税消费品，用于连续生产应税消费品的，不纳税；用于其他方面的，于移送使用时纳税。

对外购或委托加工的已税酒，其外购酒已纳税款或委托方代收代缴税款不再予以抵扣。企业内部自产的酒类应税消费品，被企业内部其他部门作为原材料领用，用于连续生产另一种酒类应税消费品的，这一环节不用缴纳消费税。

三、消费税税收优惠及其他方面的纳税筹划

随着社会经济的发展，人民生活质量的提高，以前认为是奢侈品的应税消费品，现在成为人民生活中的必需品（例如护肤护发品、非高档化妆品等），相应地已经不属于消费税的征税范围了。同时，又有一些高档和新兴的消费品（例如高尔夫球及球具、高档手表等），已经列入消费税的征税范围。未来，高档娱乐消费品等，都有可能调整成为消费税的征收范围。

案例9-9[①]

2021年永乐公司选择生产经营范围时，有以下两种方案可供选择：一是生产高档手表；二是生产高档摄像机。该公司无论生产上述哪种产品，预计2021年都能取

① 参考：梁文涛. 纳税筹划［M］. 北京：中国人民大学出版社，2020.

得销售收入750万元，同时耗用成本520万元。假设消费税税率为20%。

【要求】请对上述业务进行纳税筹划。

筹划过程：

1.销售高档手表

应纳消费税=750×20%=150（万元）

税后利润=（750-520-150）×（1-25%）=60（万元）

2.销售高档摄像机

高档摄像机免征消费税。

应纳消费税=0

税后利润=（750-520）×（1-25%）=172.5（万元）

【筹划结论】方案二比方案一少缴纳消费税150万元（150-0），多获得税后利润112.5万元（172.5-60），因此，应当选择方案二。

话题4　企业所得税纳税人的纳税筹划

企业推行纳税筹划应当将企业所得税视为关键部分，并且拟定适合企业目前状况的纳税筹划。在此前提下，企业针对所得税施行的纳税筹划应当予以更多关注，并据此给出纳税筹划的可行对策。企业发生的合理的工资、薪金支出准予据实税前扣除。

一、企业所得税扣除项目的纳税筹划

企业在生产、经营活动中发生的利息费用，按下列规定扣除：

第一，非金融企业向金融企业借款的利息支出、金融企业的各项存款利息支出和同业拆借利息支出，企业经批准发行债券的利息支出。

第二，非金融企业向非金融企业借款的利息支出，不超过按照金融企业同期同类贷款利率计算的数额的部分企业通过向职工集资的方式进行筹资，可以通过提高工资、薪金的手段来间接支付部分利息。超过银行贷款利率的部分利息得以以工资、薪金的形式进行税前扣除，从而达到将支付的利息全部在企业所得税税前扣除的目的。企业应综合比较各种方案下税后收益的大小，从中选出最优方案。

二、企业所得税销售行为的纳税筹划

以下几种是销售行为的纳税筹划：

1.还本销售纳税筹划

这种方式实际上是一种筹资，是以货物换取资金的使用价值，到期还本不付息的方法。采取还本销售方式销售货物，其销售额（计算增值税的销售额）就是货物的销售价。不得从销售额中减除还本支出，企业可采用向购货方借款的方式来代替还本销售方式进行筹资，以达到降低税负的目的。

2.以物易物纳税筹划

在以物易物活动中，企业应分别开具合法的票据。如果收到的货物不能取得相应的增值税专用发票或其他合法票据的，不能抵扣进项税额。一方面，采用以物易物销售方式的，应确认收入，缴纳企业所得税。此时，以物易物双方对物品的作价直接影响企业所得税的税负。

三、企业所得税重组的纳税筹划

1.企业分立纳税筹划

广告费和业务宣传费支出不超过当年销售收入15%的部分，可以据实扣除；超过比例的部分可结转到以后年度扣除。许多生产企业存在广告费和业务宣传费超支而不能在税前全部扣除的现象。

2.企业合并纳税筹划

同一控制下且不需要支付对价的企业合并，可以选择按规定处理，一个盈利企业合并了一个亏损企业，按照税法规定，可以连续5年使用税前利润弥补亏损，如甲企业年盈利1 000万元，乙企业年亏损800万元，甲企业合并乙企业，那么甲企业盈利1 000万元，可以弥补乙企业的亏损800万元，剩余200万元，还可以税前弥补乙企业以前年度的亏损。

四、企业所得税优惠政策的纳税筹划

企业从事农、林、牧、渔业项目的应纳税所得额，可以免征、减征企业所得税。

1.企业从事下列项目的应纳税所得额，减半征收企业所得税

第一，花卉、茶以及其他饮料作物和香料作物的种植。

第二，海水养殖、内陆养殖。

2.其他优惠政策

第一，为了鼓励出口，给予免税。

第二，对特殊货运凭证免税，如军事物资运输。

案例 9-10[①]

海洋公司为中国居民企业，适用25%的企业所得税税率。现有闲置资金1 500万元，准备对外投资。有两种方案可供选择：一是与其他公司联营，共同投资创建一个新的高新技术企业——好易公司（在中国境内注册成立）。海洋公司拥有好易公司40%的股权，预计好易公司每年可盈利310万元，税后利润全部分配。二是海洋公司用1 500万元购买国债，年利率为8%。国家需要重点扶持的高新技术企业减按15%的税率征收企业所得税。

【要求】请对上述业务进行纳税筹划。

方案一：

好易公司可获取税后利润=310×（1-15%）=263.5（万元）

海洋公司可取得投资收益=263.5×40%=105.4（万元）

符合条件的居民企业之间的股息、红利等权益性投资收益，是指居民企业直接投资于其他居民企业取得的投资收益，属于免税收入。因此：

税后投资收益=105.4万元

方案二：

海洋公司可取得投资收益=1 500×8%=120（万元）

由于国债利息收入免征企业所得税，因此：

税后投资收益=120万元

【筹划结论】方案二比方案一多获取税后投资收益14.6万元（120-105.4），因此选择方案二较适合。

话题5　个人所得税纳税人的纳税筹划

个人所得税的纳税义务人分为居民纳税义务人和非居民纳税义务人。居民纳税义务人负有无限纳税义务，其所取得的应纳税所得额，无论是源于中国境内还是中国境外，都要在中国缴纳个人所得税。非居民纳税义务人承担有限责任纳税义务，即仅就其源于中国境内的应纳税所得额，向中国缴纳个人所得税。

一、个人所得税纳税人身份选择的纳税筹划

具有法人资格的企业（股份有限公司、有限责任公司）需要缴纳25%的企业所

① 参考：梁文涛. 纳税筹划［M］. 北京：中国人民大学出版社，2020.

得税，个人股东从股份有限公司和有限责任公司取得的税后利润需要缴纳20%的个人所得税。不具有法人资格的企业（个人独资企业和合伙企业）不需要缴纳企业所得税，投资者就其从个人独资企业和合伙企业中取得的利润按照“个体工商户生产经营所得”缴纳个人所得税。

二、个人所得税应税项目转换的纳税筹划

工资、薪金所得适用的是3%～45%的七级超额累进税率；劳务报酬所得适用的是20%的比例税率，对一次收入畸高的，实行加成征收。由于费用扣除金额、税率、计算方式都不同，因此相同数额的收入是按工资、薪金所得征税，还是按劳务报酬所得征税，其应纳税额是不一样的。而工资、薪金收入与劳务报酬收入都是劳动所得，两者最大的区别在于提供劳动的个人是否与接受其劳动的单位或个人签订了存在雇佣关系的劳动合同，这就给纳税人带来了很大的筹划空间。

三、个人所得税税收优惠及其他方面的纳税筹划

个人不通过公益性社会团体和国家有关部门，而是直接向受灾对象进行捐赠，其捐赠额不能在个人所得税前扣除。个人通过中国境内的社会团体、国家机关向教育和其他社会公益事业以及遭受严重自然灾害的地区、贫困地区进行捐赠，其捐赠额未超过纳税人申报的应纳税所得额30%的部分，可以从其应纳税所得额中扣除；超出30%的部分则不计算在内，扣除时按30%计算。

案例9-11①

江民是师范学院教师，每月工资、薪金收入为5 500元。2020年2月份，江民准备捐赠1 100元给灾区。个人不通过公益性社会团体和国家有关部门，直接向受灾对象进行捐赠，其捐赠额不能在个人所得税前扣除。个人通过中国境内的社会团体、国家机关向灾害地区、贫困地区进行捐赠，其捐赠额不超过纳税人申报的应纳税所得额30%的部分，可以从其应纳税所得额中扣除；超出30%的部分则不计算在内，扣除时按30%计算。

【要求】请对上述业务进行纳税筹划。

方案一：直接捐赠1 100元给灾区。

江民2月份应纳个人所得税=（5 500-5 000）×3%-0=15（元）

方案二：向当地中国社会工作协会捐赠1 100元给灾区。

个人所得税税前扣除的捐赠限额为（5 500-5 000）×30%=150（元）。江民实际捐赠额（1 100元）大于捐赠限额（150元），只能按捐赠限额扣除，来计算应纳

---

① 参考：梁文涛. 纳税筹划［M］. 北京：中国人民大学出版社，2020.

税额。

江民2月份应纳个人所得税=（5 500−5 000−150）×3%−0=10.5（元）

【筹划结论】方案二比方案一少缴纳个人所得税4.5元（15−10.5），因此应当选择方案二。

专题总结：

本专题重点讲述纳税筹划相关知识，包括增值税、消费税、企业所得税、个人所得税的纳税筹划，学习者应该熟读税收政策，并结合具体情况分析采用哪种纳税筹划方法，才能达到最优解。

专题练习

一、单项选择题

1.企业纳税人以暴力、威胁方法拒不缴纳税款的行为属于（　　）。

A.逃税　　B.骗税　　C.抗税　　D.偷税

2.在从事经营活动或投资活动之前，就应当把税收作为影响最终成果的一个重要因素来设计和安排，属于纳税筹划的（　　）特征。

A.目的性　　B.事先性　　C.风险性　　D.协作性

3.甲企业年应征增值税不含税销售额为50万元，销货适用13%的增值税税率，现为小规模纳税人。其会计核算制度比较健全，符合作为一般纳税人的条件，不含税可抵扣购进金额为20万元，购货适用13%的增值税税率，若单从增值税税负因素上考虑，则该企业应当选择的纳税人身份是（　　）。

A.小规模纳税人　　B.一般纳税人

C.都一样　　D.不一定

4.毛利率判别法中的毛利率等于（　　）。

A.（不含税销售额-不含税可抵扣购进金额）÷不含税可抵扣购进金额

B.含税销售额-含税可抵扣购进金额÷含税销售额

C.（含税销售额-含税可抵扣购进金额）÷含税可抵扣购进金额

D.（不含税销售额-不含税可抵扣购进金额）÷不含税销售额

5.根据现行消费税政策，下列各项不属于应税消费品的是（　　）。

A.高尔夫球及球具　　B.化妆品

C.护肤护发品　　D.一次性木筷

6.甲啤酒厂销售A型啤酒20吨给乙副食品公司，开具增值税专用发票，注明价款60 000元，收取包装物押金2 000元；销售B型啤酒10吨给丙宾馆，开具增值税普通发票，注明价款32 000元，收取包装物押金1 000元。甲啤酒厂应纳消费税税额为（　　）元。

A. 5 000　　B. 6 600　　C. 7 500　　D. 7 200

7.不能达到节税目的的租金支出的纳税筹划是（　　）。

A.使租金支出费用最大化

B.在支出水平相等的情况下，以融资租赁方式承租

C.取得合法凭证

D.取得增值税租金发票

8.下列不属于企业所得税纳税人的是（　　）。

A.国有企业　　B.个人独资企业　　C.私营企业　　D.外商投资企业

9.王先生于2020年10月取得稿酬10 000元，讲课费3 000元，已知稿酬所得适用个人所得税税率为20%，并按应纳税额减征30%劳务报酬所得，适用个人所得税税

率为20%。张某应纳个人所得税额为（ ）元。

A.1 560　　B.2 980　　C.3 640　　D.4 600

10.年应纳税所得额在12万元以上的纳税人，应在年度终了后（ ）内到主管税务机关办理纳税申报。

A.1个月　　B.3个月　　C.6个月　　D.1年

9.1

二、多项选择题

1.以下属于纳税筹划主要形式的有（ ）。

A.节税筹划　　B.偷税筹划

C.税负转嫁筹划　　D.涉税零风险筹划

2.偷（逃）税、抗税、骗税与纳税筹划的区别在于（ ）。

A.性质不同　　B.承担责任不同

C.使用的手段不同　　D.政府的态度不同

3.以下符合现行增值税规定的有（ ）。

A.增值税对单位和个人都规定了起征点

B.纳税人销售额未达到规定的增值税起征点的，免征增值税；纳税人销售额达到规定的增值税起征点的，全额缴纳增值税

C.销售货物的增值税起征点为月销售额5 000～20 000元；销售应税劳务的增值税起征点也为月销售额5 000～20 000元

D.按次纳税的增值税起征点为每次（日）销售额300～500元

4.小规模纳税人的基本标准是（ ）。

A.以从事货物生产或者提供应税劳务为主的纳税人，年应征增值税销售额（以下简称应税销售额）在50万元（含）以下的

B.以从事货物生产或者提供应税劳务为主的纳税人，年应征增值税销售额（以下简称应税销售额）在80万元（含）以下的

C.以货物批发或者零售为主的纳税人，年应税销售额在100万元（含）以下的

D.以货物批发或者零售为主的纳税人，年应税销售额在80万元（含）以下的

5.下列单位，属于消费税纳税人的有（ ）。

A.生产销售应税消费品（金银首饰除外）

B.委托加工应税消费品的单位

C.进口应税消费品的单位

D.批发烟丝单位

9.2

三、判断题

1.纳税筹划的心理成本也就是纳税筹划的隐性成本。 （ ）

2.涉税零风险筹划虽然不能为企业带来直接经济利益的增加额，但却能够为企业创造出一定的间接经济利益。 （ ）

3.年应税销售额超过小规模纳税人标准的其他个人，按小规模纳税人

纳税。 (　　)

4. 纳税人一经登记为一般纳税人后，不得转为小规模纳税人。 (　　)

5. 对于所有的应税消费品，其包装物已作价随同应税消费品销售，又另外收取押金并在规定期限内未予退还的押金，一律并入应税消费品的销售额计征增值税和消费税。 (　　)

9.3

四、计算题

1. 润乐商场搞活动销售100元商品，其成本为60元，为促销欲采用三种方式：一是商品7折销售；二是购物满100元者赠送价值30元的商品（成本18元，均为含税价）；三是购物满100元者返还30元现金，商品销售利润率为40%（商场属于增值税一般纳税人）。

以上是商场中较常见的三种让利促销活动，请分析以上三种方式所涉及的税种，并计算每种方式需要承担的税负。

2. 美颜化妆品是一家经营各种化妆品、护肤护发品的合资企业。2021年8月，该公司共生产各类化妆品和护肤护发品价值40万元，预计该月仅能销售化妆品及护肤护发品共16万元。为了避免产品库存积压，部分剩余的化妆品馈赠给合作企业，并加大广告宣传的力度。该公司8月发生如下业务：

（1）用化妆品和护肤护发品做成礼品赠给合作企业，价值2万元。

（2）企业赞助用化妆品价值6万元。

（3）广告样品用化妆品和护肤护发品，总计价值0.5万元。

（4）将化妆品分配给本公司员工共计价值3万元。

（5）销售化妆品12万元，护肤护发品4万元。

9.4

专题十　财务报表分析

思政园地

通过阅读企业的财务报表，我们基本可以看出企业的发展痕迹，并预测未来的发展趋势，从中可以感悟到这样一个哲学道理——质变是由量变逐渐积累的，只有量变到达一定程度才能实现质的飞跃，因此企业在日常发展中应当注重细节，重视各方面能力资源的积累，关键时刻抓住机遇，实现飞速发展，进入一个新的阶段。

财务报表分析，又称财务分析，是通过收集、整理企业财务会计报告中的有关数据，并结合其他有关补充信息，对企业的财务状况、经营成果和现金流量情况进行综合比较和评价，为财务会计报告使用者提供管理决策和控制依据的一项管理工作，报表分析的目的就是向决策者提供对决策有用的会计信息。

话题 1　利润形成及分配、账务处理

一、利润的形成

利润是企业在一定期间的经营成果，包括：一定时期内存在因果关系的收入减去费用后的净额；直接计入当期利润的利得和损失等。利润由营业利润、利润总额和净利润三个层次构成。

1. 营业利润

营业利润是企业利润的主要来源，能够反映企业管理者的经营业绩。

营业利润 = 营业收入 − 营业成本 − 税金及附加 − 销售费用 − 管理费用 − 研发费用 − 财务费用 + 其他收益 + 投资收益（损失以“−”号填列）+ 公允价值变动收益（损失以“−”号填列）+ 净敞口套期收益（损失以“−”号填列）+ 信用减值损失（损失以“−”号填列）+ 资产减值损失（损失以“−”号填列）+ 资产处置收益（损失以“−”号填列）

其中：营业收入 = 主营业务收入+其他业务收入

营业成本 = 主营业务成本+其他业务成本

2. 利润总额

利润总额，又称税前利润，是指企业获取的营业利润加上与生产经营活动无直接关系的营业外收支净额，就是企业在该会计期间取得的总经营成果。

利润总额 = 营业利润+营业外收入−营业外支出

3. 净利润

净利润，又称税后利润，是指利润总额扣除向国家上缴的企业所得税后的余额。

净利润 = 利润总额−所得税费用

4. 应交所得税的计算

应纳税所得额 = 税前会计利润+纳税调整增加额−纳税调整减少额

应交所得税 = 应纳税所得额×所得税税率（25%）

二、利润形成的核算

1. 本年利润——所有者权益类

用途：核算企业在一定时期内实现的利润和发生的亏损。

性质：所有者权益类。

2. 投资收益——损益类

用途：核算企业确认的投资收益或投资损失。

性质：损益类。

3.营业外收入——损益类

用途：用于核算企业发生的与生产经营活动无直接关系的各项收入。

核算内容：处置固定资产利得；罚款净收入；出售无形资产利得；非货币性资产交换利得；政府补助；捐赠利得；债务重组利得。

4.营业外支出——损益类（费用）

用途：用于核算企业所发生的与生产经营活动无直接关系的各项支出。

核算内容：固定资产盘亏净损失；处置固定资产净损失；出售无形资产净损失；债务重组损失；非货币性资产交换损失；罚款支出；非常损失；捐赠支出。

5.所得税费用——损益类

用途：核算企业确认的应从当期利润总额中扣除的所得税费用。

三、利润形成的账务处理

1.营业外收支的账务处理

（1）营业外收入

借：银行存款等

　贷：营业外收入

（2）营业外支出

借：营业外支出

　贷：银行存款等

2.利润形成的账务处理

（1）结转收入/利得

借：主营业务收入

　　其他业务收入

　　营业外收入

　贷：本年利润

（2）结转费用/损失

借：本年利润

　贷：主营业务成本

　　　其他业务成本

　　　营业外支出

　　　销售费用

　　　管理费用

　　　财务费用

　　　资产减值损失

　　　税金及附加

3.所得税的账务处理

（1）计算所得税

借：所得税费用

贷：应交税费——应交所得税

（2）结转所得税

借：本年利润

贷：所得税费用

净利润=利润总额-所得税

4.本年利润的结转

将“本年利润”账户的余额转入“利润分配”账户。

借：本年利润

贷：利润分配——未分配利润

四、利润分配及账务处理

利润分配是指对企业实现的可供分配利润进行分配。

1.利润分配的顺序

净利润分配的顺序：

（1）计算可供分配的利润，弥补以前年度亏损

可供分配的利润=净利润（或亏损）+年初未分配利润-弥补以前年度的亏损+其他转入的金额

（2）提取法定盈余公积（当年净利润的10%，提取的法定盈余公积累计额达到注册资本50%以上的，可以不再提取）

（3）提取任意盈余公积，提取法定盈余公积后，经股东会或股东大会批准，还可以从净利润提取任意盈余公积

可供投资者分配的利润=可供分配的利润-提取的盈余公积

（4）向投资者分配利润（或股利）

向投资者分配的顺序依次为：支付优先股股利；提取任意盈余公积；支付普通股现金股利；转作资本的普通股股利（利润转赠资本）。

2.利润分配的账户设置

（1）利润分配——所有者权益类

用途：用来核算企业在一定时期内净利润的分配或亏损的弥补以及历年结存的未分配利润（或未弥补亏损）情况。

（2）盈余公积——所有者权益类

用途：用来核算企业从净利润中提取的盈余公积。

（3）应付股利——负债类

用途：用于核算企业决定向股东分配的现金股利或利润。

3.利润分配的账务处理

（1）净利润转入利润分配

借：本年利润

贷：利润分配——未分配利润

（2）提取盈余公积

借：利润分配——提取法定盈余公积

贷：盈余公积——法定盈余公积

借：利润分配——提取法定盈余公积

贷：盈余公积——法定盈余公积

借：利润分配——提取法定盈余公积

——提取任意盈余公积

贷：盈余公积——法定盈余公积

——任意盈余公积

（3）向投资者分配利润或股利（股东大会等类似机构）

①现金股利。

借：利润分配——应付现金股利

贷：应付股利

②股票股利。

借：利润分配——转作股本股利

贷：股本

③支付股利。

借：应付股利

贷：银行存款

（4）盈余公积补亏

企业亏损弥补的方法包括：

①企业发生的亏损，可以用次年度的税前利润弥补，次年度利润不足弥补的，可以在5年内延续弥补。

②企业发生的亏损，当5年内的税前利润不足以弥补时，用税后利润弥补。

③企业发生的亏损，可以用盈余公积弥补。

发生净亏损时：

借：利润分配——未分配利润

贷：本年利润

以盈余公积弥补亏损时：

借：盈余公积

贷：利润分配——盈余公积补亏

（5）企业未分配利润的形成

①结转净利润。

借：本年利润

贷：利润分配——未分配利润

②提取盈余公积。

借：利润分配——提取法定盈余公积

贷：盈余公积——法定盈余公积

③分配股利。

借：利润分配——应付现金股利

贷：应付股利

④结转已分配利润。

借：利润分配——未分配利润

贷：利润分配——提取法定盈余公积

——应付现金股利

(6) 利润业务的会计处理

①月末结转各项收入时：

借：主营业务收入

其他业务收入

营业外收入

投资收益

贷：本年利润

②结转各项费用时：

借：本年利润

贷：主营业务成本

税金及附加

其他业务成本

营业外支出

管理费用

财务费用

销售费用

③计算所得税费用时：

借：所得税费用——当期所得税费用

贷：应交税费——应交所得税

④结转所得税费用时：

借：本年利润

贷：所得税费用——当期所得税费用

⑤提取法定盈余公积时：

借：利润分配——提取法定盈余公积

贷：盈余公积——提取法定盈余公积

⑥对外宣告对投资者分红时：

借：利润分配——应付股利

贷：应付股利

⑦年末结转本年度实现的净利润时：

如为盈利，则：

借：本年利润

贷：利润分配——未分配利润

如为亏损，则：

借：利润分配——未分配利润

贷：本年利润

⑧年末结转本年度已分配利润时：

借：利润分配——未分配利润

贷：利润分配——提取法定盈余公积

话题2 为什么要进行财务报表分析

财务报表分析，又称财务分析，是指通过收集、整理企业财务会计报告中的有关数据，并结合其他有关补充信息，对企业的财务状况、经营成果和现金流量情况进行综合比较和评价，为财务会计报告使用者提供管理决策和控制依据的一项管理工作。财务报表分析的目的就是向决策者提供对决策有用的会计信息。

一、财务报表分析的步骤

财务报表分析的一般步骤包括：

（1）明确分析目的：分析什么内容。

（2）设计分析程序：怎么分析。

（3）收集有关信息：主要收集报表数据和非报表数据、资料、信息。

（4）将整体分为各个部分：将报表或财务报告分成各个部分。

（5）研究各个部分的特殊本质：比如报表之间的区别。

（6）研究各个部分之间的联系：比如报表之间的内在联系，包括钩稽关系。

（7）得出分析结论：向会计信息使用者提供分析结论，作为决策参考。

二、财务报表分析的基本方法

财务报表分析最主要的方法是比较分析法和因素分析法。

1.资产负债表（见表10-1）

（1）什么是资产负债表：资产负债表是指反映企业在某一特定日期的财务状况的报表。

（2）资产负债表的内容：主要反映资产、负债和所有者权益三方面的内容，并满足“资产=负债+所有者权益”的平衡式。

（3）资产负债表的结构：我国企业资产负债表采用账户式结构，分为左右两方，左方为资产，右方为负债和所有者权益。

2.利润表（见表10-2）

利润表是指反映企业在一定会计期间的经营成果形成的财务报表。它反映了一定期间企业的收入和相应的成本、费用以及最终形成的利润。我国采用的是多步式利润表，即分步进行计算，包括营业利润、利润总额以及净利润。这种多步式利润表提供了财务报表分析所需的中间数字，有利于揭示利润的形成和原因，以及对企业的获利能力作出预测。

表 10-1 资产负债表

会企 01 表

编制单位： __年__月__日 单位：

资产	期末余额	上年年末余额	负债和所有者权益（或股东权益）	期末余额	上年年末余额
流动资产：			流动负债：		
货币资金			短期借款		
交易性金融资产			交易性金融负债		
衍生金融资产			衍生金融负债		
应收票据			应付票据		
应收账款			应付账款		
应收款项融资			预收款项		
预付款项			合同负债		
其他应收款			应付职工薪酬		
存货			应交税费		
合同资产			其他应付款		
持有待售资产			持有待售负债		
一年内到期的非流动资产			一年内到期的非流动负债		
其他流动资产			其他流动负债		
流动资产合计			流动负债合计		
非流动资产：			非流动负债：		
债权投资			长期借款		
其他债权投资			应付债券		
长期应收款			其中：优先股		
长期股权投资			永续债		
其他权益工具投资			租赁负债		
其他非流动金融资产			长期应付款		

续表

资产	期末余额	上年年末余额	负债和所有者权益（或股东权益）	期末余额	上年年末余额
投资性房地产			预计负债		
固定资产			递延收益		
在建工程			递延所得税负债		
生产性生物资产			其他非流动负债		
油气资产			非流动负债合计		
使用权资产			负债合计		
无形资产			所有者权益（或股东权益）：		
开发支出			实收资本（或股本）		
商誉			其他权益工具		
长期待摊费用			其中：优先股		
递延所得税资产			永续债		
其他非流动资产			资本公积		
非流动资产合计			减：库存股		
			其他综合收益		
			专项储备		
			盈余公积		
			未分配利润		
			所有者权益（或股东权益）合计		
资产总计			负债和所有者权益（或股东权益）总计		

表10-2 利润表

会企02表

编制单位： __年__月 单位：元

项目	本期金额	上期金额
一、营业收入		
减：营业成本		
税金及附加		
销售费用		
管理费用		
研发费用		
财务费用		
其中：利息费用		
利息收入		
加：其他收益		
投资收益（损失以“–”号填列）		
其中：对联营企业和合营企业的投资收益		
以摊余成本计量的金融资产终止确认收益（损失以“–”号填列）		
净敞口套期收益（损失以“–”号填列）		
公允价值变动收益（损失以“–”号填列）		
信用减值损失（损失以“–”号填列）		
资产减值损失（损失以“–”号填列）		
资产处置收益（损失以“–”号填列）		
二、营业利润（亏损以“–”号填列）		
加：营业外收入		
减：营业外支出		
三、利润总额（亏损总额以“–”号填列）		
减：所得税费用		
四、净利润（净亏损以“–”号填列）		
（一）持续经营净利润（净亏损以“–”号填列）		
（二）终止经营净利润（净亏损以“–”号填列）		

续表

项目	本期金额	上期金额
五、其他综合收益的税后净额		
（一）不能重分类进损益的其他综合收益		
1.重新计量设定受益计划变动额		
2.权益法下不能转损益的其他综合收益		
3.其他权益工具投资公允价值变动		
4.企业自身信用风险公允价值变动		
……		
（二）将重分类进损益的其他综合收益		
1.权益法下可转损益的其他综合收益		
2.其他债权投资公允价值变动		
3.金融资产重分类计入其他综合收益的金额		
4.其他债权投资信用减值准备		
5.现金流量套期储备		
6.外币财务报表折算差额		
……		
六、综合收益总额		
七、每股收益:		
（一）基本每股收益		
（二）稀释每股收益		

3.现金流量表（见表10-3）

现金流量表是指以现金（包括库存现金以及可以随时用于支付的存款）及现金等价物（一般指在未来3个月内能够变现，价值变动风险很小的投资）为编制基础，反映企业一定期间的现金（含上述现金及现金等价物，下同）流入、流出以及净流量增减变动情况的财务报表。从现金及现金等价物这个角度，更深刻、更客观地反映了企业的财务状况，有助于进一步揭示企业生成现金的能力、偿债能力及支付能力，评价利润的质量，预测未来的现金流量。

表10-3 **现金流量表**

会企03表

编制单位： __年__月 单位：元

项目	本期金额	上期金额
一、经营活动产生的现金流量：		
销售商品、提供劳务收到的现金		
收到的税费返还		
收到其他与经营活动有关的现金		
经营活动现金流入小计		
购买商品、接受劳务支付的现金		
支付给职工以及为职工支付的现金		
支付的各项税费		
支付其他与经营活动有关的现金		
经营活动现金流出小计		
经营活动产生的现金流量净额		
二、投资活动产生的现金流量：		
收回投资收到的现金		
取得投资收益收到的现金		
处置固定资产、无形资产和其他长期资产收回的现金净额		
处置子公司及其他营业单位收到的现金净额		
收到其他与投资活动有关的现金		
投资活动现金流入小计		
购建固定资产、无形资产和其他长期资产支付的现金		
投资支付的现金		
取得子公司及其他营业单位支付的现金净额		
支付其他与投资活动有关的现金		
投资活动现金流出小计		
投资活动产生的现金流量净额		
三、筹资活动产生的现金流量：		
吸收投资收到的现金		
取得借款收到的现金		
收到其他与筹资活动有关的现金		
筹资活动现金流入小计		
偿还债务支付的现金		
分配股利、利润或偿付利息支付的现金		
支付其他与筹资活动有关的现金		
筹资活动现金流出小计		
筹资活动产生的现金流量净额		
四、汇率变动对现金及现金等价物的影响		
五、现金及现金等价物净增加额		
加：期初现金及现金等价物余额		
六、期末现金及现金等价物余额		

话题3 财务报表分析的基本方法

财务报表是财务报告的一个重要组成部分，对于公司的管理层和财务报表使用者来说，是连接彼此的纽带。各个财务报表之间又存在一定的联系，是判断公司财务状况和经营成果的重要根据，它不仅可以为投资者准确地提供企业价值信息，而且可以有效地反映企业的经营信息。财务报表分析，主要有以下四种方法：

一、比较分析法

这种方法是在财务报表分析中最为常用的一种分析方法。它通过计算财务报表中的主要项目或重要指标的增减变动差异额，找出不同企业产生差异的原因，从而进一步判断企业的财务状况和经营成果，发现企业管理中的薄弱环节和存在的问题。比较的形式根据不同的分析目的可以横向比较，也可以纵向比较。横向比较法又称水平分析法，是对企业某一历史时期和报告期的财务状况、经营成果和现金流量的信息来进行比较。

二、比率分析法

这种方法是财务报表分析中最基础的一种分析方法。它是将同期企业财务报表中的若干数据，通过某项具体的财务指标与性质相同的指标评价标准进行对比，以此来分析和评价企业经营活动和财务状况的一种分析方法。根据分析目的的不同，比率分析法一般可以分为偿债能力比率、盈利能力比率、营运能力比率分析三种。

三、趋势分析法

这种方法是依据企业当期同类财务指标与历史同期相关指标数据来计算指数或动态比率，企业需连续进行多个会计期间数据分析，对比发现各个数据相关项目的变化和发展趋势，观察其经营状况等的变化情况，以此来预测企业的未来发展趋势。

四、因素分析法

这种方法通过选取某一项综合财务指标，分解找到影响该项指标的影响因素，以这个影响因素和财务指标为基础建立变动关系，测量变动所带来财务指标的变化，分析各因素对某项财务指标影响程度。

【小思考10-1】使用这些方法分析企业财务报表有何意义？

提示： 分析历史数据，预测未来趋势。

话题 4　企业的财务综合分析和评价

一、企业营运能力分析

小视频28

企业营运能力分析是指通过企业生产经营资金周转速度的有关指标来分析企业资金利用的效率。企业生产经营资金周转的速度越快，表明企业资金利用的效果越好、效率越高。营运能力分析包括总资产周转情况分析、流动资产周转情况分析和固定资产周转情况分析。

1.总资产周转情况分析

总资产周转能力反映总资产周转情况。衡量总资产周转能力的指标是总资产周转率，它是企业销售收入净额与资产总额的比率。这一比率可用来分析企业全部资产的使用效率。

一般来说，资产周转次数越多，周转一次所需要的天数越少，表明其周转速度越快，营运能力越强；反之，周转次数越少，周转一次所需要天数越多，表明其周转速度越慢，营运能力越弱。

2.流动资产周转情况分析

流动资产周转能力反映流动资产周转情况，其衡量的指标主要有应收账款周转率、存货周转率和流动资产周转率。流动资产周转率反映流动资产的周转速度。周转速度快，会相对节约流动资产，等于相对扩大长期资产投入，提升企业的盈利能力；而延缓周转速度，则说明流动资产占用资金较多，形成资金浪费，降低企业的盈利能力。

3.固定资产周转情况分析

固定资产周转率，是指企业年销售收入净额与固定资产平均净值的比率。它是反映企业固定资产周转情况，从而衡量固定资产利用效率的一项指标。

固定资产周转率越高，表明企业固定资产利用得越充分。反之，如果固定资产周转率不高，则表明固定资产使用效率不高，企业的营运能力不强。

二、企业盈利能力分析

企业盈利能力分析与评价是财务分析与评价的重要组成部分，包括收入盈利能力、资产盈利能力、净资产盈利能力的分析与评价。

1.收入盈利能力

收入盈利能力的典型指标是主营业务利润率。主营业务利润率是指企业在一定时期主营业务利润同主营业务收入净额的比率。它表明企业每单位主营业务收入能带来多少主营业务利润，反映了企业主营业务的获利能力，是评价企业经营效益的主要指标。

该指标越高，说明企业产品或商品定价科学，产品附加值高，主营业务市场竞争力强，发展潜力大，获利水平高。2015—2020 年 A 企业主营业务利润率见表 10-4，

2020年A企业主营业务利润率与同行业对照表见表10-5。

表10-4 2015—2020年A企业主营业务利润率

指标名称	2015年	2016年	2017年	2018年	2019年	2020年
主营业务利润率（%）	-16.6	-2.9	-29.3	-21.5	-28.5	-52.0

表10-5 2020年A企业主营业务利润率与同行业对照表

指标名称	A企业	优秀值	良好值	平均值	较低值	较差值
主营业务利润率（%）	-52.0	50.8	41.0	31.0	11.9	-11.7

A企业近6年主营业务利润率总体呈下降趋势，获利能力逐年减弱，2020年下降幅度较大。A企业所在高速公路行业的主营业务利润率优秀值为50.8%，良好值为41.0%，平均值为31.0%，较低值为11.9%，较差值为-11.7%，A企业的主营业务利润率在同行业中处于较差值水平，盈利能力较差。

2.资产盈利能力

总资产报酬率是企业息税前利润与企业资产平均余额的比率，它是反映企业资产综合利用效果的指标，也是衡量企业利用债权人和所有者权益总额所取得盈利的重要指标。其计算公式为：总资产报酬率=息税前利润÷总资产平均余额。

该指标越高，表明企业投入产出的水平越高，企业的资产运营越有效。2015—2020年A企业总资产报酬率见表10-6。

表10-6 2015—2020年A企业总资产报酬率

指标名称	2015年	2016年	2017年	2018年	2019年	2020年
总资产报酬率（%）	5.5	0.2	1.6	1.7	1.9	2.8

2020年A企业总资产报酬率与同行业对照表见表10-7。

表10-7 2020年A企业总资产报酬率与同行业对照表

指标名称	A企业	优秀值	良好值	平均值	较低值	较差值
总资产报酬率（%）	2.8	11.5	7.7	4.2	-1.7	-4.6

A企业2016—2020年总资产报酬率逐年上升，说明公司盈利能力逐年增强，高速公路行业的总资产报酬率优秀值为11.5%，良好值为7.7%，平均值为4.2%，较低值为-1.7%，较差值为-4.6%。A企业的总资产报酬率在同行业中低于平均值，盈利能力有待进一步提高。

3.净资产盈利能力

净资产盈利能力反映企业净资产的收益水平，通常用净资产收益率反映。其计算公式为：净资产收益率=净利润÷净资产平均余额。

该指标反映股东权益的收益水平，用以衡量公司运用自有资本的效率，指标值越高，说明股东投资带来的收益越高。2015—2020年A企业净资产收益率见表10-8。2020年A企业净资产收益率与同行业对照表见表10-9。

表10-8　　2015—2020年A企业净资产收益率

指标名称	2015年	2016年	2017年	2018年	2019年	2020年
净资产收益率（%）	11.5	−5.2	1.3	0.8	1.2	1.8

表10-9　　2020年A企业净资产收益率与同行业比较

指标名称	A企业	优秀值	良好值	平均值	较低值	较差值
总资产报酬率（%）	1.8	12.6	9.0	5.5	−2.3	−5.2

A企业2018—2020年，净资产收益率逐年上升，说明公司盈利能力逐年增强，高速公路行业的净资产收益率优秀值为12.6%，良好值9.0%，平均值5.5%，较低值-2.3%，较差值-5.2%，A企业的净资产收益率在同行业中低于平均值，盈利能力有待进一步提高。

结论：A企业的盈利能力总体偏低，收入盈利能力逐年降低，要提高收入盈利能力，必须要提高营业收入。总资产盈利能力和净资产盈利能力偏低，主要由高速公路行业的资产属性，以及高速公路建设和发展周期等多因素决定。可以预计，在未来2~3年这一状况尚难以根本改变。

三、企业偿债能力分析

1.短期偿债能力

短期偿债能力，就是企业以流动资产偿还流动负债的能力。反映企业短期偿债能力的财务指标主要有：流动比率、速动比率和现金比率等。一般而言，流动比率、速动比率越高，表明偿还流动负债的能力越强。现金比率是企业一定时期的经营现金流量同流动负债的比率。

由于A企业经营的特殊性，流动比率、速动比率指标差异性很小。A企业的速动比率处于较低水平，2015—2018年该指标有上升的趋势，2019年和2020年这两年继续好转。而2020年流动比率较2019年有显著上升，原因是2020年流动资产明显增加，同时，流动负债明显减少，而流动资产增加的主要原因是其他流动资产增加所致。

表10-10　　2015—2020年A企业短期偿债比率

指标名称	2015年	2016年	2017年	2018年	2019年	2020年
流动比率	1.54	1.55	1.58	1.61	1.63	1.92
速动比率	0.82	0.84	0.88	0.89	0.95	1.02

2.长期偿债能力

衡量企业长期偿债能力的指标有资产负债率、负债股权比率和利息保障倍数（亦称已获利息倍数）。一般而言，企业资产负债率越低，表明企业的长期偿债能力越强。负债股权比率是长期负债总额与所有者权益总额的比率，负债股权比率越高，说明企业偿还长期债务的能力越弱。利息保障倍数指标越大，说明企业的长期偿债能力越强。2015—2020年A企业长期偿债比率见表10-11。

表10-11　**2015—2020年A企业长期偿债比率**

指标名称	2015年	2016年	2017年	2018年	2019年	2020年
资产负债率（%）	72.3	76.6	76.7	68.2	69.0	65.0
负债股权比率	261.0	327.7	328.3	214.5	222.1	185.5
利息保障倍数	1 430.6	−33.9	130.5	121.7	138.1	129.2

由表10-11可以看出：A企业的资产负债率近几年一直处于相对稳定水平。将A企业2020年资产负债率与同行业13家在上海证券交易所上市的高速公路公司的同期数据进行对比，可以发现13家上市公司中的五洲交通、中原高速、路桥公司的资产负债率分别为72.90%、77.89 %、72.83%，而A企业相应的指标值为65.0%，鉴于A企业高速公路正处在快速扩张期，公司长期负债比例高，还本付息压力大。

结论：A企业没有短期偿债压力，但是从长期偿债能力分析，A企业面临较大的偿债压力。这是由于其筹资结构单一，绝大部分资金都是来自银行贷款，导致未来面临较大的还本付息压力。

四、企业发展能力分析

企业发展能力，是指企业通过自己的生产经营活动，用内部形成的资金投资发展的能力。企业内部的发展资金，主要源于企业的销售收入和企业降低开支而节约的资金，而企业的筹资发展能力主要从企业的资金结构和筹资成本分析，因此综合分析企业的自我发展能力和筹资发展能力更能全面分析公司的发展能力。

1. 自我发展能力

自我发展能力反映企业未来年度的发展前景及潜力，其概括了该企业的盈利能力、管理效率和偿债能力，反映企业的综合能力。发展能力指标主要有主营业务收入增长率、资本保值增值率、营业利润增长率等指标。2015—2020年A企业发展能力指标见表10-12。

表10-12　**2015—2020年A企业发展能力指标**

指标名称	2015年	2016年	2017年	2018年	2019年	2020年
主营业务收入增长率（%）		19	20	−1	29	31
资本保值增值率（%）	138	114	130	169	115	126
营业利润增长率（%）		−66	36	50	−114	−197

由表10-12可以看出，A企业的主营业务收入增长率除2018年为负值，总体还是呈上升趋势。将2020年主营业务收入增长率与同行业13家在上海证券交易所上市的高速公路公司同期数据进行对比，可以发现13家上市公司的主营业务收入增长率最高值为59.70%，最低值为−3.52%，而A企业的主营业务收入增长率为31%，相对处于良好水平，说明企业具有一定的发展潜力。资本保值增值率近几年处于1.1～1.7之

间，表明企业的资本保全状况较好，所有者权益增长较快，债权人的债务有保障，企业发展后劲较强。

2.筹资发展能力

（1）筹资结构与筹资能力

筹资结构在很大程度上影响和制约企业的筹资能力，主要从企业的筹资期限结构和筹集资金结构两个方面影响企业的筹资能力。

①筹资期限结构分析。

营运资本需求就是为了完成营运资本积累而对外需求的资金，也就是流动负债。其值长期为负，数额较大，就要进行长期筹资，以增加营运资本。如果企业现金支付能力偶尔或时断时续出现为负的情况，那么就应采取短期筹资措施。2015—2020年A企业的现金支付能力见表10-13。

表10-13 **2015—2020年A企业的现金支付能力** 单位：万元

指标名称	2015年	2016年	2017年	2018年	2019年	2020年
现金支付能力	−103 155	44 897	44 433	−820 918	−480 003	349 341

由表10-13可以看出，A企业的现金支付能力不稳定，从2015年到2020年期间现金支付能力时尔出现负数，应采取短期筹资措施。

②筹集资金结构分析。

合理的资金结构，应该同时实现资产结构合理和负债结构合理，并实现资产结构与负债结构的互相适应。在资金结构合理的情况下，企业的投资收益最高，企业价值最大，企业的资金来源稳定，偿债风险最小，企业的资本成本最低。其中，对资产结构的分析常常使用流动指标，当该比例上升或较高时，企业应变能力增强，企业创造利润和发展的机会增加，加速资金周转潜力大；当该比例下降或较低时，说明企业原有生产结构不合理或者经营不善，企业的财务状况恶化。2019年和2020年A企业的筹集资金结构见表10-14。

表10-14 **2019年和2020年A企业的筹集资金结构** 金额单位：元

年份	流动资产	资产总额	流动资产率
2019	6 752 456 967.35	95 539 637 022.87	7%
2020	8 926 057 715.14	106 982 586 430.25	8%
年份	长期负债	所有者权益	负债经营率
2019	51 527 491 555.41	29 662 421 094.42	174%
2020	60 276 126 781.00	37 466 424 059.42	161%

由表10-14可以看出，A企业2019年和2020年的流动资产率分别为7%和8%。2020年该比率有所上升，表明企业应变能力增强，企业创造利润和发展的机会增加，加速资金周转潜力大，而A企业2019年和2020年负债经营率分别为174%和161%，表明企业的长期负债占企业所有者权益的比例过高，反映了企业的融资结构过分单

一，从而提升了企业的融资难度。也正因为如此，反映出企业融资结构调整的巨大空间，企业的融资潜力较大。

（2）筹资成本与筹资能力

企业的筹资成本就是出资人的投资回报率，二者几乎是同一指标，筹资成本的高低直接影响企业的筹资能力，即在高成本低风险和低成本高风险之间做出抉择。A企业可以考虑上市融资、非上市股权融资、资产证券化融资、应收账款保理、组建财务公司进行多元化融资，解决当前的融资结构单一的问题。

3.公司财务综合分析

单一的指标或指标体系能够揭示某一类财务信息。但是，难以全面反映企业的综合财务状况，特别是各财务指标间的相互关系，以及指标的变动原因和发展趋势等问题的分析，必须借助于综合财务分析。杜邦分析法和帕利普财务分析是从财务角度综合评价企业绩效的经典方法。前者着力分析企业经营业绩形成及变动的具体原因，而后者则探究财务指标发生变化的根本原因。因此将两者结合起来更有利于对A企业进行综合财务分析。

专题总结：

本专题重点讲述资产负债表、利润表、现金流量表的分析，要求学习者从财务报表的数据中发现规律，并分析存在某种规律的原因，进而预测未来的趋势，针对如何改善企业资产结构及经营成果提出相关建议。

专题练习

一、单项选择题

1.反映企业全部财务成果的指标是（　　）。

A.主营业务利润　　B.营业利润

C.利润总额　　D.净利润

2.企业商品经营盈利状况最终取决于（　　）。

A.主营业务利润　　B.营业利润

C.利润总额　　D.投资收益

3.企业提取法定盈余公积是在（　　）。

A.提取法定公益金之后

B.弥补企业以前年度亏损之后

C.支付各项税收的滞纳金和罚款之后

D.支付普通股股利之前

4.下列现金流量比率中，最能够反映盈利质量的指标是（　　）。

A.现金毛利率　　B.现金充分性比率

C.流动比率　　D.盈余现金保障倍数

5.能使经营现金流量减少的项目是（　　）。

A.无形资产摊销　　B.出售长期资产利得

C.存货增加　　D.应收账款减少

6.影响产品价格高低的最主要因素是（　　）。

A.销售利润　　B.销售税金

C.产品成本　　D.财务费用

7.在各种产品的利润率不变的情况下，提高利润率低的产品在全部产品中所占的比例，则全部产品的平均利润率（　　）。

A.提高　　B.降低

C.不变　　D.无法确定

8.下列各项中，属于工业企业投资活动产生的现金流量的是（　　）。

A.向银行借款收到的现金　　B.以现金支付的债券利息

C.发行公司债券收到的现金　　D.以现金支付的在建工程人员工资

9.下列各项中，不在“销售商品、提供劳务收到的现金”项目中反映的是（　　）。

A.应收账款的收回

B.预收销货款

C.向购买方收取的增值税销项税额

D.本期的购货退回

10.下列项目中，不影响当期所有者权益变动额的是（　　）。

A.净利润　　B.所有者投入和减少资本

C.所有者权益内部结转　　D.利润分配

10.1

二、多项选择题

1.影响产品销售利润的基本因素有（　　）。

A.销售量　　B.单价

C.期间费用　　D.销售品种构成

E.产品等级

2.进行产品销售利润因素分析的主要步骤包括（　　）。

A.找出影响产品销售利润的因素

B.将影响产品销售利润的因素分为有利因素和不利因素

C.确定各项因素变动对产品销售利润的影响程度

D.按各项因素变动对产品销售利润的影响程度进行排序

3.属于筹资活动现金流量的项目有（　　）。

A.短期借款增加

B.资本净增加

C.增加长期投资

D.偿还长期债券

E.取得债券利息收入收到的现金

4.从净利润调整为经营活动现金流量，应调增的项目有（　　）。

A.流动负债减少　　B.财务费用

C.不减少现金费用　　D.非流动资产增加

E.投资损失

5.财务分析根据分析的方法和目的的不同，可分为（　　）。

A.动态分析　　B.专题分析

C.全面分析　　D.静态分析

E.现状分析

10.2

三、判断题

1.营业利润是企业营业收入与营业成本费用及税金之间的差额。它既包括产品销售利润，又包括其他业务利润，并在二者之和的基础上减去管理费用与财务费用。（　　）

2.息税前利润是指没有扣除利息和所得税的利润，即等于利润总额与利息支出之和。（　　）

3.利润表附表反映了会计政策变动对利润的影响。（　　）

4.经营活动产生的现金流量大于零说明企业盈利。（　　）

10.3

5.企业分配股利必然引起现金流出量的增加。（　　）

四、计算题

10.4

1. 秋燕公司为增值税一般纳税人。2020年度，秋燕公司的主营业务收入为1 500万元，增值税销项税额为195万元；应收账款期初余额为120万元，期末余额为165万元；预收账款期初余额为35万元，期末余额为12万元。请计算秋燕公司2020年度现金流量表中的“销售产品、提供劳务收到的现金”项目的金额。

2. 永祥公司年末的流动负债为58万元，速动比率为2.6，流动比率为3.1，营业成本为81万元。已知年初和年末的存货相同，求该公司的存货周转率。

专题十一 价值评估

思政园地

我们在并购一家企业时，除了考虑其资产价值、负债价值、股东权益价值，还会适当地考虑它的商誉，企业商誉形成往往取决于它在市场交易中表现出的诚信程度，以及它在合作伙伴中的口碑，因此企业在经营过程中必须注重其社会形象，避免产生负面影响。

20世纪90年代中期，英国石油公司致力于股东价值创造，公司股价及其为股东创造的价值远远超过同行业竞争者，公司因此获得各项奖励。公司投资者关系部主任彼得提出，投资者关系管理团队是沟通公司内部经营和外部投资界的桥梁，既要充分理解并解释公司经营业绩背后体现的经济状况，又要注重与分析师、投资者的沟通，从而能够确保公司战略准确有效传达给投资界，对维持公司股价起到不可估量的作用。

话题1　经济增加值

小视频31　　小视频32

一、EVA的经济含义

EVA是指对会计项目进行调整后的实际营业所得减去包括债务资本与权益资本在内的所有资本成本的差额。该指标认为，只有当企业的实际营业利润大于企业借入债款所需支付的利息以及股东投入资金的机会成本的总和时，才能被称为实际意义上的为企业、为股东制造价值财富。与传统会计利润相比，EVA不仅是企业总收入与日常营运过程中显而易见的成本费用之间的差额，而且重点关注了资本结构中的股东权益部分的机会成本，且不同于传统的企业价值评估方法，EVA重点考核的是企业管理者是否有效使用股东为企业所投入的资本并为其创造价值。它能够促使管理者站在投资者的角度，切身地从长远利益的发展作为基本准则点，作出有效可行的决策并为股东创造更大的财富，而不是谋求短期利益的实现却忽略股东及企业投资者的利益。

二、EVA的计算方法及分析

1.EVA的计算公式

研究EVA在企业价值评估中的实际应用效果，首先要从其最基本的计算公式出发。了解EVA的经济含义后，我们不难得出它的基本计算公式为：

$$EVA = NOPAT - TC \times WACC$$

式中，NOPAT为企业营业利润经过具体的项目调整后得到的税后净营业利润；TC为资本总额；WACC为加权平均资本成本。由此可知EVA指标的计算值主要是由NOPAT、TC和WACC共同决定的。以下将对这三个主要的决定性指标进行计算公式的列示和说明。

（1）税后营业净利润

$$\text{税后营业净利润} = \text{营业利润} + \text{财务费用} + \text{本年商誉摊销} + \text{各项减值准备金增加额} + \text{资本化研发费用} + \text{递延所得税负债增加额} - \text{递延所得税资产增加额} - \text{公允价值变动损益} - \text{非经营性投资收益} - \text{资本化研发费用用本期摊销额} - \text{税收调整}$$

其中，税收调整是对企业利润进行项目调整后所产生的对企业应缴纳所得税的影响，其计算公式如下：

$$\text{税收调整}=\text{所得税费用}+(\text{财务费用}+\text{本年商誉摊销}+\text{各项减值准备金增加额}+\text{资本化研发费用}-\text{公允价值变动损益}-\text{资本化研发费用本期摊销额}-\text{非经营性投资收益}+\text{营业外支出}-\text{营业外收入})\times\text{所得税税率}$$

（2）投入资本总额

$$\text{投入资本总额}=\text{债务资本}+\text{权益资本}+\text{各项减值准备余额}-\text{在建工程净额}-\text{在建工程减值准备}+\text{递延所得税负债}-\text{递延所得税资产}$$

其中，债务资本及权益资本的计算公式如下：

债务资本=短期借款+交易性金融负债+一年内到期的非流动负债+长期借款+应付债券-长期应付款

权益资本=股东权益+少数股东权益

在EVA的计算公式中，加权平均资本成本的计算公式如下：

$$WACC = k_c \times \frac{S}{S+D} + k_d \times \frac{D}{S+D} \times (1-T)$$

式中，k_c为权益资本成本；k_d为税前债务资本成本；S和D分别为企业的权益资本和债务资本；T为公司的实际所得税税率。

企业的税前债务资本成本按照短期借款、长期借款和应付债券各占负债总额的比例乘以相对应的贷款利率，最后再相加所得。而权益资本成本由常用的资本资产定价模型决定，具体的模型构建公式如下：

$$k_d = R_f + \beta \times (R_m - R_f)$$

式中，R_f为无风险报酬率；R_m为市场收益率；$R_m - R_f$为市场风险溢价；β为企业相对于整个经济流通市场的系统风险系数。

2.会计项目调整的解释

针对GAAP（一般公认会计原则），思腾思特咨询公司列出了160多个可调整的会计项目，从而帮助企业提高营业盈利能力计算的准确性。但考虑到调整会计项目所耗费的时间与资金问题，在一般情况下只对目标企业的净利润进行5到15个项目的调整。这样不但大大地降低了应用难度，提高了财务会计人员对项目调整的可操作性，而且在项目调整过程中所耗费的成本也不会超过应用EVA指标所带来的价值利益，造成顾此失彼的局面。以下是对主要会计项目调整做出的相应解释：

（1）研究开发费用

创新科研作为我国企业一直重点投资发展的项目，是企业提高未来发展潜力的重要途径之一。因此，在项目调整中，需要把研究阶段的资金费用和开发阶段不符合资本化条件的支出予以资本化。这样不但有利于国家政府鼓励企业致力于科学研发工作，而且能够排除低估企业账面价值的可能。

（2）财务费用

企业的财务费用主要包括汇兑损益和利息收支，其中汇兑损益和利息收入都与企业的日常营运活动没有直接联系，应该于调整营业利润时将其剔除。而利息支出其本质无异于EVA计算公式中的债务资本成本，都是企业为借入资金所需承担的利息成本。因此，在计算过程中应该将利息支出的金额加回以防止重复计算的问题出现。

（3）非正常性损益

与企业日常业务活动无关的营业外收支、投资收益以及政府补贴等被称为非正常性损益。非正常损益具备不可预测性和偶发性的特点，且其中的政府补贴对于中央企业和国有企业来说，政府的特别补助是其重要的资金来源，这都将会在一定程度上影响财务指标反映企业日常营业获利能力的真实性。

（4）各项减值准备

包括坏账准备在内的各项减值准备实际上是企业风险管理控制下的会计账务处理。也就是说，企业计提的各项减值准备并没有实际发生，而当期利润却会因为所产生的减值准备相应减少，这将导致所得出的利润不能如实反映企业的盈利情况，企业拥有的各项资产也会在不同程度上被低估。

（5）递延所得税

递延所得税分为递延所得税资产和递延所得税负债，是由会计准则确定的会计账面价值与税法规定的计税基础相比较所得的差额，并不代表企业资产负债真实地增加与减少。为反映企业实际拥有的资本总值，有效分析企业所占用资本而获得的营业利润，应将该项目的贷方余额加回来，而将借方余额相应减去。

（6）在建工程

在建工程虽然隶属资产负债表中的固定资产，但是作为一项长期投资项目，并不能在短时间内为企业创造利益，如果将其计入资产总额，那么势必会低估企业的获利能力，因此应当将在建工程在资本总额中予以扣除。

根据企业所处的发展阶段不同，企业价值评估模型可分为单阶段增长模型、两阶段增长模型和三阶段增长模型。这三种模型所适用的企业发展特点分别反映了其所处特定生命周期的未来发展态势。如果企业处于初创期，那么它将经历迅猛的高速增长，后转为低于此增长率的速度继续增长，最后再逐渐趋于稳定的增长率，这就属于三阶段增长模型。假设企业处于成长期，那么良好的发展前景将会促使企业高速增长，然而这种情况不是一成不变的，在持续高速增长的几年后，企业将会以稳定的增长率发展，这就属于两阶段增长模型；如果处于成熟期的企业，那么它的增长率将会相对稳定，并围绕着一个数值上下浮动，但不会有较大的变化，这就属于单阶段增长模型。

三、EVA指标在国农科技企业价值评估中的应用

1.税后净营业利润的计算

税后净营业利润是指将企业营业利润扣除实际与企业日常经营无关的损益，它考虑到了与企业日常经营无关会计项目和没有实际发生的会计项目，反映了企业利润表中所不能体现的实际营业效益。由于项目调整涉及的非经常性投资收益在利润表中没有明确列示，且确认企业非经常性投资活动的金额烦琐复杂，考虑到EVA调整的可操作性原则，因此，此次应用将不调整投资收益项目。EVA税收调整计算表见表11-1。

表 11-1　　EVA 税收调整计算表　　单位：元

项目	2013 年	2014 年	2015 年	2016 年
所得税费用	5 406 254.88	5 040 994.08	3 951 454.77	6 469 356.84
加：财务费用 · T	−205 352.81	−183 101.36	−60 543.34	651 722.76
资产减值损失 · T	335 475.66	14 578.80	28 943.39	−35 952.89
营业外支出 · T	117 595.74	65 865.59	29 055.18	1 508 280.79
减：营业外收入 · T	46 397.53	4 280 985.95	196 955.80	160 606.12
税收调整	5 607 575.94	657 351.16	3 751 954.20	8 432 801.38

注：T 代表企业所得税税率。

国农科技 2013—2016 年税后净营业利润见表 11-2。

表 11-2　　国农科技 2013—2016 年税后净营业利润　　单位：元

项目	2013 年	2014 年	2015 年	2016 年
营业利润	11 487 797.5	3 805 326.19	10 137 004.02	51 576 371.77
加：财务费用	−821 411.25	−732 405.43	−242 173.36	2 606 891.05
资产减值损失	1 341 902.63	58 315.21	115 773.57	−143 811.57
递延所得税负债增加额	0	0	0	0
减：递延所得税资产增加额	0	117 782.38	−16 719.24	−101 063.14
税收调整	5 607 575.93	657 351.16	3 751 954.21	8 432 801.39
税后净营业利润	6 400 712.95	2 356 102.43	6 275 369.26	45 707 713

2. 资本总额的计算

资本总额在 EVA 指标中的应用是指企业为谋求营业收入而投入的所有资本总和，包括了对外举债的债务资本和股东投资的权益资本，全面完整地反映了企业的资本结构。其中，在建工程虽然作为企业资产的一部分，但是它在短期内无法为企业带来一定的利益，为避免低估企业的盈利能力，将在此次资本总额调整中扣除。国农科技 2013—2016 年债务资本见表 11-3。

表 11-3　　国农科技 2013—2016 年债务资本　　单位：元

项目	2013 年	2014 年	2015 年	2016 年
短期借款	0	0	10 000 000	0
交易性金融负债	0	0	0	0
一年内到期的非流动负债	0	0	0	0
长期借款	22 000 000	30 000 000	30 000 000	0
应付债券	0	0	0	0
长期应付款	0	0	0	0
债务资本合计	22 000 000	30 000 000	40 000 000	0

国农科技2013—2016年投入资本总额计算表见表11-4。

表11-4 **国农科技2013—2016年投入资本总额计算表** 单位：元

项目	2013年	2014年	2015年	2016年
债务资本合计	22 000 000	30 000 000	40 000 000	0
加：权益资本合计	144 506 815.20	157 384 459.35	163 295 984.70	178 199 802.08
各项减值准备余额	10 411 442.32	0	0	0
递延所得税负债	0	0	0	0
减：递延所得税资产	0	117 782.38	101 063.14	0
在建工程净额	875 578.61	2 003 147.48	988 399.51	1 138 465.33
资本总额（调整后）	176 042 678.91	185 263 529.51	202 206 522.05	177 061 336.75

3.加权平均资本成本的计算

（1）税后债务资本成本的计算

根据企业各年度财务报告可知，国农科技2013—2016年应付债券均为0，其债务资本主要由短期借款和长期借款构成。为方便应用过程中的实际操作运算，其短期借款利率选取1年期银行贷款利率，长期借款利率则选取5年期银行贷款利率，参数信息均由国泰安数据库获取。税后债务资本成本见表11-5。

表11-5 **税后债务资本成本** 单位：元

项目	2013年	2014年	2015年	2016年
短期借款	0	0	10 000 000	0
长期借款	22 000 000	30 000 000	30 000 000	0
负债总额	22 000 000	30 000 000	40 000 000	0
短期借款比例	0	0	25.00%	0
长期借款比例	100.00%	100.00%	75.00%	0
1年期银行贷款利率	6.00%	5.60%	4.35%	4.35%
5年期银行贷款利率	6.40%	6.00%	4.75%	4.75%
税前债务资本成本	6.40%	6.00%	4.65%	0
所得税税率	25.00%	25.00%	25.00%	25.00%
税后债务资本成本	4.80%	4.50%	3.49%	0

注：

税前债务资本成本=短期借款比例×1年期银行贷款利率+长期借款比例×5年期银行贷款利率

税后债务资本成本=税前债务资本成本×（1-所得税税率）

（2）权益资本成本的计算

关于国农科技2013—2016年权益资本成本的计算中，将选取风险可视同为零的一年期银行定期存款利率作为无风险利率，具体数据从中国人民银行官网中获取；风险溢价将参照国内学者的做法继续采用GDP（国内生产总值）增长率进行替代，各年度GDP由国家统计局官网的数据查询中获得；β系数来自国泰安数据库。权益资本成本计算表见表11-6。

表11-6　**权益资本成本计算表**　单位：元

项目	2013年	2014年	2015年	2016年
无风险利率	3.00%	2.75%	1.50%	1.50%
β系数	0.86	0.59	1.17	1.46
风险溢价	7.80%	7.30%	6.90%	6.70%
权益资本成本	9.71%	7.06%	9.57%	11.28%

注：权益资本成本=无风险利率+β系数×风险溢价。

（3）加权平均资本成本的计算（见表11-7）

表11-7　**加权平均资本成本计算表**　单位：元

项目	2013年	2014年	2015年	2016年
资本总额	176 042 678.91	185 263 529.49	202 206 522.05	177 061 336.75
权益资本	154 042 678.91	155 263 529.49	162 206 522.05	177 061 336.75
债务资本	22 000 000.00	30 000 000.00	40 000 000.00	0
权益资本比例	87.50%	83.81%	80.22%	100.00%
债务资本比例	12.50%	16.19%	19.78%	0
权益资本成本	9.71%	7.06%	9.57%	11.28%
债务资本成本	4.80%	4.50%	3.49%	0
加权平均资本成本	9.10%	6.65%	8.37%	11.28%

注：加权平均资本成本=权益资本成本×权益资本比例+债务资本成本×债务资本比例。

4.EVA的计算（见表11-8）

表11-8　**EVA计算表**　单位：元

项目	2013年	2014年	2015年	2016年
税后净营业利润	6 400 712.95	2 356 102.43	6 275 369.26	45 707 713
资本总额（调整后）	176 042 678.91	185 263 529.51	202 206 522.05	177 061 336.75
加权平均资本成本	9.10%	6.65%	8.37%	11.28%
EVA	−9 619 170.83	−9 963 922.28	−10 649 316.64	25 735 194.21

注：EVA=税后净营业利润-资本总额×加权平均资本成本。

因此，EVA体系无论是应用于企业的业绩评价还是价值评估，相比其他方法能够更加真实地反映企业经营效益及其实际内在价值。但是，如果仅仅将EVA这一单一财务指标作为业绩评价和价值评估的唯一指标显然不够严谨，在实际应用过程中还应适当地结合该企业的其他财务指标和非财务因素，从而实现全面、准确、客观这一目标。

（注：案例的所有原始数据来源于国泰安数据库，所有结果均由作者根据公式进行计算）

话题2　企业并购估价

小视频33　　小视频34

一、概述

企业并购属于一种大规模的战略性投资，决策准确可带来较好的收益，决策失误则会给企业带来巨大的损失。并购目标公司的确定，不仅是企业实施并购的第一步，而且是非常重要的一步，对并购效应有着直接影响。一旦确定了并购的目标公司，就需要对目标公司进行评价，称为企业并购估价，其实质就是对目标公司进行综合分析，从而确定目标公司的价值即并购方愿意支付的并购价格。

企业并购估价的对象往往不是目标企业现在的价值，而是并购以后目标企业能为并购企业带来的价值增值。这里至少要考虑两个因素，即目标企业的增长性和并购产生的协同作用或者其他效应，这两部分价值将决定并购企业出价的上下限。首先，企业不是各种资源的简单相加，而是体现着一种整体大于个别要素相加之和的效率特征。如何评估企业的无形价值，到目前为止没有直接的模型可以利用。其次，对于可以预计未来现金流量的企业，可以通过增量现金流量的折现对企业的未来增长性进行估值（如何对长时间不产生现金流量的企业进行估值，是一个尚未解决的问题）。

其中，贴现现金流量法是最常用的方法之一。贴现现金流量法（DCF）认为企业的价值与其未来能产生的现金流量密切相关，能通过各种假设反映企业管理层的管理水平和管理经验。贴现现金流量法的原理是假设任何资产的价值等于其预期未来现金流量的现值之和。其基本公式为：

$$V=\sum_{t=1}^{n}\frac{CF_t}{(1+r)^t}$$

式中，V为资产的价值，n为资产的寿命，r为与预期现金流量相对应的折现率，CF_t为资产在t时刻产生的现金流量。

贴现现金流量法的优点在于考虑了企业未来的收益能力，并且比较符合价值理论；其局限性在于当评估企业价值时，其结果的准确性依赖各种假设——企业经营持续稳定、现金流量预测、资本成本等。同时，该方法对业绩不稳定的公司、周期性行业的公司或成长型公司，以及新生公司的预测比较困难。

贴现流量法可以分为两种类型：（1）股权资本估价。公司股权价值可以通过股权资本成本对预期股权现金流量进行折现获得。股权资本成本是股权投资者要求的收益率；预期股权现金流量是扣除公司各项费用、支付利息和本金以及纳税后的剩余现金流量。股利折现模型是用折现现金流量估价法评估股权价值的一个特例。（2）公司整体估价。公司整体价值包括公司股东、债权人、优先股股东等利益相关者的权益。公司整体价值可以使用该公司加权平均资本成本对公司预期现金流量进行折现得到，公司加权平均资本成本是公司不同融资渠道的资本成本根据其市场价值加权平均得到的，公司预期现金流量是扣除所有营业费用和支付利息及纳税后的剩余现金流量。

二、自由现金流量的计算

以贴现现金流量法评估企业价值需要计算预期的现金流量和贴现率。与股权资本估价和公司整体估价分别对应，需要计算股权自由现金流量和公司自由现金流量，合理确定自由现金流量可以保证现金流量与用来评估公司价值的贴现率一致。自由现金流量和公司价值的关系可以表示为：

公司自由现金流量现值+税后非营业现金流量和有价证券现值=公司总价值

对企业进行价值估值的第一步就是计算自由现金流量，包括计算历史时期的自由现金流量以及预测未来时期的自由现金流量，自由现金流量的预测值是最终价值评估值的基础。

1.股权自由现金流量

股权自由现金流量是企业向债权人支付利息、偿还本金、向国家纳税、向优先股股东支付股利，以及满足发展需要后的剩余现金流量，体现了股权投资者对企业现金流量的剩余要求权。按照股权自由现金流量（FCFE）的概念，其基本计算公式为：

$$\text{股权自由现金流量}=\text{净收益}+\text{折旧}-\text{债务本金偿还}-\text{营运资本追加额}-\text{资本性支出}+\text{新发行债务}-\text{优先股股利}$$

如果公司的负债比率保持不变，仅为增量资本性支出和营运资本增量进行融资，并且通过发行新债来偿还旧债，那么在不考虑优先股的情况下，股权自由现金流量的计算公式可以写为：

股权自由现金流量=净收益-（1-负债比率）×增量资本性支出-（1-负债比率）×营运资本增量

股权自由现金流量的计算公式与公司所处的发展阶段密切相关，在上述计算公式中，资本性支出是指厂房的新建、扩建、改建，设备的更新、购置以及新产品的试制等方面的支出，增量资本性支出则为本期资本性支出与折旧的差额。处于高速增长期的公司，增量资本性支出要高于处于成熟期的公司，同样高速增长期的营运资本增量也会比较高，这是由于存货和应收账款等项目占用较多的资金。

2.公司自由现金流量

公司自由现金流量是公司所有权要求者，包括普通股股东、优先股股东和债权人的现金流量总和。公司自由现金流量和股权自由现金流量的主要区别在于公司自由现金流量包括与债务有关的现金流量，如利息支出、本金偿还、新债发行和其他非普通股权益现金流量，如优先股股利。公司自由现金流量（FCF）的计算方法有两种。

一是将公司所有权要求者的现金流量加总，公式如下：

公司自由现金流量=股权自由现金流量+利息费用×（1-税率）+偿还债务本金-发行的新债+优先股股利

二是以息税前利润（EBIT）为出发点进行计算，公式如下：

公司自由现金流量=息税前利润×（1-税率）+折旧-资本性支出-营运资本净增加额

=经营性现金净流量-资本性支出-营运资本净增加额

三、资本成本的估算

1.股权资本成本

（1）股利增长模型

对于稳定增长的公司而言，可以用股利增长模型估算股权资本成本，因为稳定增长的公司股票价格可以表示为：

$$P_0 = \frac{DPS_1}{K_s - g}$$

其中，P_0为当前的股票价格，DPS_1为下一年预计支付的股利，K_s为股权资本成本，g为股利增长率。模型计算简单，实际上与固定增长模型的计算方法是一样的，认为公司有一个固定的增长率并一直持续下去。

（2）资本资产定价模型

到目前为止，资本资产定价模型是最成熟的风险度量模型，模型有五个假设前提：投资者对资产收益和变化的预期是一致的；投资者可以按照无风险利率进行借贷；所有资产是可交易的，而且完全可以分割；没有交易成本；资本市场上没有对卖空交易的限制。在这些假设前提下，任何资产不可分散的风险都可以用β值来描述，并相应地计算出预期收益率，其基本公式如下：

$$R = R_f + \beta (R_m - R_f)$$

其中，R为投资者所要求的收益率，R_f为无风险收益率，R_m为市场预期收益率，

β为企业对整个市场风险的贡献。

（3）套利定价模型

1976年，罗斯提出一种新的资本资产均衡理论——套利定价模型，逻辑基础与资本资产定价模型有很多相通的地方，即投资者只有在承担不可分散风险时才能获得补偿；不同的是，套利定价模型认为风险可由多个因素产生，这些因素的个数及确认是由历史收益决定的。基本表达式如下：

$$R = R_f + \sum_{i=1}^{k} \beta_i [E(R_i) - R_f]$$

式中，R为股权成本，R_f为无风险利率，E（R_i）$-R_f$为风险因素的风险补偿率，β_i为i风险因素的β系数，k为风险因素的数量。

2.债务资本成本

债务资本成本是企业为投资项目融资时所借债务的成本。需要注意的是，这里所说的债务资本成本即资产负债表上的长期负债。因为只有长期负债才能作为企业的融资成本，而短期负债需要随时偿付，一般由流动资产来偿付。一般来说，债务资本成本由下列变量决定：（1）当前的利率水平，市场利率上升，企业的债务成本也会随之上升；（2）企业的信用等级，信用等级低，违约风险就高；（3）债务的税收抵减，利息可以抵减税款，所以要通过税率来计算债务的税后成本，债务在税收抵减上的好处使得债务的税后成本低于税前成本，随着税率提高，这个好处会增大。

3.加权平均资本成本

加权平均资本成本是企业为筹集资金而发行的全部有价证券的成本的加权平均值，包括股权资本成本和长期负债资本成本。值得注意的是，在计算加权平均资本成本时，普通股和债务的比例应以市场价值而不是以账面价值为基础。

四、自由现金流量估值的二阶段模型

二阶段模型适用于增长率呈现两个阶段的公司，即初始阶段增长率很高，后续阶段增长率相对稳定，且维持时间长久。通常做法是首先预测超常增长率（每年的增长率设为g）的时间段为n，之后公司以一个相对稳定的增长率（每年的增长率设为g_n）发展，价值就等于超常增长阶段现金流量的现值加上终点现金流量的现值，计算公式为：

$$V = \sum_{t=1}^{n} \frac{FCF_t}{(1+r)^t} + \frac{FCF_{n+1}}{(r-g_n)(1+r)^n}$$

公式由两部分组成，第一部分是在超常增长期内逐年对现金流量贴现求和，第二部分是稳定增长后的贴现值。运用二阶段模型的关键是确定超常增长阶段的预测期，尽管从理论上讲，很难把这些定性标准转化为具体的时间。运用这个模型的另外一个问题是，公司从超常增长阶段到平稳增长阶段似乎是一夜之间的，但这种突然转换在现实中并不普遍存在。因此建立在传统二阶段法基础上的H模型似乎更加贴近现实。

H模型也是增长的二阶段模型，与传统的二阶段模型不同，该模型的初始增长阶段的增长率不是恒定的，而是随着时间推移逐渐线性减少的，最终达到稳定阶段的增长率，价值计算公式为：

$$V=\frac{FCF_0(1+g_n)}{r-g_n}+\frac{FCF_0\times H\times(g_a-g_n)}{r-g_n}$$

式中，r为与预期现金流量相对应的折现率，g_a为初始阶段增长率，g_n为每年增长率。

案例11-1①

大学城某生物工程公司，2020年每股营业收入为12.4元，每股收益为3.10元，每股资本性支出为1元，每股折旧为0.6元。预期该公司在今后5年内将高速增长，每股收益增长率为30%，资本性支出、折旧和营运资本以同比例增长，收益留存比率为100%，β为1.3，国库券利率为5%。2020年营运资本为收入的20%，负债比率保持在60%，5年后公司进入稳定增长期，预期增长率为6%，即每股收益和营运资本按6%的速度增长，资本性支出可以由折旧来补偿，β为1。该公司发行在外的普通股共3 000万股，市场平均风险报酬率为5%。估计该公司的股权价值。

（1）估计公司高速成长期的每股股权现金流量。

FCF=净收益-（资本性支出-折旧）×（1-负债比率）-营运资本增量×（1-负债比率）

FCF_{2021}=3.10×（1+30%）-（1-0.6）×（1+30%）×（1-60%）-［12.4×20%×（1+30%）-12.4×20%］×（1-60%）=3.52（元）

FCF_{2022}=4.03×（1+30%）-0.21×（1+30%）-0.30×（1+30%）=4.58（元）

FCF_{2023}=5.24×（1+30%）-0.27×（1+30%）-0.39×（1+30%）=5.96（元）

FCF_{2024}=6.81×（1+30%）-0.35×（1+30%）-0.50×（1+30%）=7.75（元）

FCF_{2025}=8.85×（1+30%）-0.46×（1+30%）-0.65×（1+30%）=10.06（元）

公司高速成长期每股自由现金流量相关数据表见表11-9。

表11-9 公司高速成长期每股自由现金流量相关数据表 金额单位：元

年份	净收益	（资本性支出-折旧）×（1-负债比率）	营运资本增量×（1-负债比率）	FCF
2021	4.03	0.21	0.30	3.52
2022	5.24	0.27	0.39	4.58
2023	6.81	0.35	0.50	5.96
2024	8.85	0.46	0.65	7.75
2025	11.51	0.60	0.85	10.06

（2）估计公司高速成长期的股权资本成本。

r=5%+1.3×5%=11.5%

① 案例参考：李姣姣. 高级财务管理［M］. 西安：电子科技大学出版社，2019.

（3）计算公司高速成长期每股股权自由现金流的现值。

$$\text{高速成长期每股FCF的现值}=\frac{3.52}{1+11.5\%}+\frac{4.58}{(1+11.5\%)^2}+\frac{5.96}{(1+11.5\%)^3}+\frac{7.75}{(1+11.5\%)^4}+\frac{10.06}{(1+11.5\%)^5}$$

=21.99（元）

（注：其中11.5%的复利现值系数，需要运用插值法进行计算）

（4）估计第6年每股股权现金流量。

FCF_{2026}=12.20−0.90=11.30（元）

（5）计算公司稳定增长期的股权资本成本。

r=5%+1×5%=10%

（6）计算公司稳定增长期每股股权现金流量的现值。

$$\text{确定增长期每股股权现金流量的现值}=\frac{11.30}{(10\%-6\%)(1+11.5\%)^5}=163.92(\text{元})$$

（7）计算公司股权自由现金流量的现值。

V=（20.43+163.92）×3 000=553 050（万元）

案例11-2[①]

大学城某百货公司2020年的息税前净收益为5.32亿元，资本性支出为3.10亿元，折旧为2.07亿元，销售收入为72.30亿元，营运资本占销售收入的比例为20%，所得税税率为40%，债券利率为7.5%。预计后5年内公司将以8%的速度高速增长，β值为1.25，税前债务成本为9.5%，负债比率为50%。5年后公司进入稳定增长期，增长率为5%，β值为1，税前债务成本为8.5%，负债比率为25%，资本性支出和折旧相互抵销。市场平均风险报酬率为5%。

（1）计算公司高度成长期的现金流。

FCF=EBIT×（1−税率）+折旧−资本性支出−追加营运资本

FCF_{2021}=5.32×（1+8%）×（1−40%）+2.07×（1+8%）−3.10×（1+8%）−72.30×8%×20%

=3.45+2.24−3.35−1.16=1.18（亿元）

FCF_{2022}=3.45×（1+8%）+2.24×（1+8%）−3.35×（1+8%）−1.16×（1+8%）

=3.73+2.41−3.62−1.25=1.28（亿元）

FCF_{2023}=3.73×（1+8%）+2.41×（1+8%）−3.62×（1+8%）−1.25×（1+8%）

=4.03+2.60−3.91−1.35=1.37（亿元）

FCF_{2024}=4.03×（1+8%）+2.60×（1+8%）−3.91×（1+8%）−1.35×（1+8%）

=4.35+2.81−4.22−1.46=1.48（亿元）

FCF_{2025}=4.35×（1+8%）+2.81×（1+8%）−4.22×（1+8%）−1.46×（1+8%）

=4.70+3.03−4.56−1.58=1.59（亿元）

公司高速成长期每股自由现金流相关数据表见表11-10。

① 案例参考：李姣姣. 高级财务管理［M］. 成都：电子科技大学出版社，2019.

表 11-10　　公司高速成长期每股自由现金流相关数据表　　单位：亿元

年份	EBIT×（1-税率）	折旧	资本性支出	追加营运资本	FCF
2021	3.45	2.24	3.35	1.16	1.18
2022	3.73	2.42	3.62	1.25	1.28
2023	4.03	2.60	3.91	1.35	1.37
2024	4.35	2.81	4.22	1.46	1.48
2025	4.70	3.03	4.56	1.58	1.59

（2）估计公司高速成长期的资本加权平均成本（WACC）。

高速成长期的股权资本成本=7.50%+1.25×5%=13.75%

高速成长期的资本加权平均成本=13.75%×50%+9.5%×（1-40%）×50%=9.725%

（3）计算高速成长期公司自由现金流量的现值。

$$\text{高速成长期FCF的现值}=\frac{1.18}{1+9.725\%}+\frac{1.28}{(1+9.725\%)^2}+\frac{1.37}{(1+9.725\%)^3}+\frac{1.48}{(1+9.725\%)^4}+\frac{1.59}{(1+9.725\%)^5}$$

=5.20（亿元）

（注：其中9.725%的复利现值系数，需要运用插值法进行计算，此处略）

（4）估计第6年的公司自由现金流量。

FCF_{2026}=4.69×（1+5%）-72.30×（1+8%）×5×5%×20%=1.0203（亿元）

（5）计算公司稳定增长期的资本加权平均成本。

稳定增长期的股本资本成本=7.5%+1×5%=12.5%

稳定增长期的资本加权平均成本=12.5%×75%+8.5%×（1-40%）×25%=10.65%

（6）计算稳定增长期公司自由现金流量的现值。

$$\text{稳定增长期FCF的现值}=\frac{1.0203}{(10.65\%-5\%)(1+9.725\%)^5}=11.35\text{（亿元）}$$

（7）计算公司的价值。

V=5.20+11.35=16.55（亿元）

五、自由现金流量估值的三阶段模型

三阶段模型集合了二阶段模型和H模型的特点，分三个阶段表现企业的增长，即高增长阶段、增长率下滑的转换阶段和稳定增长阶段。三阶段模型特别适用于增长率随时间变化的公司，因此使用这种模型，需要确定高增长期和转换期这两个预测期的值。它的价值模型表现如下：

$$V=\sum_{t=1}^{n_1}\frac{FCF_0(1+g_a)^t}{(1+r)^t}+\sum_{t=n_1+1}^{n}\frac{FCF_t}{(1+r)^t}+\frac{FCF_{n+1}}{(r-g_n)(1+r)^n}$$

三阶段模型的最佳适用对象是当前超常增长并维持一段时间，然后随着产业化优势减少，增长率逐渐降低，直到达到稳定增长阶段的公司。事实上，无论哪一种增长模型，对于预测期来说无非是明确的预期测期和明确的预测期之后两个部分。当然，对于固定增长模型来说，明确的预测期为零；对于三阶段模型来说，明确的预测期分为高增长阶段和转换阶段两部分。

专题总结：

本专题重点讲述经济增加值、企业并购估价模型，学习者应该具备投资分析相关知识，运用具有一定难度的模型分析企业现金流量，并对企业现金流量进行折现分析，从总体角度分析企业的经济价值，属于高级财务管理方面的知识。

专题练习

一、单项选择题

1.下列方面，属于并购决策的始发点是（　　）。

A.并购目标规划　　B.并购一体化整合计划

C.目标公司价值评估　　D.制订目标公司搜寻计划

2.并购目标确立后，（　　）成为并购实施阶段最为关键的一环。

A.寻求足够的购并资金　　B.目标公司的搜寻与抉择

C.确定目标公司的合理价格　　D.确定目标公司的规模标准

3.在目标公司价值评估中，效用最差、用到最少的价值评估模式是（　　）。

A.现金贴现模式　　B.收益贴现模式

C.股利贴现模式　　D.现金流量贴现模式

4.在有关目标公司价值评估方面，集团总部面临的最大困难是以（　　）的观点，选择恰当的方法，对目标公司的价值作出合理估测。

A.时间价值　　B.会计分期假设

C.持续经营　　D.整体利益最大化

5.企业集团通过借款的方式购买目标公司的股权，取得控制权后，再以目标公司未来创造的现金流量偿付借款的收购方式是（　　）方式。

A.现金支付　　B.杠杆收购

C.股票对价　　D.卖方融资

6.在并购一体化整合中，最为困难也是最为关键的是（　　）。

A.战略一体化　　B.管理一体化

C.文化一体化　　D.财务一体化

7.贴现率是应用现金流量模式对目标公司价值评估须解决的一个基础参数，其选择必须遵循的基本原则是（　　）。

A.权责发生制原则　　B.一致性原则

C.收付实现制原则　　D.配比原则

8.在公司估价的实践中，最为普遍的预测期是（　　）年。

A.5

B.10

C.15

D.20

11.1

二、多项选择题

1.对目标公司的并购价格作出限定包括（　　）等方面的含义。

A.目标公司的生产状况　　B.目标公司的公允价值

C.目标公司的规模标准　　　　　D.目标公司的购并价格上限

E.目标公司的购并价格下限

2.在目标公司价值评估中，贴现式价值评估模式包括（　）。

A.现金流量贴现模式　　　　　B.收益贴现模式

C.市盈率法　　　　　D.每股净产值法

E.股利贴现模式

3.在运用现金流量贴现模式对目标公司价值进行评估时，必须解决的基本问题包括（　）。

A.未来股息的确定

B.贴现率的选择

C.明确的预测期的确定

D.明确的预测期内的现金流量预测

E.明确的预测期后的现金流量预测

4.企业集团完成对目标公司并购价格的支付方式包括（　）等。

A.现金支付方式　　　　　B.股票对价方式

C.卖方融资方式　　　　　D.杠杆收购方式

E.递延支付方式

11.2

三、案例题

英国航空航天系统公司基于价值的管理[①]

英国航空航天系统公司（BAE）是欧洲最大的航空和军备公司，到1998年年底，其员工已达48 000人。1998年，该公司的营业额为86亿英镑，其中89%的销售额来自海外，这使BAE成为英国最大的出口商。截止到1999年年底，该公司订单总额已超过280亿英镑。BAE有两个主要的经营领域：全球的军备市场和商用航空市场。20世纪90年代初，BAE的股价二度跌破每股1英镑，成为其发展历史上最困难的阶段。此后，BAE在欧洲和全球范围内放弃了一些非核心业务，改变了民用航空和军备业务混合的状况，因而使整个公司发生了显著的变化，股价上涨了20多倍。

这一变革过程包括实施基于价值的管理方法，这种方法将确保公司为发挥优势而采取的措施能为企业带来最大的利润。BAE基于价值的管理目标包括：按照所创造的价值对内部经营目标排序；了解创造价值的地方和途径；从各个业务层次上推动经济效益的提高；仅对重要方面进行衡量，不再衡量不重要的方面。

BAE总裁认为："基于价值的管理方法成为我们在经营中形成优势的基础，并确保价值创造成为我们行动的指南。"最早的基于价值的管理的实验是在位于Avrotec的从事飞机维修和清洗业务的分公司进行的。整个项目从1997年2月开始，到1997年5月结束，而且非常成功。该公司最初亏损50万英镑，后来一举盈利200万英镑。实施基于价值的管理过程需要了解现金流、经营情况和所制定的主要绩效指标之间的关

① 参考：张先治．高级财务管理［M］．4版．大连：东北财经大学出版社，2018.

系，以确保将注意力集中于这些影响因素。经过4个月的严格审核，公司从价值影响因素链和运用基于价值的管理方法所做的敏感度分析中识别出主要的绩效指标。此外，能产生高效率的劳动力等影响因素也受到了特别关注。

随着这一项目的成功实施，人们的注意力开始转向地区性的喷气式飞机装配公司。第二个基于价值的管理项目从1997年9月开始，到1997年12月结束，有近10个主要绩效指标被识别出来，并被优先考虑，取代了以往的250多项绩效衡量标准，从而减少甚至完全取消了监督部门。地区分公司的成功成为BAE发展史上的里程碑。受到地区分公司成功的鼓舞，其他3个项目已于1999年全面展开。它们包括销售和市场营销原材料的采购和结算零配件。

所有这些项目由地区分公司基于价值的管理经理统一负责，每个项目则由3～4个人组成的小组负责实施。他们还推出了包括6项内容的系列培训计划，旨在促使包括参与项目的小组负责人和专业培训人员在内的员工成为卓有成效的执行者。这些培训计划涵盖了基于价值的管理过程的2个阶段。第1阶段的任务是识别经营中的主要绩效指标，这一阶段需要花费4～6个月的时间；第2阶段的任务是对所有核心管理过程重新排序并确定主要绩效指标，如财务报表、预算控制及计划过程等。地区分公司的成功在BAE引起了强烈反响，基于价值的管理正渗透到几乎所有的主要业务中。基于价值的管理对包括合同谈判、对新业务的投标和评估、项目跟踪和管理、生产效率及运转资本管理在内的各种经营活动提供了有价值的思路。基于价值的管理成为BAE实现客户、员工和股东价值长期持续增长的主要措施。

要求：仔细研读案例，分析BAE基于价值的管理成功的关键因素。（开放性题目）

11.3

专题十二　全球化财务管理

思政园地

全球化财务管理涉及国家之间的商品服务贸易及货币资金流通，交易手续的繁杂程度比国内高很多，其中包括各种价值理念或办事方式的冲突，这就要求我们具有海纳百川、兼容并包的情怀，求大同存小异，相互理解和尊重，互为取长补短，建立良好的互动合作关系，真正把“人类命运共同体”理念融会贯通于现实经济活动之中。

大数据、智能化、移动互联网及云计算等新一代信息技术的发展和应用，不断推动着大型企业集团财务共享中心的改革与创新，为企业集团创造更大的价值。财务共享中心依托“大智移云”，能够实时对大量碎片化的数据进行搜集、整理、处理、分析并出具报告，从而满足大型企业集团各种决策的需要，使财务共享中心成为大型企业集团的数据中心。大数据挖掘技术能够为大型企业集团提供更完整、更全面的数据，形成的数据资源池能够让大型企业集团得到前所未有的商机。大型企业集团的财务共享中心利用大数据挖掘技术由最初的报账、费用、结算中心转变成数据中心，获得数据信息，并对数据进行分析，为大型企业集团信息使用者提供公司运营、风险管控、预算管理、绩效分析等多方面的决策支持，使财务共享中心的职能从财务会计职能逐步转变为管理会计职能，从而提升财务共享中心的工作价值，并不断进行价值创造。

话题1　集团财务管理

一、企业集团财务的基本概念

企业集团是现代市场经济发展到一定阶段的必然产物，它是以一个实力雄厚的大型企业为核心，以产权联结为主要纽带，并辅以产品、技术、经济、契约等多种纽带，将多个企业、事业单位联结在一起，具有多层次结构，以母公司为主体的多法人经济联合体。它是在经济上统一控制、协调，而在法律上又各自独立的企业联合体。在一般情况下，企业集团由集团公司或母公司、子公司和孙公司、分公司，以及其他相关企业组成，其中集团公司为企业集团的核心企业，分公司、子公司或孙公司等为紧密层企业，相关企业作为松散层企业而存在。集团公司作为一个经济实体，具有独立的法人资格，一般都具有较强的经济实力，拥有较强竞争力的核心产业和技术优势，当达到一定的规模和实力后，通过横向或纵向兼并、收购或投资控股拥有对各子公司的绝对控制权和相对控制权，利用制定的企业集团组织章程、发展战略、管理制度等协调约束企业集团内成员的行为，实现企业集团的资源配置效应、战略协同效应和管理协调效应。

企业集团和集团公司的关系，应该是组织整体与组织核心的关系。企业集团区别于一般经济联合体的一个重要和基本的标志，是它有一个具有强大控制力和影响力的核心。集团公司是集团核心的一种具体形式，集团公司是在企业集团中占绝对控制地位的公司，它在企业集团中起主导作用，通过多种联结纽带决策、影响和引导众多企业的经营方向、发展战略、产品类型、市场定位，对一个国家、地区、产业的经济发展都起到重大影响作用。

理论上，企业集团和集团公司都表现为通过扩大企业边界替代市场作用并获取净交易费用节约的一种组织形式，在实际工作中，企业集团和集团公司还是存在一定差异性的，其中最大的不同就在于企业集团不是法人，而集团公司是法人。在隶属关系方面，企业集团包含了集团公司，集团公司隶属于企业集团。在管理模式方面，企业集团有从集权到分权的各种选择，集团公司主要以集权为主。在财务管理主体方面，企业集团有多个财务管理主体，集团公司只有单一财务管理主体。在服从运作机制方面，企业集团既要服从市场机制，自身又要有组织机制，而集团公司服从市场机制。在主要作用方面，企业集团是追求整体最大利益的经济联合体，集团公司则是企业集团的核心层。

二、企业集团的财务特征

1.产权关系复杂

企业集团内部往往使用不同的持股方式，如垂直持股方式、环状的相互持股方式、环状与垂直持股混合的方式去组织控制其他企业，使集团内部的产权关系十分复杂。

2.财务主体多元化与财务决策多层次化

企业集团的一个重大特点是母公司与被控股的子公司之间在法律上彼此独立，并以资本的结合为基础而产生控制与被控制机制，所以企业集团内部存在着多个财务管理主体，合并会计报表成为必然。

3.融资功能强大

企业集团做为与金融机构密切联系的经济联合组织，具有比一般企业更强大的融资功能。一方面企业集团是多个企业的联合体，本身资本充足，市场竞争力强，所以从集团外部融资的能力较强；另一方面企业集团内部各成员企业有着共同的利益目标，使成员企业相互之间的融资更加方便。

4.投资领域多元化

企业集团资金实力雄厚，未来充分利用资金并分散经营风险，往往实行多元化、综合化投资策略，把业务拓展到多个行业领域，注重产品的多样化和系列化。

5.以内部转移价格作为实现集团经营战略的一个手段

企业集团内部转移价格是集团内部相关联的各方在交易过程中所采用的计价标准，有些关联交易采取协议定价原则，交易价格高低在一定程度上取决于集团的需要，使得利润得以在企业集团内部各成员企业之间进行转移。

三、企业集团财务管理体制的内涵与模式

财务管理体制是在一定经济体制下，企业对财务活动的各方面进行组织管理的制度和方法的总称，它包括财务管理权限的划分、财务管理机制的划分、财务制度的制定等内容，其核心是调整各方面的经济利益关系，通常是指微观财务管理中的企业集团财务管理体制。从纵向和横向进行财务决策权的配置和分割是企业集团财务管理体制构成的核心，具体包括集权式财务管理体制、分权式财务管理体制、集权和分权结合型财务管理体制。

1.集权式财务管理体制

集团式财务管理体制是将子公司业务看作母公司业务的扩大，所有战略的决策与经营控制权都集中在母公司。这种体制下的母公司拥有子公司的全部财务决策权，对子公司进行高度集权下的统一规划和管理，各级子公司没有财务决策权，只负责对母

公司所计划内容的具体实施。其特点是，集团内部的各项决策均由母公司制定和部署，集团内部可充分展现其规模和效益，并最大限度降低资本成本和风险损失，同时也可以充分利用母公司的人才、智力、信息资源，从而达到机构健全和内部目标控制制度完善，使决策统一化、制度化。财务管理集权式体制主要适用于企业集团规模不大且处于初建期，或子公司在整体集团中的重要性使母公司不能对其行权，或子公司管理效能较差等情况。

2.分权式财务管理体制

分权式财务管理体制是指决策权分散于各子公司，母公司起集团公司的作用。在这种分权体制下，子公司相对独立，母公司不干预子公司的生产经营和财务活动，只对子公司完成受托责任的情况进行考核和评价。分权式财务管理体制的特征主要表现为：子公司在财权设置、资本融入及投出和运用、财务收支、费用开支、财务人员选聘和解聘、公司福利及奖金等方面均有充分的决策权，并根据市场环境和公司自身情况拥有更大的财务决策权。在管理上，母公司不采用指令性计划方式干预子公司的经营活动，以间接管理为主；在业务上，母公司鼓励子公司积极参与竞争市场份额的活动；在利益上，母公司往往倾向于子公司，以增强其实力。

3.集权和分权结合型财务管理体制

集权和分权结合型财务管理体制主要由于上述的两种体制出现了比较明显的缺陷才应运而生的。集权和分权结合型财务管理体制是指企业集团按产品、服务、客户或地区划分成立事业部门，企业集团总部授予部门很大的经营自主权，使其能够像独立企业那样根据市场情况自主经营，拥有财务决策自主权。根据母公司集权程度不同，这种体制又可以分为集权为主、分权为辅，以及分权为主、集权为辅两种形式。

四、企业集团融资管理

企业集团融资管理不同于单个企业融资管理，其重点在于解决母公司的资本结构优化和集团整体的财务风险控制。母公司对子公司分拆、分离、对外担保和上市融资等业务实施监控，以达到控制整个集团财务风险和优化母公司和子公司资本结构的目的。按照资金来源不同，企业集团的融通资金方式可以划分为外部融资和内部融资两种。

1.外部融资

外部融资是指企业集团从集团外部融通资金，按照融资决策主体可分为分散型融资和集中型融资两种形式。分散型融资是指各个企业不通过集团公司，单独直接对外融资。集中型融资的特点在于集中对外融资，即由集团公司统一对外融资，然后根据投资项目的需要分期分批拨到成员企业。外部融资的方式有很多种，如发行股票、吸收直接投资、银行贷款、发行债券、商业信用、融资租赁等，这些融资方式的融资风险和融资成本各不相同，企业集团选择融资方式时应权衡利弊做出决策。

2.内部融资

内部融资是指企业集团从集团内部获取资金。一方面，企业集团内部各企业实现的利润可以留存，从而作为企业集团的内部资金来源；另一方面，企业集团各成员企业至今存在密切的伙伴关系，可以互济互惠相互借贷融通资金。除了各成员企业之间直接互相借贷融通资金之外，还有其他可以在集团内部横向融通资金的方式。例如，可以建立企业集团发展资金，供企业集团统一使用；可以办理实行统贷统还的发展项目贷款，由集团公司为企业集团统一借入资金，并统一归还贷款本息。企业集团应充分利用金融资本，比如建立融洽的银企关系，寻求银行长期而稳定的信贷关系，或者寻求银行等金融机构直接投资入股。

3.企业集团资本结构分析

企业的负债能力具有杠杆效应，这种杠杆效应使企业规模日益庞大，并形成金字塔式的控制体系，这种层层连锁控股导致多次运用同样的资本取得更多的借款，从而提高负债的可能，对其控制的资产和收益能够发挥很大的杠杆作用。但在这样的资本结构下，企业不仅没有化解风险，反而集中了风险，随着附属企业层次的增加，处于顶层的企业负债率会非常高，其综合负债率将远远高于单个公司；另外，这种高比率的综合负债率会使控股公司层次上的利润微小降低在整个公司系统中产生连锁反应。因此集团公司财务管理的任务在于对这种资金杠杆作用的利用和由此出现的风险进行防范，以正确处理好经营风险和财务风险的关系，并适时调整和控制资本结构，从而做到收益与风险均衡、合理。

五、企业集团投资管理

集团筹集来的资金要尽快用于生产经营，以便降低成本，增加收益，但是任何投资决策都有风险，因此在投资时应认真分析影响投资决策的各种因素，科学地进行可行性研究。对于新增的项目，一方面要考虑项目建成以后给企业带来的报酬，另一方面也要考虑项目给企业带来的风险，以便在风险和报酬之间进行权衡，不断提高集团价值。企业集团的投资管理与单个企业的投资管理相比，最大的区别就是在整个投资的决策过程中涉及两个或两个以上的投资主体，多个参与者导致了决策信息传导链的延长，从而可能会导致信息的失真和阻滞，进而导致决策效率低下，所以在一个企业集团中可成立一个专门的项目投资组织，自始至终都参与投资项目的全过程，从而有利于减少信息失真和阻滞现象，增强投资决策人员的责任感。

当企业集团处在初创期或者规模扩张期的时候，集团内部难以从银行或其他金融机构取得贷款，主要依靠内源性资本为规模扩张提供资本支持，因此，当集团总部进行资本支出的决策时，更多考虑的是投资成本的快速收回，以保证资金的流动性。这时回收法经常被用于项目初选和财务评价，可以判断初始资本的回收年限，企业可以拒绝回收期超过标准的项目，关注资本的回收效率以及对后续投资项目的资本支持。而当企业集团步入成长或成熟期时，任何战略投资项目，都需要进行财务评价以判断该项目是否具有价值增值，净现值法、内含报酬率法称为财务评价的根本方法。

投资项目正式立项以后，企业集团需要组织项目小组进行经济和技术可行性分析，并提交可行性研究报告，主要内容包括项目概况、市场预测、产品方案与生产规模，地址选择、工艺与组织方案设计、财务评价、项目风险分析、项目可行性研究结论与建议，综合整个论证项目的必要性、技术先进性、建设条件可能性、财务盈利性及经济合理性，从而为投资决策提供科学依据。其中财务评价主要涉及：（1）项目投资估算，包括项目投资估算依据，项目建设估算，项目流动资金估算等；（2）项目融资方案，包括项目资金来源及资本成本、融资方案及可行性分析；（3）现金流预测，包括项目财务评价基础数据和参数选择，项目销售收入和成本费用估算，项目财务评价报表，项目财务评价指标，项目风险分析等。

在项目投资决策分析过程中，最重要同时也是最困难的环节就是评估项目的现金流量，企业集团投资项目现金流预测应考虑业务协同而产生的现金流量方面的财务协同，考虑到立项项目对集团现存的其他项目的影响。从计算技术讲，折现率选择是企业风险大小的评价。折现率反映了投资者对企业经营收益的最低要求，是企业选择投资项目的重要标准。在其他条件不变的情况下，折现率越低，企业价值越高，反之亦然。在一般情况下，企业集团为提高整体资源配置效率，会对所管辖的项目设定标准折现率。

六、企业集团收益分配管理

企业集团收益分配是指企业用税后利润在各成员企业之间进行分配的财务活动，获取最大的经济利益是企业间相互结合的根本目的，是巩固和发展企业集团、增强集团凝聚力和生命力的核心问题，是处理企业集团与国家经济利益及各成员之间经济利益的焦点。鉴于企业集团是一种复杂的经济联合组织，它的收益分配不仅要坚持各成员之间的平等互利，不得发生相互侵占的现象，而且要注意研究集团收益分配的空间跨度和时间跨度的协调制约问题，从而达到合理的境界。

1.一次分配法

企业集团以体现平均或先进的劳动耗费的标准成本为基础，加上分解的目标利润，确定各成员企业配套零部件的内部协作价格，这种内部协作价格包含了分解的目标利润，因而其利润是在成员企业出售零部件时一次实现的。

2.二次分配法

第一次分配，是按事先共同确定的最终产品目标成本，制定每个零部件的目标成本，并以此作为集团内部的结算价格与各成员企业实际成本的差额部分，盈亏自理。第二次分配，是以最终产品销售收入扣除目标成本的余额作为分配资金，按各成员企业生产零部件的目标成本值占最终产品目标成本值的比例加以分配。

3.组合分配法

企业集团实现的利润，既按生产资料价值和非生产资料要素价值进行比例分配，又按各成员企业对集团生产的贡献进行比例分配，两者结合的比例由企业各方协商确定。

4.技术成果计价分成法

提供先进技术、专利、商标的企业，按共同商定的单位产品提成额和商品产品销售量，从生产集团产品的受益企业新增利润中提取一定份额的报酬。

5.投资比例分配法

集团企业对成员企业提供资金、技术、设备和价格优惠后，根据协议或章程规定，各成员企业要按一定比例向集团企业返回利润，但集团企业对这一部分的利润并不收回，而是留给成员企业用于技术进步的投资所需，放弃参与成员企业由此产生的收益分配。

6.股份分配法

凡是以资金、资产、无形资产折股联合形成的股份企业集团或集团的股份联合层，应按股份比例对集团收益进行股息分配和红利分成，以投资股份进行收益分配，并承担相应的经济责任，是集团利润的分配发展方向。

话题2 国际财务管理

一、国际财务管理概述

由于世界各国经济活动的国际化，国家大垄断企业的出现和发展、各国之间产品与技术的交换、对外投资等活动，必然产生国家之间的资金运动，即国际财务管理。国际财务管理的目标是跨国公司通过科学、合理地组织财务管理活动，促使资源在世界范围内最优配置，资本在世界市场自由流动，以实现企业价值最大化并取得最佳经济效益。

国际财务管理与一般公司财务管理一样，都要涉及公司的投资、融资以及股利分配决策，公司的日常财务管理等内容，但是国际财务管理面临的是一个全球一体化的、具有不完全性的国际市场，面临着特殊的政治风险和外汇风险，这些特殊性决定了国际财务管理特殊的研究内容。国际财务管理的对象是跨国资金运动和国际财务关系，内容包括外汇风险管理、国际筹资管理、国际投资管理、跨国公司内部资本转移等。由于各国经济结构、法律政策以及地理位置、资源禀赋等原因，跨国公司面对的全球市场要比任何一个国家的内部市场具有更多的不确定性，具体体现在产品市场、要素市场、金融市场、信息市场等不完全性，因此跨国公司有可能利用各个市场之间的各种差异套取利润、降低风险、降低经营成本，或投资多个市场以降低资本、降低风险。

二、外汇风险管理

外汇风险是指在国际经济、贸易和金融活动中，由于各种货币的国家汇价的变动而引起的企业以外币表示的资产价值、负债、收入、费用的可能增加或减少而产生收益或损失，从而影响当期利润和未来现金流的风险。外汇风险的根本原因是汇率的变动，其结果是不确定性。通常跨国公司只要有外汇业务发生，就必然离不开外汇风险。外汇风险管理目标是防止出现短期支付困难，使得企业资产的现金流和负债的现金流相匹配，稳定和降低融资成本或稳定未来收益，较为准确地预测企业现金流量。

（一）外汇风险种类

1. 交易风险

交易风险又称为交易暴露风险，它是在以外币结算的交易中，从买卖成立到货款收付结算的期间内，因汇率变动而产生的可能给企业带来收益或损失的外汇风险，如持有外币应收账款的出口商，会因外币对本币贬值而发生损失；持有外币应付账款的进口商，会因外币对本币升值而发生损失。

2. 会计折算风险

会计折算风险是指公司财务报表中的外汇项目，因汇率变动而引起的转换价值跌落风险，如按规定，公司在期末决算编制利润表和资产负债表时，所有的外币制资产和负债都要按照期末汇率另行折算，因此引起与原账面价值的不一致。

3. 经济风险

经济风险又称为经济暴露风险，是指由于未能预料的汇率波动，引起公司未来收益和现金流量发生变化的潜在性风险。这种风险可能给公司带来收益也可能带来损失，主要取决于汇率变化对未来销售量、价格和成本影响的程度。

（二）交易风险管理

1. 风险转移

风险转移是指估计汇率变化会给当前的交易带来不利时，设法将风险转移到交易的对方。例如，公司设法选择有利的计价货币，尽量做到付款用软货币（汇率呈现贬值趋势的货币），收汇用硬货币（汇率呈现升值趋势的货币）。但由于各种货币的软或硬并不是绝对的，因此其局面往往会出现转变。严格来说，这种方法并不能保证经济实体免遭汇率变动的损失。

2. 风险分担

风险分担是指双方在签订交易合同时，签订有关汇率风险的分担协议。从理论上讲，出口商或债权人应争取使用硬货币，进口商或债务人应争取使用软货币，但是在一笔交易中，交易双方都争取到对自己有利的计价货币是不可能的。当一方不得不接受对自己不利的货币作为计价货币时，可以争取对谈判中的价格或利率进行适时调整，要求适当提高以软货币计价结算的出口价格或者以软货币清偿的贷款利率，要求适当降低以硬货币计价结算的进口价格或以硬货币计值清偿的借款利率。

3.提前或延期结汇

提前或延期结汇是指在国际支付中，通过预测支付货币汇率的变动趋势，提前或延期支付有关款项，即通过更改外汇资本收付日期来抵补外汇风险或者得到汇价上升的好处。例如，美国母公司预测未来的英镑对美元汇率下降，就要求在英国的子公司对产品、劳务、利息、红利等提前支付给母公司。又例如，母公司把子公司拓展业务所需要的美元贷款推迟到贬值以后。

4.套期保值

防范交易风险的套期保值策略一般包括远期外汇市场套期保值、货币市场套期保值、外汇期权套期保值等策略。使用远期合约套期保值进行交易风险管理的时候，首先要确认交易风险暴露，并在此基础上签订适当的外汇远期合约。如果外汇风险暴露是多头，那么出售远期外汇；如果外汇风险暴露是空头，那么购买远期外汇。货币市场套期保值的合约是贷款协议，采用这一保值方法的公司可以借入一种货币，然后换成另一种货币进行投资，债务到期时偿还借款本息的资本可以是来自公司的经营收益，也可以在即期外汇市场购买这种货币用于还贷。外汇期权套期保值是通过买卖外汇期权来规避外汇风险，其基本方法是，当交易中有外币的应收账款时，可以在期权市场买进执行价格较高的、该外币的出售权；当交易中有外币的应付账款时，可以在期权市场买进执行价格较低的、该外币的购买权。

三、国际筹资管理

与国内企业相比，国际企业由于其跨国经营的业务需要，经常跨越国界在国际金融市场上筹集资金，因而国际企业拥有更加广泛的资金来源。跨国公司的长期资本可以采取跨国权益筹资、国际信贷和国际债券等方式。

1.跨国权益筹资

跨国权益筹资是指跨国公司通过发行国际股票，即在国际金融市场或国外金融市场以发行股票的方式筹集的权益性资本，只要能够满足各国市场的上市要求，大部分股票交易所都允许外国公司发行股票，例如纽约证券交易所、伦敦证券交易所、东京证券交易所、法兰克福证券交易所等，我国的跨国公司目前接触比较多的市场是纽约证券交易所、新加坡证券交易所。互联网的出现及发展为投资者和筹资者提供便利，使得投资者和筹资者可以很容易了解全球的金融市场，电子交易的出现大大降低了跨国投融资的成本，从而对资本跨域国际流动起到推动作用。

2.国际信贷

国际信贷是指一国借款人在国际金融市场向外国金融机构借入货币资金的一种信用活动，是国际资本流动和转移的表现，反映了国际借贷资本的流动，是国际经济活动一个重要方面，分为短期贷款和中长期贷款。中长期贷款金额大、时间长，银行风险大，因此借贷双方要签订贷款协议，并对贷款的有关事项加以详细规定，同时一般要提供担保财产。

3. 国际债券

国际债券是指各种国际机构、各国政府及企事业法人，按照一定的程序在国际金融市场以外国货币为面值发行的债券，包括外国债券、欧洲债券和全球债券。外国债券是指在发行者所在国家以外的国家发行的，以发行地所在国的货币标明面值的债券，比较著名的有扬基债券、武士债券、龙债券；欧洲债券是指一国政府、金融机构、工商企业或国际组织，在国外债券市场以第三国货币为面值发行的债券，这里的欧洲不是表示地理位置的概念，而是意味着境外；全球债券是指世界各地的金融中心同步发行、具有高度流动性的国际债券。

四、国际直接投资管理

国际直接投资是指跨国公司将其资本投放到母国之外，以获取收益的经济行为，可以根据其是否拥有对企业的控制权和经营管理权而分为直接投资和间接投资两种基本方式。间接投资是投资者在国际金融市场购买外国公司的股票或债券，目的是获取证券投资的股息或债息。直接投资是投资者在国外经营公司，并通过直接控制或参与其生产经营管理以获取利润。国际投资合作方式，主要包括合资经营、合作经营、独资经营。

1. 合资经营

合资经营是指有两个或两个以上属于不同国家和地区的公司或者其他经济组织，经东道国批准，在东道国设立的以合资方式组成的经济实体。当母公司拥有国外业务的50%以上的股份时，可以对其进行控制，这样的合资公司称为跨国公司母公司的国外子公司；如果母公司拥有国外业务，且拥有合资公司不足50%的股份时，那么这样的合资公司称为跨国公司母公司的国外成员公司。

2. 合作经营

合作经营是指国外企业依据东道国的有关法律，与东道国企业共同签订合作经营合同而在东道国境内设立的合作经济组织。合作经营企业双方的责、权、利都是由双方签订的合同加以规定的，可以由合作双方派出代表组成联合管理机构或聘请第三方管理。

3. 独资经营

独资经营是指由某一外国投资者依据东道国法律，在东道国境内设立的全部资本为外国投资者所有并独立经营的企业，许多国家对外国投资者在本国投资设立独资企业会设置某些限制，军事、通信等行业一般不允许外国投资者独资经营。

在国际投资中不可避免会存在风险，主要有政治风险和经济风险，因此投资者在进行投资决策时首先要对风险因素进行分析，以便做出明智决策。同时，由于跨国公司对待直接投资形成分处两个国家的不同经济实体，可能会对母公司其他业务产生影响，这样母公司的现金流和国外投资项目的现金流性质就会不一样，在分析过程中必须对投放在项目的现金流和流向母公司的现金流严加区分。国外投资项目的评价不但应从投资项目本身出发，而且要站在母公司的立场进行评价，考虑净现金流转换到母公司的可能性、子公司所在国有关汇兑资本方面的税收规定，以及两国的汇率变化等。从母公司角度分析，现金流入量主要是来自子公司的净现金流量、许可证收入、管理费收入等，现金流出量最主要是从子公司获得股利收入而应向本国政府缴纳的各种税款等。

五、跨国公司内部资本转移

由于经营和管理需要，跨国公司通常需要内部资本转移，其实，类似的内部资本转移在国内的集团公司也存在，而跨国公司所面临环境的特殊性和市场的不确定性，使得这种机制作用更为明显。跨国公司内部资本转移形式通常有内部贷款、转移价格、应收应付管理等，目的是对资本资源进行有效配置，从而实现公司价值最大化。

1.内部贷款

内部贷款，是指跨国公司母公司与子公司以及子公司之间相互提供资金，或者一方提供贷款担保，使得另一方获取资金，从而在跨国公司内部相互调剂资金余缺。对资本抽回管制比较严格的地区，一般可以采取公司内部信贷的方式转移资本，即以母公司或其他子公司向该地区贷款的方式进行资本供应，并按高利率收取利息，以便在短期内将资本调回本国。内部贷款方式包括直接贷款、背对背贷款、平行贷款等。

（1）直接贷款

直接贷款是指跨国公司不通过任何中介，直接向子公司贷款，或者一个子公司直接向另一个子公司贷款，利率为资本的转移价格。究竟使用哪种货币，取决于各种货币之间的相对利率高低，以使得跨国公司的整体支付利息成本最低。

（2）背对背贷款

背对背贷款不是跨国公司对子公司或者子公司对子公司直接提供贷款，而是通过利用商业银行或者金融机构做中介，间接地向资金需求方提供资金。通常是母公司把资本存放在中介银行，银行把等值的资本以当地货币或母公司货币借给当地子公司，按协商的利率对母公司存款支付利息，同时借款子公司向银行支付利息。

（3）平行贷款

以两对公司为例，平行贷款是指两个不同国家的两家跨国公司，其各自拥有设在对方所在国的子公司，这两家公司各自给对方所在国的子公司以同等数量的贷款，而各子公司同时得到以所在国货币计算的同等数量资本的一种贷款方法。在平行贷款下，资本没有跨越国界，各自子公司没有受到东道国的外债管制和外汇管制，顺利得到所需要的资本，从而实现了在不同国家之间的资本转移。

2.转移价格

转移价格是指跨国公司以其全球战略为依据，以跨国公司整体价值最大化为目标，在母公司与子公司或子公司之间进行商品、劳务等交易时所采用的内部价格，其中包括租金、技术转让费和管理费等。对于跨国公司来说，转移价格既可以加速跨国公司内部的资本转移，又可以降低整个公司的税负并保持外汇平衡，从而提高跨国公司整体价值。跨国公司按照内部转移价格进行交易，可能会减少某些相关国家的税收收入，因此很多国家会制定相关管制措施，一般是根据某些办法确定跨国公司内部交易的公允价格，通常有如下三种：

（1）成本加成法

成本加成法以跨国公司内部交易的产品出售方的成本，加上合理的利润边际，作为衡量转移价格的标准，这种方法通常在跨国公司内部交易的产品接受方并不直接再出售产品的情况下使用。

（2）市场价格法

市场价格法是使用无关交易双方进行类似商品交易时的价格，或称为独立的市场价格，判断跨国公司内部交易价格是否公平合理，从理论上讲这种方法最简单，确定的价格标准最合适。

（3）再销售法

再销售法是以跨国公司最终对外销售产品时的价格为基础，扣除最终对外销售子公司的边际利润，来计算跨国公司内部的交易价格。

3.应收应付管理

（1）提前或延期结汇

跨国公司内部资本转移的一个重要原因是公司内部有商品交换，母公司通过修改子公司间的信用期限以便提前或延迟结汇，是子公司间资本转移的一个重要手段。一般来说，提前结汇相当于把资本从买方子公司转移给卖方子公司，延迟结汇相当于把资本从卖方子公司转移到买方子公司，为跨国公司内部资本转移提供较大的灵活性。

（2）多边冲销

多边冲销是指多家子公司之间进行相互交易的账款抵销结算，收支冲销能降低资本的实际转移额，节省资本费用，包括外汇市场的买卖差价、资本转移过程的机会成本损失、银行收取的佣金等。

（3）再开票中心

再开票中心是公司的一个资本经营子公司，当各子公司之间进行商品交换时，生产型子公司把货物卖给再开票中心，再转售给销售型公司，实际上货物是直接由卖方子公司运到买方子公司，再开票中心处理的是文件，不是实际货物。

话题3 财务预警与风险管理

一、财务风险概述

财务风险是指在企业经营的各项财务活动中，各种不可控的因素使得企业无法按照预期计划完成目标以及实现相关收益，从而在财务方面使得企业最终在一定程度上与预期的经营目标不吻合，使其承担经济方面的损失，无法获得更多的经济收益。

1.财务风险具有战略性

从公司战略的角度，对财务风险的关注应包括制度风险、信息风险、业绩风险、现金流风险等。实现企业价值最大化的目标，主要是看企业能否在商业经营中赢得有利可图的顾客和产生持续的营业收入，这是实现价值目标的根本问题。企业生存的主导是在金融市场，然而生存的方式是由在商品市场的表现所决定的，因此财务管理理论必须和公司商品经营战略相联系。

2.财务风险具有综合性

企业的投资、生产经营、融资等战略既可能直接影响财务风险，又可能通过作用于经营活动而影响财务风险。例如，企业在投资中选择多元化战略反映在经营过程中，需要和多重客户及供应商建立合作关系，又会涉及产品销售和原料供应等细节问题，如果形成过多坏账或者原料占用过多资金，同样会影响企业的支付能力，从而形成财务风险。

3.财务风险具有传导性

美国一位气象学家在解释空气系统理论时说，亚马孙雨林的一只蝴蝶翅膀偶尔振动，也许两周后就会引起美国得克萨斯州的一场龙卷风。“蝴蝶效应”是指初始条件十分微小的变化经过不断放大，会对其未来状态产生巨大的影响；同样，企业内部财务风险的微小祸患，也存在“蝴蝶效应”的传导机理，对企业持续经营、财务安全产生极具破坏性的后果。

二、财务预警方法

企业经营无时无刻不处在财务风险、市场风险、法律风险等各种风险之中，因此企业必须建立预警制度，在面临复杂多变的市场环境和内部不可控因素的条件下，尽可能预先觉察经营中的危机，并采取有效的应变措施，以消除危机。针对财务风险展开的财务预警分析，即通过对企业财务报表及相关经营资料的分析，利用及时的财务数据和相应的数据化管理方式，将企业已面临的危机情况预先告知企业经营者和其他利益相关者，并分析企业发生财务危机的原因和企业财务运营体系隐藏的问题，以提早做好防范措施。企业产生财务危机的原因多种多样，既可能是企业经营者的决策失误，又可能是管理失控，还可能是外界环境恶化等。但是任何财务危机都有一个逐步显现并不断恶化的过程，因此，管理者在财务管理系统的正常运作中，应该做到防微杜渐，对企业财务运营过程进行跟踪、监控，并及早发现财务危机信号，着手应变，从而避免或减弱财务危机对企业的破坏程度。财务预警方法除了能够预先将财务运营体系存在的问题告知经营者和投资者，还能清晰告知经营者应该朝着哪一个方向努力才能有效解决问题，从而让企业把有限的财务资源用于最需要或最能产生经营成果的地方。

（一）定性预警分析

1.标准化调查法

标准化调查法又称风险分析调查法，即通过专业人员、咨询公司、协会等，就企业可能遇到的问题加以详细调查和分析，从而形成报告文件供企业使用者使用的方法，报告文件一般从一两页到上百页。之所以称为标准化，并不是指这些报告文件或调查表格具有统一的格式，而是指它们所提出的问题具有共性，对所有企业或组织都有意义并普遍适用。报告文件是专业人员根据调查结果，以自己的职业判断为准对企业的情况给予定位，这就有可能出现主观判断错误的情况，同时表格既没有要求企业对回答的每个问题进行解释，又没有引导使用者对所问问题之外的相关信息做出正确判断。

2.“四阶段症状”分析法

企业财务运营情况不佳或者出现危机，肯定有特定的症状，我们的任务是及早发现各个阶段的症状，对症下药，可以认为企业财务运营病症大体分为四个阶段，各阶段的财务危机症状见表12-1。

表12-1 **各阶段财务危机症状表**

财务危机潜伏期	财务危机发作期	财务危机恶化期	财务危机实现期
①盲目扩张 ②无效市场营销 ③疏于风险管理 ④缺乏有效支付 ⑤企业资源分配不当 ⑥无视环境变化	①自有资本不足 ②过分依赖外部资金 ③缺乏会计预警作用 ④债务拖延偿付	①经营者无心经营业务 ②资金周转困难 ③债务到期违约不支付	①负担超过资产 ②宣布倒闭

3.“三个月资金周转表”分析法

判断企业“病情”的有力武器之一是看企业是否制定“三个月资金周转表”来考虑资金周转问题，这种方法关注企业是否经常检查结转下月余额占总收入的比例，销售额占付款票据兑现额的比例等，这对维持企业的生存极为重要。这种方法的理论思路是当销售额逐月上升时，兑现付款票据极其容易；可是反过来，如果销售额逐月下降，已经开出的付款票据也就难以支付。而且，经济繁荣与否和资金周转关系甚为密切，当企业从萧条走向繁荣时资金周转渐趋灵活，当企业从繁荣转向萧条时企业计划就会被打乱。这种方法的实质是企业面临的理财环境是变化无穷的，要避免发生不能支付的危机，就必须仔细计划，准备好安全度较高的资金周转表。

4.流程图分析法

企业流程图分析是一种动态分析，这种流程图对识别企业的生产经营、财务活动中的关键点特别有用，运用流程图分析可以暴露潜在的风险。在企业的整个生产经营流程中，即使一两处发生意外，都有可能造成损失，从而使企业难以达到既定目标；如果在关键点出现堵塞或发生损失，那么会导致企业全部经营活动终止或资金运动终止。每个企业可以找到一下个财务控制的关键点，哪些关键点容易发生故障，损失程度怎样，有无预先防范的措施，是一种对潜在风险的判断和分析。

（二）定量预警分析

1.单变量的分析方法

（1）财务比率法

财务比率法是美国会计学家威廉在比较研究79个失败企业和相同数量、资产规模的成功企业以后提出来的，计算了各财务报表项目的平均值以后，对流动资产项目中的重要项目作了如下说明：失败企业的现金减少，存在较多的应收账款；当现金和应收账款加在一起时，失败企业和成功企业之间的不同点就被掩盖住了；失败企业存货比较多。研究结果说明，在预测企业的财务危机时，应特别关注“存库现金”、“应收账款”和“存货”三个科目，对于现金和应收账款较少而存货较多的企业，分析时应该特别警觉。此外，财务比率法可以根据企业所处的阶段及行业，选用其他财务指标，例如速动比率、流动比率、资本结构比率、存货周转率、收入结构比率、资本回报率、利润边际率、资产周转率等，或引入应收账款变动率、销售变动率等动态比率。

（2）“利息及票据贴现费用”判别分析法

日本经营咨询专家提出检查企业“血液”即资金的秘诀之一是利息及票据贴现费用判别分析法，即用企业贷款利息、票据贴现费占其销售额的百分比来判断企业健康与否。在制造业中，如果这种百分比数值为3%，那么属于一般情况；如果百分比数值为5%，那么企业的资金周转比较困难；如果百分比数值为7%，那么企业会发生拖欠职工工资的现象；如果百分比数值上升到10%，那么企业要倒闭。

（3）企业股市跟踪法

一般而言，企业的外部相关利益主体无法像企业的内部经营者一样熟知企业的全部真实情况，而是仅仅通过企业对外报送的财务报告或临时公告的方式来了解企业的全部真实情况，由于可能发生会计信息失真，相关利益主体更愿意以企业发行的股票价格为分析因素，尤其对于小股东和小债权人，可以简单认为企业股票价格的持续下降是经营失败的前兆。

2. 多元线性函数模式

（1）企业安全率模式

通过计算企业的安全率，企业可以了解自身财务经营的结构现状，并寻求企业财务状况改善的方向，企业安全率是由两个因素——经营安全率和资产安全率交集而成的。

经营安全率由安全边际率表示：

安全边际率=安全边际额÷现有（预计）销售额

=（现有（预计）销售额-保本销售额）÷现有（预计）销售额

资产安全率的计算方法是：

资产安全率=资产变现率-资产负债率

资产变现率=资产变现金额÷资产账面金额

资产负债率=负债总额÷资产总额

企业进行财务预警分析时，可将资金安全率和边际安全率结合起来，判断企业经营情况和财务状况是否良好。

（2）多元线性函数模式

多元线性函数模式是从总体宏观角度检查企业财务状况有无呈现出不稳定的现象，及早未雨绸缪，延缓财务危机的发生，常见的经典模型是Altman Z计分模型。这种模型运用五种财务比率，进行加权汇总产生的总判别分（Z值）来预测财务危机模型，计算公式如下：

$$Z=0.717X_1+0.847X_2+3.11X_3+0.420X_4+0.998X_5$$

（公式的数字是固定的，经过经济学家搜集大量数据研究所得）

X_1为营运资金÷资产总额，该比率用于衡量企业流动资产净额相对于资产总额的比例。

X_2为留存收益÷资产总额，该比率用于衡量企业一段时间内的累计获利能力，其中留存收益的数字来自资产负债表。

X_3为息税前收益÷资产总额，该比率剔除了税收和杠杆因素影响，用于衡量企业资产的生产能力。

X_4为股东的权益资产÷负债总额，该比率用于衡量企业在负债超过资产，企业无偿债能力之前其资产可能的跌价程度。

X_5为销售额÷资产总额，该比率用于衡量企业资产取得销售收入的能力。

按照这个模式，Z值越低，企业就越有可能破产。当Z小于1.20时，企业属于破产之列；当Z大于2.90时，企业属于不会破产之列；当Z介于1.20和2.90之间时，企业属于灰色区域或未知域，难以简单得出是否肯定会破产的结论。

三、财务风险管理

说到风险管理，首先介绍COSO提出的全面风险管理框架（Enterprise Risk Management，ERM），它明示全面风险管理是一个过程，这个过程从企业战略制定一直贯穿企业的各项活动，用于识别那些可能影响企业的潜在事件并对其进行风险管理，使之在企业的风险偏好之内，从而合理确保企业取得既定的目标。

ERM框架有三个维度：第一维度是企业的目标，包括战略目标、经营目标、报告目标、合规目标；第二维度是企业的全面风险管理要素，包括内部环境、目标设定、事件识别、风险评估、风险对策、控制活动、信息和交流、监控；第三维度是企业层级，包括整个企业、各职能部门、各条业务线及下属各子公司。ERM三个维度的关系式，全面风险管理的八个要素都是为企业的四个目标服务的，企业各个层级都要坚持同样的四个目标，每个层级都必须从以上八个方面进行风险管理。

相比这个ERM框架，现行财务学原理的风险管理概念存在很大的局限性，关于风险描述不仅只有数据，缺乏从战略的高度总揽全局，而且讨论的话题一般是具体的流动性风险和降低风险的技术，因此财务风险的把握需要嫁接ERM框架，提升财务风险管理的治理性、战略性、全面性、系统性、差异性和过程性。

（1）ERM框架使董事会在企业风险管理方面扮演更加重要的角色，最高决策者是风险管理的主角，风险管理的成功与否很大程度依赖董事会，董事会需要慎重决策公司应有的风险偏好，公司所属的每个业务单元、分部、子公司的管理者都需要在风险识别和控制层面展现各自的目标，并与企业的总体目标相联系。

（2）ERM把风险明确定义为对企业目标产生负面影响的事件发生的可能性，可以涵盖信用风险、市场风险、操作风险、战略风险、声誉风险等，是一种从战略着眼，以目标主导的风险观，这是现行财务学对风险分析最大的“短板”。

（3）ERM框架引入风险偏好、风险容忍度、风险对策、压力测试等方法，有利于企业的发展战略和风险偏好相一致，实现增长、风险与回报的协同关联。

四、财务风险应对

1. 风险规避

风险规避是指企业回避、停止或退出蕴含某些风险的商业活动或商业环境，避免成为风险所有人。例如，为了避免应收账款无法收回的风险，企业可以通过5C评估法对客户进行评估，即使牺牲部分销售收入，也要放弃信用不好的客户。

2. 风险转移

风险转移是指企业通过合同将风险转移到第三方，企业对转以后的风险不再拥有所有权。比如并购业务较多的公司，为了避免并购失败给公司带来的重大损失，企业可以选择设立并购基金，参加相关社会保险，与被并购方签订业绩承诺，规定被并购方无法实现承诺时需提供的补偿。

3. 风险转换

风险转换是指企业通过战略调整等手段将自身面临的风险转换成另一个风险。例如，公司如果当前受到的业绩压力较大，需要尽快增加销售收入，那么可以选择放宽客户信用标准，通过应收账款的形式增加销售收入。

4. 风险对冲

风险对冲是指采取各种手段，引入多个风险因素或承担多个风险，使这些风险能够相互对冲，资产组合就是风险对冲的典型做法。传统意义的套期保值就是买入（卖出）与现货市场数量相当，但交易方向相反的期货合约，以期在未来某一时间通过卖出（买入）期货合约来补偿现货市场价格变动带来的实际价格损失。

5. 风险补偿

风险补偿是指事前对风险承担的价格补偿。例如，商业银行在贷款定价中，需要对客户进行评估，对不同客户的贷款利率区别对待，优质客户可以获得一定的利率优惠，信用等级低的客户可以不予合作或调高利率。

专题总结：

本专题重点讲述集团财务管理、国际财务管理、财务预警等新话题，要求学习者站在更高的角度思考财务管理问题，延伸并完善财务管理知识，对现代财务管理提出自己的观点。

专题练习

一、单项选择题

1.企业集团总部财务管理的着眼点是（ ）。

A.企业集团整体的日常财务事项

B.高效而低成本地融资

C.企业集团整体的财务战略与财务政策

D.合理安排与调度企业集团资金

2.企业集团组建的宗旨是（ ）。

A.实现资源聚集整合优势以及管理协同优势

B.实现规模效应，降低生产成本

C.提高收益率，降低市场风险

D.实现多元化经营，分散市场风险

3.实施财务控制的宗旨是（ ）。

A.为集团的财务管理提供控制保障

B.更好地发挥激励机制的功能效应

C.激发子公司及其他成员企业的危机感

D.更好地发挥约束机制的功能效应

4.企业集团财务战略总体目标规划与定位的立足点是（ ）。

A.企业集团的财务环境规划

B.企业集团的生产战略规划

C.企业集团的营销战略规划

D.企业集团的战略发展结构规划

5.在企业集团初创阶段，应采用以（ ）为主的筹资方式。

A.长期负债　　B.短期负债

C.股权资本　　D.项目融资

6.处于初创期的企业集团的分配政策应倾向于（ ）。

A.零股利政策　　B.高股利政策

C.剩余股利政策　　D.现金股利政策

7.企业集团融资管理的指导原则是（ ）。

A.融资决策权力的划分　　B.融资规模的大小

C.满足投资的需要　　D.融资方式的选择

8.企业集团的资本结构是指各项运用资本之间的构成关系，其中，运用资本包括（ ）。

12.1

A.流动资产与固定资产　　B.长期负债与股权资本

C.短期负债与股权资本　　D.流动资产与流动负债

二、多项选择题

1.企业集团成败的关键因素在于能否建立（　　）。

A.强大的核心竞争力　　B.严格的质量管理体制

C.强有力的集权管理线　　D.灵活高效的分权管理线

E.高效率的核心控制力

2.企业集团发展期的财务战略实施，主要应从（　　）方面考虑。

A.合理测定集团发展速度

B.主动谋取市场机会，充分利用各种金融工具，积极融资

C.充分规划投资项目

D.积极推进商业信用管理，为全面落实财务战略服务

E.采用各种灵活的方式扩大集团规模

3.企业集团财务政策具体包括（　　）。

A.销售政策　　B.融资政策　　C.投资政策

D.收益分配政策　　E.生产政策

4.企业集团资本预算的功能主要表现为（　　）。

A.资源配置　　B.管理协调

C.战略支持　　D.收益分配

E.业绩评价

12.2

三、案例题

延期到货30天损失30万美元①

1993年10月，我国某进出口公司代理客户进口比利时纺织机械设备两套，合同约定设备总价为BFR99 248 540.00；价格条件为FOB Antwerp（安特卫普，比利时一城市）；支付方式为100%信用证；最迟装运期为1994年4月25日。1994年元月，我方开出100%合同金额的不可撤销信用证，信用证有效期为1994年5月5日。开证金额是由用户向银行申请相应的美元贷款USD2 760 000（开证日汇率美元对比利时法郎为1∶36）。1994年3月初，卖方提出延期交货请求，我方用户口头同意卖方请求延期31天交货。我国进出口公司对此默认，但未作书面合同修改文件。3月底，我国进出口公司根据用户要求对信用证作了相应修改：最迟装运期改为1994年5月26日；信用证有效期展至1994年6月21日。时至4月下旬，比利时法郎汇率发生波动，4月25日为1∶37（USD/BFR），随后一路上扬。5月21日货物装运，5月26日卖方交单议付，同日汇率涨为1∶32。在此期间，我国进出口公司多次建议客户作套期保值，并与银行联系做好了相应准备。但由于客户一直抱侥幸心理，期望比利时法郎能够下跌，因此没有接受我国进出口公司的建议。卖方交单后经我方审核无误，单证严格相符，无拒付理由，于是我国进出口公司于6月3日通知银行承付并告知客户准备接

---

① 参考：张先治．高级财务管理［M］．4版．大连：东北财经大学出版社，2018．

货，客户却通知银行止付。因该笔货款是开证行贷款，开证时作为押金划入客户的外汇押金账户，因此，我国进出口公司承付不能兑现。后议付行及卖方不断向我方催付。7月中旬，卖方派员与我方进行洽谈，经反复协商我方不得不同意承付了信用证金额，支出USD 3 100 000。同时我国进出口公司根据合同向卖方提出延迟交货罚金要求，金额为BFR1 984 970.00（按每7天罚金0.5%合同额计），约合USD 62 000.00（汇率为1∶32）。最终卖方仅同意提供价值USD 30 000的零配件作为补偿。

此合同的中方直接经济损失约USD 310 000，开证银行及我国进出口公司的信誉也受到严重损害。

12.3

要求：分析中方在规避汇率风险方面有哪些失误。（开放性题目）

参考文献

[1] 钱文清. 管理会计 [M]. 北京：清华大学出版社，2021.

[2] 中国注册会计师协会. 财务成本管理 [M]. 北京：中国财政经济出版社，2020.

[3] 中国注册会计师协会. 税法 [M]. 北京：中国财政经济出版社，2020.

[4] 财政部会计资格评价中心. 财务管理 [M]. 北京：中国财政经济出版社，2020.

[5] 周炜. 财务管理案例分析 [M]. 6版. 上海：立信会计出版社，2020.

[6] 陈绍宇，张家祥，光昕. 财务管理 [M]. 长春：吉林大学出版社，2020.

[7] 刘承智，彭文彬，胡青华. 管理会计 [M]. 北京：中国商业出版社，2020.

[8] 于富生，黎来芳，张敏. 成本会计学 [M]. 8版. 北京：中国人民大学出版社，2020.

[9] 李姣姣. 高级财务管理 [M]. 4版. 成都：电子科技大学出版社，2019.

[10] 张新民，钱爱民. 财务报表分析 [M]. 北京：中国人民大学出版社，2019.

[11] 王静，孙明涛，郑明华. 成本会计 [M]. 北京：经济科学出版社，2018.

[12] 张先治. 高级财务管理 [M]. 大连：东北财经大学出版社，2018.

[13] 荆新，王化成，刘俊彦. 财务管理学 [M]. 8版. 北京：中国人民大学出版社，2018.

[14] 竺素娥 .财务管理 [M]. 2版. 北京：科学出版社，2018.

[15] 孙茂竹，文光伟，杨万贵. 管理会计学 [M]. 7版. 北京：中国人民大学出版社，2017.

[16] 李兴. 成本会计 [M]. 北京：北京理工大学出版社，2017.

[17] 庄粉荣. 纳税筹划实战精选百例 [M]. 5版. 北京：机械工业出版社，2016.

[18] 李洁. 财务管理 [M]. 北京：中国传媒大学出版社，2014.

[19] 罗斯，威斯特菲尔德，杰富. 公司理财 [M]. 吴世农，等译. 北京：机械工业出版社，2012.

[20] 杨为，彭浪，彭秋琼. 管理会计学 [M]. 上海：立信会计出版社，2008.

附录　财务管理常用系数表

一、复利终值系数表

附表 1-1　　　　复利终值系数表

期数	1%	2%	3%	4%	5%	6%	7%	8%	9%	10%
1	1.0100	1.0200	1.0300	1.0400	1.0500	1.0600	1.0700	1.0800	1.0900	1.1000
2	1.0201	1.0404	1.0609	1.0816	1.1025	1.1236	1.1449	1.1664	1.1881	1.2100
3	1.0303	1.0612	1.0927	1.1249	1.1576	1.1910	1.2250	1.2597	1.2950	1.3310
4	1.0406	1.0824	1.1255	1.1699	1.2155	1.2625	1.3108	1.3605	1.4116	1.4641
5	1.0510	1.1041	1.1593	1.2167	1.2763	1.3382	1.4026	1.4693	1.5386	1.6105
6	1.0615	1.1262	1.1941	1.2653	1.3401	1.4185	1.5007	1.5869	1.6771	1.7716
7	1.0721	1.1487	1.2299	1.3159	1.4071	1.5036	1.6058	1.7138	1.8280	1.9487
8	1.0829	1.1717	1.2668	1.3686	1.4775	1.5938	1.7182	1.8509	1.9926	2.1436
9	1.0937	1.1951	1.3048	1.4233	1.5513	1.6895	1.8385	1.9990	2.1719	2.3579
10	1.1046	1.2190	1.3439	1.4802	1.6289	1.7908	1.9672	2.1589	2.3674	2.5937
11	1.1157	1.2434	1.3842	1.5395	1.7103	1.8983	2.1049	2.3316	2.5804	2.8531
12	1.1268	1.2682	1.4258	1.6010	1.7959	2.0122	2.2522	2.5182	2.8127	3.1384
13	1.1381	1.2936	1.4685	1.6651	1.8856	2.1329	2.4098	2.7196	3.0658	3.4523
14	1.1495	1.3195	1.5126	1.7317	1.9799	2.2609	2.5785	2.9372	3.3417	3.7975
15	1.1610	1.3459	1.5580	1.8009	2.0789	2.3966	2.7590	3.1722	3.6425	4.1772
16	1.1726	1.3728	1.6047	1.8730	2.1829	2.5404	2.9522	3.4259	3.9703	4.5950
17	1.1843	1.4002	1.6528	1.9479	2.2920	2.6928	3.1588	3.7000	4.3276	5.0545
18	1.1961	1.4282	1.7024	2.0258	2.4066	2.8543	3.3799	3.9960	4.7171	5.5599
19	1.2081	1.4568	1.7535	2.1068	2.5270	3.0256	3.6165	4.3157	5.1417	6.1159
20	1.2202	1.4859	1.8061	2.1911	2.6533	3.2071	3.8697	4.6610	5.6044	6.7275
21	1.2324	1.5157	1.8603	2.2788	2.7860	3.3996	4.1406	5.0338	6.1088	7.4002
22	1.2447	1.5460	1.9161	2.3699	2.9253	3.6035	4.4304	5.4365	6.6586	8.1403
23	1.2572	1.5769	1.9736	2.4647	3.0715	3.8197	4.7405	5.8715	7.2579	8.9543
24	1.2697	1.6084	2.0328	2.5633	3.2251	4.0489	5.0724	6.3412	7.9111	9.8497
25	1.2824	1.6406	2.0938	2.6658	3.3864	4.2919	5.4274	6.8485	8.6231	10.835
26	1.2953	1.6734	2.1566	2.7725	3.5557	4.5494	5.8074	7.3964	9.3992	11.918
27	1.3082	1.7069	2.2213	2.8834	3.7335	4.8223	6.2139	7.9881	10.245	13.110
28	1.3213	1.7410	2.2879	2.9987	3.9201	5.1117	6.6488	8.6271	11.167	14.421
29	1.3345	1.7758	2.3566	3.1187	4.1161	5.4184	7.1143	9.3173	12.172	15.863
30	1.3478	1.8114	2.4273	3.2434	4.3219	5.7435	7.6123	10.063	13.268	17.449
40	1.4889	2.2080	3.2620	4.8010	7.0400	10.286	14.975	21.725	31.409	45.259
50	1.6446	2.6916	4.3839	7.1067	11.467	18.420	29.457	46.902	74.358	117.39
60	1.8167	3.2810	5.8916	10.520	18.679	32.988	57.946	101.26	176.03	304.48

续表

期数	12%	14%	15%	16%	18%	20%	24%	28%	32%	36%
1	1.1200	1.1400	1.1500	1.1600	1.1800	1.2000	1.2400	1.2800	1.3200	1.3600
2	1.2544	1.2996	1.3225	1.3456	1.3924	1.4400	1.5376	1.6384	1.7424	1.8496
3	1.4049	1.4815	1.5209	1.5609	1.6430	1.7280	1.9066	2.0972	2.3000	2.5155
4	1.5735	1.6890	1.7490	1.8106	1.9388	2.0736	2.3642	2.6844	3.0360	3.4210
5	1.7623	1.9254	2.0114	2.1003	2.2878	2.4883	2.9316	3.4360	4.0075	4.6526
6	1.9738	2.1950	2.3131	2.4364	2.6996	2.9860	3.6352	4.3980	5.2899	6.3275
7	2.2107	2.5023	2.6600	2.8262	3.1855	3.5832	4.5077	5.6295	6.9826	8.6054
8	2.4760	2.8526	3.0590	3.2784	3.7589	4.2998	5.5895	7.2058	9.2170	11.703
9	2.7731	3.2519	3.5179	3.8030	4.4355	5.1598	6.9310	9.2234	12.167	15.917
10	3.1058	3.7072	4.0456	4.4114	5.2338	6.1917	8.5944	11.806	16.060	21.647
11	3.4785	4.2262	4.6524	5.1173	6.1759	7.4301	10.657	15.112	21.199	29.439
12	3.8960	4.8179	5.3503	5.9360	7.2876	8.9161	13.215	19.343	27.983	40.038
13	4.3635	5.4924	6.1528	6.8858	8.5994	10.699	16.386	24.759	36.937	54.451
14	4.8871	6.2613	7.0757	7.9875	10.147	12.839	20.319	31.691	48.757	74.053
15	5.4736	7.1379	8.1371	9.2655	11.974	15.407	25.196	40.565	64.359	100.71
16	6.1304	8.1372	9.3576	10.748	14.129	18.488	31.243	51.923	84.954	136.97
17	6.8660	9.2765	10.761	12.468	16.672	22.186	38.741	66.461	112.14	186.28
18	7.6900	10.575	12.376	14.463	19.673	26.623	48.039	85.071	148.02	253.34
19	8.6128	12.056	14.232	16.777	23.214	31.948	59.568	108.89	195.39	344.54
20	9.6463	13.744	16.367	19.461	27.393	38.338	73.864	139.38	257.92	468.57
21	10.804	15.668	18.822	22.575	32.324	46.005	91.592	178.41	340.45	637.26
22	12.100	17.861	21.645	26.186	38.142	55.206	113.57	228.36	449.39	866.67
23	13.552	20.362	24.892	30.376	45.008	66.247	140.83	292.30	593.20	1 178.7
24	15.179	23.212	28.625	35.236	53.109	79.497	174.63	374.14	783.02	1 603.0
25	17.000	26.462	32.919	40.874	62.669	95.396	216.54	478.90	1 033.6	2 180.1
26	19.040	30.167	37.857	47.414	73.949	114.48	268.51	613.00	1 364.3	2 964.9
27	21.325	34.390	43.535	55.000	87.260	137.37	332.96	784.64	1 800.9	4 032.3
28	23.884	39.205	50.066	63.800	102.97	164.84	412.86	1 004.3	2 377.2	5 483.9
29	26.750	44.693	57.576	74.009	121.50	197.81	511.95	1 285.6	3 137.9	7 458.1
30	29.960	50.950	66.212	85.850	143.37	237.38	634.82	1 645.5	4 142.1	10 143
40	93.051	188.88	267.86	378.72	750.38	1 469.8	5 455.9	19 427	66 521	*
50	289.00	700.23	1 083.7	1 670.7	3927.4	9 100.4	46 890	*	*	*
60	897.60	2595.9	4 384.0	7 370.2	20 555	5 6348	*	*	*	*

复利终值系数=$(1+i)^n$，$S=P(1+i)^n$

P为现值或初始值；i为报酬率或利率；n为计息期数；S为终值或本利和。

二、复利现值系数表

附表 1-2　　复利现值系数表

期数	1%	2%	3%	4%	5%	6%	7%	8%	9%	10%
1	0.9901	0.9804	0.9709	0.9615	0.9524	0.9434	0.9346	0.9259	0.9174	0.9091
2	0.9803	0.9612	0.9426	0.9246	0.9070	0.8900	0.8734	0.8573	0.8417	0.8264
3	0.9706	0.9423	0.9151	0.8890	0.8638	0.8396	0.8163	0.7938	0.7722	0.7513
4	0.9610	0.9238	0.8885	0.8548	0.8227	0.7921	0.7629	0.7350	0.7084	0.6830
5	0.9515	0.9057	0.8626	0.8219	0.7835	0.7473	0.7130	0.6806	0.6499	0.6209
6	0.9420	0.8880	0.8375	0.7903	0.7462	0.7050	0.6663	0.6302	0.5963	0.5645
7	0.9327	0.8706	0.8131	0.7599	0.7107	0.6651	0.6227	0.5835	0.5470	0.5132
8	0.9235	0.8535	0.7894	0.7307	0.6768	0.6274	0.5820	0.5403	0.5019	0.4665
9	0.9143	0.8368	0.7664	0.7026	0.6446	0.5919	0.5439	0.5002	0.4604	0.4241
10	0.9053	0.8203	0.7441	0.6756	0.6139	0.5584	0.5083	0.4632	0.4224	0.3855
11	0.8963	0.8043	0.7224	0.6496	0.5847	0.5268	0.4751	0.4289	0.3875	0.3505
12	0.8874	0.7885	0.7014	0.6246	0.5568	0.4970	0.4440	0.3971	0.3555	0.3186
13	0.8787	0.7730	0.6810	0.6006	0.5303	0.4688	0.4150	0.3677	0.3262	0.2897
14	0.8700	0.7579	0.6611	0.5775	0.5051	0.4423	0.3878	0.3405	0.2992	0.2633
15	0.8613	0.7430	0.6419	0.5553	0.4810	0.4173	0.3624	0.3152	0.2745	0.2394
16	0.8528	0.7284	0.6232	0.5339	0.4581	0.3936	0.3387	0.2919	0.2519	0.2176
17	0.8444	0.7142	0.6050	0.5134	0.4363	0.3714	0.3166	0.2703	0.2311	0.1978
18	0.8360	0.7002	0.5874	0.4936	0.4155	0.3503	0.2959	0.2502	0.2120	0.1799
19	0.8277	0.6864	0.5703	0.4746	0.3957	0.3305	0.2765	0.2317	0.1945	0.1635
20	0.8195	0.6730	0.5537	0.4564	0.3769	0.3118	0.2584	0.2145	0.1784	0.1486
21	0.8114	0.6598	0.5375	0.4388	0.3589	0.2942	0.2415	0.1987	0.1637	0.1351
22	0.8034	0.6468	0.5219	0.4220	0.3418	0.2775	0.2257	0.1839	0.1502	0.1228
23	0.7954	0.6342	0.5067	0.4057	0.3256	0.2618	0.2109	0.1703	0.1378	0.1117
24	0.7876	0.6217	0.4919	0.3901	0.3101	0.2470	0.1971	0.1577	0.1264	0.1015
25	0.7798	0.6095	0.4776	0.3751	0.2953	0.2330	0.1842	0.1460	0.1160	0.0923
26	0.7720	0.5976	0.4637	0.3607	0.2812	0.2198	0.1722	0.1352	0.1064	0.0839
27	0.7644	0.5859	0.4502	0.3468	0.2678	0.2074	0.1609	0.1252	0.0976	0.0763
28	0.7568	0.5744	0.4371	0.3335	0.2551	0.1956	0.1504	0.1159	0.0895	0.0693
29	0.7493	0.5631	0.4243	0.3207	0.2429	0.1846	0.1406	0.1073	0.0822	0.0630
30	0.7419	0.5521	0.4120	0.3083	0.2314	0.1741	0.1314	0.0994	0.0754	0.0573
35	0.7059	0.5000	0.3554	0.2534	0.1813	0.1301	0.0937	0.0676	0.0490	0.0356
40	0.6717	0.4529	0.3066	0.2083	0.1420	0.0972	0.0668	0.0460	0.0318	0.0221
45	0.6391	0.4102	0.2644	0.1712	0.1113	0.0727	0.0476	0.0313	0.0207	0.0137
50	0.6080	0.3715	0.2281	0.1407	0.0872	0.0543	0.0339	0.0213	0.0134	0.0085
55	0.5785	0.3365	0.1968	0.1157	0.0683	0.0406	0.0242	0.0145	0.0087	0.0053

续表

期数	12%	14%	15%	16%	18%	20%	24%	28%	32%	36%
1	0.8929	0.8772	0.8696	0.8621	0.8475	0.8333	0.8065	0.7813	0.7576	0.7353
2	0.7972	0.7695	0.7561	0.7432	0.7182	0.6944	0.6504	0.6104	0.5739	0.5407
3	0.7118	0.6750	0.6575	0.6407	0.6086	0.5787	0.5245	0.4768	0.4348	0.3975
4	0.6355	0.5921	0.5718	0.5523	0.5158	0.4823	0.4230	0.3725	0.3294	0.2923
5	0.5674	0.5194	0.4972	0.4761	0.4371	0.4019	0.3411	0.2910	0.2495	0.2149
6	0.5066	0.4556	0.4323	0.4104	0.3704	0.3349	0.2751	0.2274	0.1890	0.1580
7	0.4523	0.3996	0.3759	0.3538	0.3139	0.2791	0.2218	0.1776	0.1432	0.1162
8	0.4039	0.3506	0.3269	0.3050	0.2660	0.2326	0.1789	0.1388	0.1085	0.0854
9	0.3606	0.3075	0.2843	0.2630	0.2255	0.1938	0.1443	0.1084	0.0822	0.0628
10	0.3220	0.2697	0.2472	0.2267	0.1911	0.1615	0.1164	0.0847	0.0623	0.0462
11	0.2875	0.2366	0.2149	0.1954	0.1619	0.1346	0.0938	0.0662	0.0472	0.0340
12	0.2567	0.2076	0.1869	0.1685	0.1372	0.1122	0.0757	0.0517	0.0357	0.0250
13	0.2292	0.1821	0.1625	0.1452	0.1163	0.0935	0.0610	0.0404	0.0271	0.0184
14	0.2046	0.1597	0.1413	0.1252	0.0985	0.0779	0.0492	0.0316	0.0205	0.0135
15	0.1827	0.1401	0.1229	0.1079	0.0835	0.0649	0.0397	0.0247	0.0155	0.0099
16	0.1631	0.1229	0.1069	0.0930	0.0708	0.0541	0.0320	0.0193	0.0118	0.0073
17	0.1456	0.1078	0.0929	0.0802	0.0600	0.0451	0.0258	0.0150	0.0089	0.0054
18	0.1300	0.0946	0.0808	0.0691	0.0508	0.0376	0.0208	0.0118	0.0068	0.0039
19	0.1161	0.0829	0.0703	0.0596	0.0431	0.0313	0.0168	0.0092	0.0051	0.0029
20	0.1037	0.0728	0.0611	0.0514	0.0365	0.0261	0.0135	0.0072	0.0039	0.0021
21	0.0926	0.0638	0.0531	0.0443	0.0309	0.0217	0.0109	0.0056	0.0029	0.0016
22	0.0826	0.0560	0.0462	0.0382	0.0262	0.0181	0.0088	0.0044	0.0022	0.0012
23	0.0738	0.0491	0.0402	0.0329	0.0222	0.0151	0.0071	0.0034	0.0017	0.0008
24	0.0659	0.0431	0.0349	0.0284	0.0188	0.0126	0.0057	0.0027	0.0013	0.0006
25	0.0588	0.0378	0.0304	0.0245	0.0160	0.0105	0.0046	0.0021	0.0010	0.0005
26	0.0525	0.0331	0.0264	0.0211	0.0135	0.0087	0.0037	0.0016	0.0007	0.0003
27	0.0469	0.0291	0.0230	0.0182	0.0115	0.0073	0.0030	0.0013	0.0006	0.0002
28	0.0419	0.0255	0.0200	0.0157	0.0097	0.0061	0.0024	0.0010	0.0004	0.0002
29	0.0374	0.0224	0.0174	0.0135	0.0082	0.0051	0.0020	0.0008	0.0003	0.0001
30	0.0334	0.0196	0.0151	0.0116	0.0070	0.0042	0.0016	0.0006	0.0002	0.0001
35	0.0189	0.0102	0.0075	0.0055	0.0030	0.0017	0.0005	0.0002	0.0001	*
40	0.0107	0.0053	0.0037	0.0026	0.0013	0.0007	0.0002	0.0001	*	*
45	0.0061	0.0027	0.0019	0.0013	0.0006	0.0003	0.0001	*	*	*
50	0.0035	0.0014	0.0009	0.0006	0.0003	0.0001	*	*	*	*
55	0.0020	0.0007	0.0005	0.0003	0.0001	*	*	*	*	*

复利现值系数=$(1+i)^{-n}$，$P=\frac{S}{(1+i)^{n}}=S(1+i)^{-n}$

P为现值或初始值；i为报酬率或利率；n为计息期数；S为终值或本利和。

三、年金终值系数表

附表 1-3　　年金终值系数表

期数	1%	2%	3%	4%	5%	6%	7%	8%	9%	10%
1	1.0000	1.0000	1.0000	1.0000	1.0000	1.0000	1.0000	1.0000	1.0000	1.0000
2	2.0100	2.0200	2.0300	2.0400	2.0500	2.0600	2.0700	2.0800	2.0900	2.1000
3	3.0301	3.0604	3.0909	3.1216	3.1525	3.1836	3.2149	3.2464	3.2781	3.3100
4	4.0604	4.1216	4.1836	4.2465	4.3101	4.3746	4.4399	4.5061	4.5731	4.6410
5	5.1010	5.2040	5.3091	5.4163	5.5256	5.6371	5.7507	5.8666	5.9847	6.1051
6	6.1520	6.3081	6.4684	6.6330	6.8019	6.9753	7.1533	7.3359	7.5233	7.7156
7	7.2135	7.4343	7.6625	7.8983	8.1420	8.3938	8.6540	8.9228	9.2004	9.4872
8	8.2857	8.5830	8.8923	9.2142	9.5491	9.8975	10.260	10.637	11.029	11.436
9	9.3685	9.7546	10.159	10.583	11.027	11.491	11.978	12.488	13.021	13.580
10	10.462	10.950	11.464	12.006	12.578	13.181	13.816	14.487	15.193	15.937
11	11.567	12.169	12.808	13.486	14.207	14.972	15.784	16.646	17.560	18.531
12	12.683	13.412	14.192	15.026	15.917	16.870	17.889	18.977	20.141	21.384
13	13.809	14.680	15.618	16.627	17.713	18.882	20.141	21.495	22.953	24.523
14	14.947	15.974	17.086	18.292	19.599	21.015	22.551	24.215	26.019	27.975
15	16.097	17.293	18.599	20.024	21.579	23.276	25.129	27.152	29.361	31.773
16	17.258	18.639	20.157	21.825	23.658	25.673	27.888	30.324	33.003	35.950
17	18.430	20.012	21.762	23.698	25.840	28.213	30.840	33.750	36.974	40.545
18	19.615	21.412	23.414	25.645	28.132	30.906	33.999	37.450	41.301	45.599
19	20.811	22.841	25.117	27.671	30.539	33.760	37.379	41.446	46.019	51.159
20	22.019	24.297	26.870	29.778	33.066	36.786	40.996	45.762	51.160	57.275
21	23.239	25.783	28.677	31.969	35.719	39.993	44.865	50.423	56.765	64.003
22	24.472	27.299	30.537	34.248	38.505	43.392	49.006	55.457	62.873	71.403
23	25.716	28.845	32.453	36.618	41.431	46.996	53.436	60.893	69.532	79.543
24	26.974	30.422	34.427	39.083	44.502	50.816	58.177	66.765	76.790	88.497
25	28.243	32.030	36.459	41.646	47.727	54.865	63.249	73.106	84.701	98.347
26	29.526	33.671	38.553	44.312	51.114	59.156	68.677	79.954	93.324	109.18
27	30.821	35.344	40.710	47.084	54.669	63.706	74.484	87.351	102.72	121.10
28	32.129	37.051	42.931	49.968	58.403	68.528	80.698	95.339	112.97	134.21
29	33.450	38.792	45.219	52.966	62.323	73.640	87.347	103.97	124.14	148.63
30	34.785	40.568	47.575	56.085	66.439	79.058	94.461	113.28	136.31	164.49
40	48.886	60.402	75.401	95.026	120.80	154.76	199.64	259.06	337.88	442.59
50	64.463	84.579	112.80	152.67	209.35	290.34	406.53	573.77	815.08	1163.9
60	81.670	114.05	163.05	237.99	353.58	533.13	813.52	1 253.2	1 944.8	3 034.8

续表

期数	12%	14%	15%	16%	18%	20%	24%	28%	32%	36%
1	1.0000	1.0000	1.0000	1.0000	1.0000	1.0000	1.0000	1.0000	1.0000	1.0000
2	2.1200	2.1400	2.1500	2.1600	2.1800	2.2000	2.2400	2.2800	2.3200	2.3600
3	3.3744	3.4396	3.4725	3.5056	3.5724	3.6400	3.7776	3.9184	4.0624	4.2096
4	4.7793	4.9211	4.9934	5.0665	5.2154	5.3680	5.6842	6.0156	6.3624	6.7251
5	6.3528	6.6101	6.7424	6.8771	7.1542	7.4416	8.0484	8.6999	9.3983	10.146
6	8.1152	8.5355	8.7537	8.9775	9.4420	9.9299	10.980	12.136	13.406	14.799
7	10.089	10.731	11.067	11.414	12.142	12.916	14.615	16.534	18.696	21.126
8	12.300	13.233	13.727	14.240	15.327	16.499	19.123	22.163	25.678	29.732
9	14.776	16.085	16.786	17.519	19.086	20.799	24.713	29.369	34.895	41.435
10	17.549	19.337	20.304	21.322	23.521	25.959	31.643	38.593	47.062	57.352
11	20.655	23.045	24.349	25.733	28.755	32.150	40.238	50.399	63.122	78.998
12	24.133	27.271	29.002	30.850	34.931	39.581	50.895	65.510	84.320	108.44
13	28.029	32.089	34.352	36.786	42.219	48.497	64.110	84.853	112.30	148.48
14	32.393	37.581	40.505	43.672	50.818	59.196	80.496	109.61	149.24	202.93
15	37.280	43:842	47.580	51.660	60.965	72.035	100.82	141.30	198.00	276.98
16	42.753	50.980	55.718	60.925	72.939	87.442	126.01	181.87	262.36	377.69
17	48.884	59.118	65.075	71.673	87.068	105.93	157.25	233.79	347.31	514.66
18	55.750	68.394	75.836	84.141	103.74	128.12	195.99	300.25	459.45	700.94
19	63.440	78.969	88.212	98.603	123.41	154.74	244.03	385.32	607.47	954.28
20	72.052	91.025	102.44	115.38	146.63	186.69	303.60	494.21	802.86	1 298.8
21	81.699	104.77	118.81	134.84	174.02	225.03	377.46	633.59	1 060.8	1 767.4
22	92.503	120.44	137.63	157.42	206.34	271.03	469.06	812.00	1 401.2	2 404.7
23	104.60	138.30	159.28	183.60	244.49	326.24	582.63	1 040.4	1 850.6	3 271.3
24	118.16	158.66	184.17	213.98	289.49	392.48	723.46	1 332.7	2 443.8	4 450.0
25	133.33	181.87	212.79	249.21	342.60	471.98	898.09	1 706.8	3 226.8	6 053.0
26	150.33	208.33	245.71	290.09	405.27	567.38	1 114.6	2 185.7	4 260.4	8 233.1
27	169.37	238.50	283.57	337.50	479.22	681.85	1 383.1	2 798.7	5 624.8	11 198
28	190.70	272.89	327.10	392.50	566.48	819.22	1 716.1	3 583.3	7 425.7	15 230
29	214.58	312.09	377.17	456.30	669.45	984.07	2 129.0	4 587.7	9 802.9	20 714
30	241.33	356.79	434.75	530.31	790.95	1 181.9	2 640.9	5 873.2	12 941	28 172
40	767.09	1 342.0	1 779.1	2 360.8	4 163.2	7 343.9	22 729	69 377	207 874	609 890
50	2 400.0	4 994.5	7 217.7	10 436	21 813	45 497	195 373	819 103	*	*
60	7 471.6	18 535	29 220	46 058	114 190	281 733	*	*	*	*

年金终值系数=$\frac{(1+i)^n-1}{i}$，S=A$\frac{(1+i)^n-1}{i}$

A为每期等额支付（或收入）的金额；i为报酬率或利率；n为计息期数；S为年金终值或本利和。

四、年金现值系数表

附表 1-4 年金现值系数表

期数	1%	2%	3%	4%	5%	6%	7%	8%	9%	10%
1	0.9901	0.9804	0.9709	0.9615	0.9524	0.9434	0.9346	0.9259	0.9174	0.9091
2	1.9704	1.9416	1.9135	1.8861	1.8594	1.8334	1.8080	1.7833	1.7591	1.7355
3	2.9410	2.8839	2.8286	2.7751	2.7232	2.6730	2.6243	2.5771	2.5313	2.4869
4	3.9020	3.8077	3.7171	3.6299	3.5460	3.4651	3.3872	3.3121	3.2397	3.1699
5	4.8534	4.7135	4.5797	4.4518	4.3295	4.2124	4.1002	3.9927	3.8897	3.7908
6	5.7955	5.6014	5.4172	5.2421	5.0757	4.9173	4.7665	4.6229	4.4859	4.3553
7	6.7282	6.4720	6.2303	6.0021	5.7864	5.5824	5.3893	5.2064	5.0330	4.8684
8	7.6517	7.3255	7.0197	6.7327	6.4632	6.2098	5.9713	5.7466	5.5348	5.3349
9	8.5660	8.1622	7.7861	7.4353	7.1078	6.8017	6.5152	6.2469	5.9952	5.7590
10	9.4713	8.9826	8.5302	8.1109	7.7217	7.3601	7.0236	6.7101	6.4177	6.1446
11	10.3676	9.7868	9.2526	8.7605	8.3064	7.8869	7.4987	7.1390	6.8052	6.4951
12	11.2551	10.5753	9.9540	9.3851	8.8633	8.3838	7.9427	7.5361	7.1607	6.8137
13	12.1337	11.3484	10.6350	9.9856	9.3936	8.8527	8.3577	7.9038	7.4869	7.1034
14	13.0037	12.1062	11.2961	10.5631	9.8986	9.2950	8.7455	8.2442	7.7862	7.3667
15	13.8651	12.8493	11.9379	11.1184	10.3797	9.7122	9.1079	8.5595	8.0607	7.6061
16	14.7179	13.5777	12.5611	11.6523	10.8378	10.1059	9.4466	8.8514	8.3126	7.8237
17	15.5623	14.2919	13.1661	12.1657	11.2741	10.4773	9.7632	9.1216	8.5436	8.0216
18	16.3983	14.9920	13.7535	12.6593	11.6896	10.8276	10.0591	9.3719	8.7556	8.2014
19	17.2260	15.6785	14.3238	13.1339	12.0853	11.1581	10.3356	9.6036	8.9501	8.3649
20	18.0456	16.3514	14.8775	13.5903	12.4622	11.4699	10.5940	9.8181	9.1285	8.5136
21	18.8570	17.0112	15.4150	14.0292	12.8212	11.7641	10.8355	10.0168	9.2922	8.6487
22	19.6604	17.6580	15.9369	14.4511	13.1630	12.0416	11.0612	10.2007	9.4424	8.7715
23	20.4558	18.2922	16.4436	14.8568	13.4886	12.3034	11.2722	10.3711	9.5802	8.8832
24	21.2434	18.9139	16.9355	15.2470	13.7986	12.5504	11.4693	10.5288	9.7066	8.9847
25	22.0232	19.5235	17.4131	15.6221	14.0939	12.7834	11.6536	10.6748	9.8226	9.0770
26	22.7952	20.1210	17.8768	15.9828	14.3752	13.0032	11.8258	10.8100	9.9290	9.1609
27	23.5596	20.7069	18.3270	16.3296	14.6430	13.2105	11.9867	10.9352	10.0266	9.2372
28	24.3164	21.2813	18.7641	16.6631	14.8981	13.4062	12.1371	11.0511	10.1161	9.3066
29	25.0658	21.8444	19.1885	16.9837	15.1411	13.5907	12.2777	11.1584	10.1983	9.3696
30	25.8077	22.3965	19.6004	17.2920	15.3725	13.7648	12.4090	11.2578	10.2737	9.4269
35	29.4086	24.9986	21.4872	18.6646	16.3742	14.4982	12.9477	11.6546	10.5668	9.6442
40	32.8347	27.3555	23.1148	19.7928	17.1591	15.0463	13.3317	11.9246	10.7574	9.7791
45	36.0945	29.4902	24.5187	20.7200	17.7741	15.4558	13.6055	12.1084	10.8812	9.8628
50	39.1961	31.4236	25.7298	21.4822	18.2559	15.7619	13.8007	12.2335	10.9617	9.9148
55	42.1472	33.1748	26.7744	22.1086	18.6335	15.9905	13.9399	12.3186	11.0140	9.9471

续表

期数	12%	14%	15%	16%	18%	20%	24%	28%	32%	36%
1	0.8929	0.8772	0.8696	0.8621	0.8475	0.8333	0.8065	0.7813	0.7576	0.7353
2	1.6901	1.6467	1.6257	1.6052	1.5656	1.5278	1.4568	1.3916	1.3315	1.2760
3	2.4018	2.3216	2.2832	2.2459	2.1743	2.1065	1.9813	1.8684	1.7663	1.6735
4	3.0373	2.9137	2.8550	2.7982	2.6901	2.5887	2.4043	2.2410	2.0957	1.9658
5	3.6048	3.4331	3.3522	3.2743	3.1272	2.9906	2.7454	2.5320	2.3452	2.1807
6	4.1114	3.8887	3.7845	3.6847	3.4976	3.3255	3.0205	2.7594	2.5342	2.3388
7	4.5638	4.2883	4.1604	4.0386	3.8115	3.6046	3.2423	2.9370	2.6775	2.4550
8	4.9676	4.6389	4.4873	4.3436	4.0776	3.8372	3.4212	3.0758	2.7860	2.5404
9	5.3282	4.9464	4.7716	4.6065	4.3030	4.0310	3.5655	3.1842	2.8681	2.6033
10	5.6502	5.2161	5.0188	4.8332	4.4941	4.1925	3.6819	3.2689	2.9304	2.6495
11	5.9377	5.4527	5.2337	5.0286	4.6560	4.3271	3.7757	3.3351	2.9776	2.6834
12	6.1944	5.6603	5.4206	5.1971	4.7932	4.4392	3.8514	3.3868	3.0133	2.7084
13	6.4235	5.8424	5.5831	5.3423	4.9095	4.5327	3.9124	3.4272	3.0404	2.7268
14	6.6282	6.0021	5.7245	5.4675	5.0081	4.6106	3.9616	3.4587	3.0609	2.7403
15	6.8109	6.1422	5.8474	5.5755	5.0916	4.6755	4.0013	3.4834	3.0764	2.7502
16	6.9740	6.2651	5.9542	5.6685	5.1624	4.7296	4.0333	3.5026	3.0882	2.7575
17	7.1196	6.3729	6.0472	5.7487	5.2223	4.7746	4.0591	3.5177	3.0971	2.7629
18	7.2497	6.4674	6.1280	5.8178	5.2732	4.8122	4.0799	3.5294	3.1039	2.7668
19	7.3658	6.5504	6.1982	5.8775	5.3162	4.8435	4.0967	3.5386	3.1090	2.7697
20	7.4694	6.6231	6.2593	5.9288	5.3527	4.8696	4.1103	3.5458	3.1129	2.7718
21	7.5620	6.6870	6.3125	5.9731	5.3837	4.8913	4.1212	3.5514	3.1158	2.7734
22	7.6446	6.7429	6.3587	6.0113	5.4099	4.9094	4.1300	3.5558	3.1180	2.7746
23	7.7184	6.7921	6.3988	6.0442	5.4321	4.9245	4.1371	3.5592	3.1197	2.7754
24	7.7843	6.8351	6.4338	6.0726	5.4509	4.9371	4.1428	3.5619	3.1210	2.7760
25	7.8431	6.8729	6.4641	6.0971	5.4669	4.9476	4.1474	3.5640	3.1220	2.7765
26	7.8957	6.9061	6.4906	6.1182	5.4804	4.9563	4.1511	3.5656	3.1227	2.7768
27	7.9426	6.9352	6.5135	6.1364	5.4919	4.9636	4.1542	3.5669	3.1233	2.7771
28	7.9844	6.9607	6.5335	6.1520	5.5016	4.9697	4.1566	3.5679	3.1237	2.7773
29	8.0218	6.9830	6.5509	6.1656	5.5098	4.9747	4.1585	3.5687	3.1240	2.7774
30	8.0552	7.0027	6.5660	6.1772	5.5168	4.9789	4.1601	3.5693	3.1242	2.7775
35	8.1755	7.0700	6.6166	6.2153	5.5386	4.9915	4.1644	3.5708	3.1248	2.7777
40	8.2438	7.1050	6.6418	6.2335	5.5482	4.9966	4.1659	3.5712	3.1250	2.7778
45	8.2825	7.1232	6.6543	6.2421	5.5523	4.9986	4.1664	3.5714	3.1250	2.7778
50	8.3045	7.1327	6.6605	6.2463	5.5541	4.9995	4.1666	3.5714	3.1250	2.7778
55	8.3170	7.1376	6.6636	6.2482	5.5549	4.9998	4.1666	3.5714	3.1250	2.7778

年金现值系数=$\frac{1-(1+i)^{-n}}{i}$，$P=A\frac{1-(1+i)^{-n}}{i}$

A为每期等额支付（或收入）的金额；i为报酬率或利率；n为计息期数；P为年金现值。

后记

本书的编写恰逢粤港澳大湾区教育融合的好时机，东软学院与周边高校的教育交流日益频繁，高校教师间的学术合作日益密切，这给予了学院许多与外界交流教学心得的好机会，尤其是在珠江三角洲这片国际教育蓬勃发展的土地，我们能够近距离接触各种世界流行的教学模式，感受各种文化氛围，为新商科教学增添新元素。教育的宗旨是把学生培养成有格局、有情怀、眼界开阔、胸襟宽广的人才，教师在教学中应逐步转变自身的角色，从传授者变为引导者，启发学生的发散思维，培养学生一种终身学习的能力，能够在未来的工作生活中灵活运用知识解决实际遇到的问题，并能成为有创新能力、对社会进步有贡献的人才。

编　者

2021年5月